A VINGANÇA DA HILEIA

FUNDAÇÃO EDITORA DA UNESP

Presidente do Conselho Curador
Mário Sérgio Vasconcelos

Diretor-Presidente / Publisher
Jézio Hernani Bomfim Gutierre

Superintendente Administrativo e Financeiro
William de Souza Agostinho

Conselho Editorial Acadêmico
Divino José da Silva
Luís Antônio Francisco de Souza
Marcelo dos Santos Pereira
Patricia Porchat Pereira da Silva Knudsen
Paulo Celso Moura
Ricardo D'Elia Matheus
Sandra Aparecida Ferreira
Tatiana Noronha de Souza
Trajano Sardenberg
Valéria dos Santos Guimarães

Editores-Adjuntos
Anderson Nobara
Leandro Rodrigues

FRANCISCO FOOT HARDMAN

A VINGANÇA DA HILEIA
A AMAZÔNIA DE EUCLIDES E A UTOPIA DE UMA NOVA HISTÓRIA

Nova edição revista

© 2023 Editora Unesp

Direitos de publicação reservados à:
Fundação Editora da Unesp (FEU)
Praça da Sé, 108
01001-900 – São Paulo – SP
Tel.: (0xx11) 3242-7171
Fax: (0xx11) 3242-7172
www.editoraunesp.com.br
www.livrariaunesp.com.br
atendimento.editora@unesp.br

Dados Internacionais de Catalogação na Publicação (CIP) de acordo com ISBD
Elaborado por Vagner Rodolfo da Silva – CRB-8/9410

H264v
    Hardman, Francisco Foot
       A vingança da Hileia: a Amazônia de Euclides e a utopia de uma nova história / Francisco Foot Hardman. – Nova edição revista – São Paulo: Editora Unesp, 2023.

    Inclui bibliografia.
    ISBN: 978-65-5711-192-5

    1. Literatura.   2. Crítica literária.   I. Título.

2023-582   CDD 809
                                                                               CDU 82.09

Editora afiliada:

Asociación de Editoriales Universitarias de América Latina y el Caribe

Associação Brasileira de Editoras Universitárias

Para Lucas Hardman

e em memória de
Eloy Hardman (1908-1989)

> *Filho, Pai*
> > *linhagens ocultas*
> > *suaves passagens*

> > > *Pai, Filho*

[...] mas aqui está trabalhando sobretudo uma dialética, uma dialética em luta e que se pode seguir somente no processo, que pode ainda portar a substância com inteira proximidade do encantamento, aquilo que é "real" na vizinhança da "fantasmagoria", posto que nada está ainda completamente determinado no mundo. Nem coisa como real, nem coisa como fantasmagoria; com frequência, real e fantasmagoria se interpenetram no mundo em fermento.

(Ernst Bloch, *Tracce*)

O mistério que a infância instituiu para o homem pode de fato ser solucionado somente na história, assim como a experiência, enquanto infância e pátria do homem, é algo de onde ele desde sempre se encontra no ato de cair na linguagem e na palavra. Por isso a história não pode ser o progresso contínuo da humanidade falante ao longo do tempo linear, mas é, na sua essência, intervalo, descontinuidade, epoché. Aquilo que tem na infância a sua pátria originária, rumo à infância e através da infância, deve manter-se em viagem.

(Giorgio Agamben, *Infância e história*)

Sumário

Prefácio a esta edição: Amazônia urgente   11
Prefácio à 1ª edição: uma poética das ruínas   15
   Antonio Arnoni Prado
Nota prévia à 1ª edição   21

Parte I – Euclides, a Amazônia e a utopia

1 A Amazônia e a radicalização do pensamento socioambiental de Euclides da Cunha   27

2 A Amazônia como voragem da história: impasses de uma representação literária   41

3 Uma prosa perdida: Euclides e a literatura da selva infinita   55

4 A vingança da Hileia: os sertões amazônicos de Euclides   73

5 Estrelas indecifráveis ou: um sonhador quer sempre mais   107

6 Fantasmas da nacionalidade: Sarmiento, ancestral de Euclides   127

Parte II – Euclides, a história e a tragédia
  7 Pai, filho: caligrafias do afeto   145
  8 Brutalidade antiga: sobre história e ruína em Euclides   161
  9 *Os sertões* como poética das ruínas   183
  10 Troia de taipa: Canudos e os irracionais   193
  11 O 1900 de Euclides e Escobar: afinidades socialistas   205
  12 Euclides da Cunha, a Amazônia e o socialismo internacionalista   221

Referências bibliográficas   231

Prefácio a esta edição:
Amazônia urgente

Se quando este livro surgiu em primeira edição, há pouco mais de uma década, a questão socioambiental já se punha como nuclear para os destinos do planeta Terra e de todos os seres vivos neste século XXI, o que dizer neste momento, ao ingressarmos no seu terceiro decênio? Para a presente edição, fizemos algumas mudanças substanciais. Aqui, nos concentramos nos estudos voltados a Euclides da Cunha e sua consciência cosmopolita de que não havia "questão nacional" isolada da necessidade de incorporar o gigantesco território da Amazônia não só à geografia imperativa dos mapas, mas, antes de tudo, a uma história latino-americana que se harmonizasse com os legados de suas culturas mais antigas e com os desafios continentais de uma modernidade que pudesse ser menos devastadora. Isso ele pensou e escreveu há cerca de 120 anos. Simpático a teses de inspiração socialista e social-democrata, só podia arguir a favor dos seringueiros e advertir para uma legislação do trabalho que lhes assegurasse direitos mínimos e sobrevivência digna. Sabemos que a história da República oligárquica muito cedo enterrava sonhos e sonhadores como esses.

Impressiona ainda o desconhecimento geral sobre a obra amazônica que produziu Euclides. Por isso, a nova edição que aqui se apresenta tem para mim o sentido da urgência maior de um SOS Amazônia. E a derrota recente do neofascismo bolsonarista e do desgoverno que nos oprimiu e que destruiu tantas coisas nesses quatro anos – com a aceleração ao máximo do desmatamento criminoso da Amazônia à frente desse balanço de tragédias – põe para nossa geração a tarefa prioritária de reconstrução de nossas bases civilizatórias.

Isso só será possível como utopia da história se incorporarmos o destino desse gigantesco bioma ao nosso – como brasileiros, latino-americanos e habitantes da Terra. De todas as declarações e os discursos proferidos nesses últimos meses pelo presidente eleito Lula, é de notar que ele tem sublinhado, de forma muito enfática, a emergência socioambiental e o engajamento prioritário de seu próximo governo nela. E que essa ação só pode ser tomada em escala mundial, como destacado em sua participação recente na reunião da COP-27, no Egito, a partir de uma convergência – não alcançada, até aqui – que passa por mecanismos de uma governança global.

Este livro sai novamente agora com o sentido dessa urgência e de todos os seus consequentes desafios. E, para isso, foram feitas várias mudanças, reduções e acréscimos. As partes 1 e 2 foram mantidas e ampliadas nesta nova organização, tendo agora doze capítulos, dos quais três são inéditos aqui, porque escritos e publicados após 2009.[1] Eles são os atuais Capítulo 1, sobre "a radicalização do pensamento socioambiental de Euclides", a partir de ensaios presentes em *À margem da história* e outros escritos dispersos do autor; Capítulo 6, sobre a presença da reflexão ancestral do *Facundo*, de Sarmiento, no imaginário de Euclides, em torno das fantasmagorias que assombram a constituição do Estado-nação na Argentina e no Brasil; e Capítulo 12, ainda sobre o impacto da Amazônia na aproximação de Euclides a uma perspectiva socialista e internacionalista.

---

1 Quanto ao conteúdo anterior das partes 3 e 4, serviu de base para outro volume, dedicado ao que denominamos "antigos modernistas" e à necessária desconstrução dos mitos da Semana de 22: cf. Hardman, *A ideologia paulista e os eternos modernistas*, 2022.

Mantida a imagem do título original, *A vingança da Hileia*, o subtítulo foi modificado dentro da ênfase aqui adotada: *a Amazônia de Euclides e a utopia de uma nova história*. Publicar qualquer livro equivale, sempre, a uma pequena utopia. Mais, muito mais, em tempo sinistro como o que vivemos no Brasil e no mundo. Esse esforço só se viabilizou, neste caso, com a ajuda de tantas pessoas e instituições. Agradeço sempre ao CNPq pela bolsa de produtividade em pesquisa que suporta os estudos e escritos aqui expostos. No IEL da Unicamp, onde atuo como docente há três décadas e meia, menciono o núcleo de pesquisa Exodus e a sua coordenadora Daniela Birman, como referência fundamental nesses últimos quatro anos de produções comuns. Na esfera editorial, nada poderia ser projetado sem o apoio permanente da Fundação Editora da Unesp. Ao seu atual presidente, Jézio Gutierre, e à secretária da presidência, Rosa Maria Capabianco, bem como ao editor adjunto Leandro Rodrigues e a toda a sua equipe muito bem afinada, só posso externar muita gratidão. Já na revisão e preparação inicial do volume, contei com o apoio decisivo de Danielle Crepaldi Carvalho, doutora em teoria literária na Unicamp e pós-doutora em cinema pela ECA-USP.

Em se tratando de Amazônia, devo registrar a amizade para lá de generosa da historiadora Ednea Mascarenhas Dias e da socióloga Marilene Corrêa, ambas docentes da Ufam, que me incluíram, nesses meses de combate, no grupo Comitê Resistência Amazônica, exemplo de tenacidade e compromisso na renovação de nossas esperanças. A elas se somam tantas memórias e vozes, em meio ao luto por quem foi vitimado pelo negacionismo genocida desse sórdido desgoverno, como, entre tantas perdas, foi o caso de dois dos meus antigos orientandos de pós-graduação, Patrícia Inês Garcia de Souza, em Belém, e Arnóbio Alves Bezerra, em Manaus, falecidos no início de 2021. Na sua lembrança, em nome das sete centenas de milhares de mortos, este livro também é dedicado.[2]

---

2 Ver, a propósito, Hardman, "Manaus é Brasil", 2021.

Entre as várias parcerias de colegas e amigos da minha geração, creio que muito da perspectiva que este livro adota viu-se estimulada pela experiência multidisciplinar que trabalhamos em conjunto com Luiz César Marques e Armando Boito, colegas do IFCH-Unicamp, no segundo semestre de 2018, numa turma aberta de graduação que contou com sessenta alunos de dez diferentes cursos, sobre o tema: *Brasil Urgente: colapso e resistência.*

Em minha estadia na China, como professor-visitante na Universidade de Pequim (PKU), no ano acadêmico 2019-2020, proferi duas palestras, a convite de colegas, dado o interesse crescente pela emergência socioambiental acelerada com a destruição da Amazônia sob o atual desgoverno. Em outubro de 2019, na Southern University of Science and Tecnology (SUS-Tech), em Shenzhen, Guangdong, falei sobre *Hileia Amazônica: quando a natureza se vinga dos humanos.* Agradeço a Inez Zhou pelo amável convite e pela sua competente tradução simultânea e, *in memoriam*, ao amigo Hu Xudong, pela intermediação que viabilizou essa troca. Em dezembro desse fatídico ano, numa bela noite enluarada de inverno, foi na Universidade de Pequim que pude voltar e aprofundar o tema, em torno de *Hileia Amazônica: quando alguns humanos destroem nossa casa comum*. Aqui, minha gratidão e minha amizade vão para as colegas Min Xuefei e Fan Xing, que tornaram realidade esse encontro. A minha intérprete e tradutora naquele evento foi a brilhante aluna que lá tive, Lyu Tingting, que valorizou ainda mais a calorosa recepção que nossa denúncia obteve.

Amazônia Urgente: a luta continua!

São Paulo, dezembro de 2022.

Prefácio à 1ª edição:
uma poética das ruínas

Antonio Arnoni Prado

Posso dizer que testemunhei os primeiros passos deste livro quando, há mais de trinta anos, participei com Francisco Foot Hardman de um seminário de pós-graduação no curso de Letras da Universidade de São Paulo. Era maio de 1975 e recordo que fomos incumbidos pelo professor Antonio Candido de apresentar em classe um dos tópicos de leitura ideológica dos textos literários a partir dos escritos de Antonio Gramsci.

Nas reuniões preparatórias, que iam pela noite afora, falávamos de nossas pesquisas paralelas, e muitas vezes saíamos do tema que nos ocupava para trocar ideias sobre outras questões e interesses comuns. Pude então perceber naquelas conversas um traço pessoal que depois se confirmaria na maior parte dos trabalhos de Foot: o da preferência pelos assuntos de relevo tortuoso, estilhaçado no tempo, visível apenas pela fugacidade dos contornos, que ele perseguia até mesmo na transcrição de uma simples epígrafe.

Veio daí a minha dificuldade em separar a personalidade do pesquisador da própria natureza dos temas estudados – a sua quase obsessão pelo detalhe que levasse às pistas de um contexto perdido no tempo ou na memória dos homens. É este, a meu ver, o traço forte desta *A vingança da Hileia*, em cujas *passagens* – como o leitor verá – Foot vai se embrenhando movido em grande parte pelos sinais da miragem, numa espécie de fascínio incontido pela reconstrução das imagens que se apagaram nas molduras e hoje o fazem mergulhar nos contextos em que elas floresceram, com a naturalidade de um contemporâneo.

Quem se detém, por exemplo, nas diferentes *passagens de Euclides*, ou mesmo nas incursões pelas *cidades errantes*, descobre, no fundo dos cenários que o autor vai recompondo, a radical empatia pelos homens esquecidos e os valores destroçados. São eles que marcam o compasso do livro e é através deles que por vezes nos sentimos impotentes – como em alguns momentos de "Estrelas indecifráveis" – diante do "jogo desigual e nada harmônico entre luz e sombra, excesso de visão e cegueira, panoramas deslumbrantes e escuridões opressivas, certos reflexos trêmulos pelo fogo ou oscilantes pela água". E são esses valores destroçados que Foot vai transformando em *condutores ideais da mágica experiência de ver e descobrir*. Nessa linha oscilante, que recobre o espaço entre o documento e a conjectura, é que estão os fundamentos desse *jogo desigual* que faz do livro uma espécie de arranjo que harmoniza com grande valor intuitivo a opacidade da metáfora e a transparência da notação documental.

Mas se isso confere ao ensaio um sabor de digressão engenhosa com a qual o historiador, visionário, prefere às vezes auscultar nas estrelas as direções do destino, seria um erro pressupor que o mérito de suas reconstruções se resumisse apenas à virtualidade concreta dos contextos recuperados. Mais do que a concretude da redescoberta, o que move estes estudos de Francisco Foot Hardman é a aura que ilumina o destino dos protagonistas e dos valores perdidos, o que faz do livro um retrato das afinidades que os aproximam, como se a vontade do autor fosse a de reescrever o Euclides das *estrelas oscilantes* ou mesmo reviver *in loco* as pancadas do velho monjolo em ruínas, para reafirmar, na dimensão da escrita, mais que a imagem daquele século paralisado da crônica de Euclides, um sentimento de cumplicidade impossível, mas não menos vertiginosa que a errática insubmissão do autor de *Os sertões* ante as marcas do nosso atraso.

É para esse filão que convergem as quatro linhas de passagem que organizam o ensaio. Na primeira, as representações literárias sobre a Amazônia ("um dos últimos refúgios [...] dos mistérios de culturas humanas pré-históricas no mundo") vêm enriquecidas de um vasto acervo de referências, de Paul Marcoy a Inglês de Sousa, incluindo os escritos de José Veríssimo, Ferreira de Castro, Alejo Carpentier e Arturo Cova, para não mencionar, entre outros, os nomes de Raimundo Morais, Peregrino Júnior, Dalcídio Jurandir, Márcio Sousa e Milton Hatoum. A esse universo de representação literária, Foot vai enxertando outras vertentes tão distintas quanto a literatura dos viajantes e a da geração modernista hispano-americana, articulando-as, no passado, com as projeções libertárias do romantismo e a crueza do naturalismo regionalista, até chegar aos espaços mortos de Alberto Rangel e José Eustáquio Rivera, num horizonte não muito distante dos mitos do Brasil desconhecido, decisivos na obra de autores pioneiros como Gastão Cruls, Raul Bopp e o próprio Mário de Andrade.

A segunda passagem afina a leitura de *Os sertões* com o que Foot denomina a *poética das ruínas*, e o leitor vê o ensaio avançar sob o signo da tragédia histórica, centrada no massacre de Canudos. Aqui, o dado novo são as reverberações com que Foot expande os elos da tragédia, trazendo para o cenário de hoje o foco espraiado da violência rural e urbana, como a confirmar no arco do tempo a fatalidade do *locus horrendus* a que o poeta das ruínas costumava reduzir as latitudes do nosso atraso. Isolamento, solidão, autopunição, circularidades enigmáticas à sombra do *Judas-Ahsverus*, ecos redivivos da "Cabanagem" misturados à explosão dos "balaios", à investida dos "chimangos" e às tropelias dos "cangaceiros" – "nomes diversos, nos lembra ele, de uma diátese social única, que chegaria até hoje, projetando nos deslumbramentos da República a *silhouette* trágica do jagunço".

Outra novidade é o diálogo intertextual com que o ensaio vasculha as afinidades entre a prosa iluminadora de *Os sertões* e os versos de um antigo caderno de poesias, ainda inédito, no qual o jovem Euclides parece haver delineado, entre 1883 e 1884, indícios líricos de temas contíguos ao sentimento do abandono e da barbárie. Mas é no âmbito de *Os sertões* que a crítica de Foot amplia um sugestivo feixe de ressonâncias com outros movimentos messiânicos, como o da "pedra encantada", deflagrado no sertão de Pernambuco em 1830, que ele revisita nas páginas de Araripe Júnior (*O reino encantado*), de José Lins do Rego (*Pedra bonita*) e de Ariano Suassuna (*Romance d'A pedra do reino*).

É, contudo, na terceira passagem que o espaço literário vem para o centro do livro, ao alinhar a rebeldia de Euclides à trajetória da vida e da obra de alguns "companheiros de viagem", como Raul Pompeia, Augusto dos Anjos, Silva Jardim, Sousândrade e Alberto Rangel, todos eles – nos termos do autor, *antigos modernistas* movidos pelo inconformismo daquele *imaginário vulcânico* inerente às *poéticas da extinção*. Ao lado de José Oiticica, Gonzaga Duque e Graça Aranha, por exemplo, eles representam no livro a força intelectual dos que procuraram fazer, na transição para o século XX, "o que depois o modernismo converteu em programa".

Por mais que se possa discutir o alcance desse contraponto com a modernidade, é inegável que a obsessão por esses *antiquários do novo* não deixa de ser, na arquitetura do ensaio, uma consequência inevitável. É que, na proposta de Foot, a mecânica da análise só pode avançar quando imersa na intemporalidade rediviva da consciência que transforma. Basta pensar nas ambiguidades que exacerbam os impasses implícitos da velha questão entre a vanguarda estética e a vanguarda política: um José Oiticica, por exemplo, politicamente muito à frente de seu tempo, mas poetando muitas cordas abaixo do lirismo de Olavo Bilac, e mostrando-se incapaz de compreender a modernidade de Manuel Bandeira, a quem chegou a desancar sem o menor critério. Ajustado à lógica do livro, Foot o reconstrói no que ele tem de mais vivo, justamente a intemporalidade do inconformismo sempre novo e irrefreável diante dos descalabros da prepotência. A impressão que fica é que, para ele, um Oiticica convertido ao dadaísmo, ou mergulhado na holofrase e na escrita mecânica dos surrealistas, perderia a graça.

Esta é a razão para que os *velhos companheiros* reapareçam como referência do novo, certamente do novo que almejaram e que viram escapar, mas que, no transcurso do tempo, tornam a representar como uma frente de vanguarda desmobilizada, um elo da modernidade que o país, sem memória, relegou ao esquecimento. É o caso do "antitropicalismo" de Augusto dos Anjos banalizando os otimismos grã-finos da *belle-époque*; da "panamérica utópica" de onde Sousândrade retirou os mitos andinos que pulsam no coração do Guesa, saudado por Foot como o "protagonista errático de todas as Américas, do Amazonas a Wall Street, dos Andes ao Cabo Horn"; do brado solitário de um Alberto Rangel contra a barbárie da civilização moderna; do trágico desencanto com a pátria num Raul Pompeia, entre tantos outros – Raimundo Querino, Florence, Volney – que dão vida aos movimentos do livro. No conjunto, o que marca o leitor é a linha de coerência a soldar o destino de todos eles, como se a miragem dos alvos perdidos os reagrupasse em novo pacto de ação militante que se expande, com outros figurantes, na quarta (e última) passagem do livro, para os "combatentes do monolinguismo de Estado", já no cenário do Brasil moderno.

A mais de trinta anos daquelas nossas primeiras reuniões, a sensação que me fica é que a trajetória de Francisco Foot prossegue, como a deles, no mesmo percurso da utopia, da obsessão pela liberdade possível, brado por vezes de desencanto, mas sempre de fascinação ante o exemplo dos que não se rendem. Basta pensar no seu trem fantasma, que corta o destino adverso e recompõe a dignidade dos trabalhadores mortos na saga da Madeira-Mamoré; na reconstituição do itinerário do pequeno Pixote, entre a miséria e a fantasia; na *estratégia do desterro* urbano do operário 35, do conto "Primeiro de maio", de Mário de Andrade; ou ainda na sutileza com que ele traz de volta à vida, afagando os instrumentos musicais abandonados no sótão daquele velho barracão, os ecos de lirismo e saudade que os músicos de uma extinta banda operária deixaram vibrando para sempre nas ruas e praças do bairro paulistano da Lapa.

Campos do Jordão, agosto de 2009.

Nota prévia à 1ª edição

Se a Amazônia, hoje mais que nunca, torna-se um espaço-chave para o prosseguimento da aventura humana no planeta Terra, e com ela todas as formas da biodiversidade cuja evolução desencadeou e, depois, acompanhou a da nossa espécie, a consciência do processo, no entanto, muito antes da dramaticidade que alcançou, teve vários momentos de elaboração e crítica, na história da ciência e da cultura, em particular na chamada literatura dos viajantes, dos cronistas coloniais aos naturalistas românticos, e destes aos primeiros ficcionistas. Todos e cada um, a seu modo, tentaram representar o sublime daquela paisagem, em seu desmesuramento de real-maravilhoso que guarda igualmente os segredos do deslumbre e do horror. Euclides da Cunha, depois do sucesso estrondoso de sua narrativa da tragédia sertaneja de Canudos, foi um dos primeiros escritores latino-americanos modernos a encarar o desafio de "escrever a Amazônia". Sua prosa amazônica, inconclusa, testemunha alguns dos dilemas daquela geração de literatos e, também, de uma história literária que se pretendia constituir como nacional e, para tanto, devia abrigar dispositivos incorporadores dos pontos extremos do território ao imaginário do signo escrito. Entre os dilemas aparentes e contraditórios está o da ausência de epopeia, pois ali se trata, antes, na vertigem do vazio, de como fazer a história, de como narrá-la, de como fugir à "miniatura trágica do caos". De outro modo, o desenho do "nacional" vai adquirindo contornos espectrais, por se tratar de região internacional, no triplo sentido de abranger área pertinente a vários Estados-nações; por ser, além disso, a ampla planície de povos indígenas exterminados e insepultos; e por abrigar, desde há muito e cada vez mais, a presença de projetos econômicos predatórios e voltados ao exterior, em antessala cobiçada da globalização.

Decidi tomar Euclides da Cunha e a Amazônia como motivos desencadeadores deste volume de ensaios porque são suficientemente abrangentes e repletos de consequências para a história da modernidade literária entre nós. Reuni ensaios que, embora guardando respectiva autonomia formal e temática, dialogam entre si, como contrapontos ou desdobramentos, sem apego à linearidade de cronologias ou geografias, mas imbuídos dos efeitos de sentido que certa composição e sequência, e não outras, podem produzir na pesquisa sobre os deslocamentos do trágico-moderno nas guerras culturais contemporâneas e no debate que lhes corresponde. Efeitos que puderam até mesmo, por insuspeitados, surpreender seu autor, ao longo da recolha dos textos, sua revisão integral e muitas reescrituras em relação a versões passadas. A seleção inclui textos escritos ao longo dessas duas décadas e que foram, entre outras aparições, partes constitutivas do *corpus* da tese de livre-docência (*Brutalidade antiga e outras passagens*) e do conjunto de trabalhos apresentados no concurso de titularidade. Mas outro punhado de capítulos compõe-se de textos mais recentes, produzidos nos últimos cinco anos.

A docência fez parte dessa trajetória, muitas vezes imprimindo dinâmica e estímulo à pesquisa e à escrita. Na orientação de pós-graduandos do programa de teoria e história literária da Unicamp, vários trabalhos que dirigi interagem, em seus resultados, mais direta ou indiretamente, com perspectivas histórico-literárias e críticas aqui adotadas. Entre as dissertações e teses feitas nesta década, em boa parte inéditas, mas que possuem afinidades temáticas e teóricas com os roteiros cá traçados, lembro a organização das memórias inéditas de Alberto Rangel, iniciada por Fabiana Tonin (2009); o levantamento de uma história e historiografia literárias borradas do cânone nacional no Maranhão do século XIX, por Ricardo Ferreira Martins (2009); a recuperação do "lamento dos oprimidos" na poesia de Augusto dos Anjos, por Maria Olívia Garcia Arruda (2009); o estudo de Marcos Aparecido Lopes sobre a recepção crítica problemática da obra de Coelho Neto (1997); a pesquisa de Maria Rita Palmeira sobre as viagens de Benjamin Péret ao Brasil e seus escritos (2000); o trabalho de Celdon Fritzen sobre mitos e luzes nas representações da Amazônia (2000); a extensa investigação de Bruno Gomide sobre a história do romance russo no Brasil (2004); a leitura de Alexandre Aparecido Lima sobre o tema da loucura em Araripe Jr. (2004); o inventário de Marinilce Coelho sobre a modernidade literária em Belém (2005); a tese de Luiz Silva sobre o "sujeito étnico" em Cruz e Sousa e Lima Barreto (2005); e a análise de Elías Hernández Inostroza sobre a literatura de "pontos extremos" em Dalcídio Jurandir e no chileno Francisco Coleane (2005).

Escolhido o *leitmotiv*, era preciso compor as *passagens* a atravessar, não como setas de mão única, mas como recortes temáticos e correspondências textuais, que se insinuam de forma latente num bloco de ensaios, emergem à primeira cena em outro e voltam em movimento circular ao motivo inicial. Nenhuma passagem pretende ser conclusiva, umas se remetem às outras, embora o elenco de imagens-guias que nomeia cada uma delas seja fortemente sugestivo, como para justificar os agrupamentos e sequências em que se dispuseram os textos. E estes igualmente retomam imagens e comutam posições, entre afinidades temáticas e distâncias espaçotemporais.

Assim, de tal maneira, na "primeira passagem", a prosa perdida na Amazônia de Euclides vincula-se criticamente a linhagens literárias diversas, que vão da literatura dos viajantes ao modernismo hispano-americano, do romantismo ao naturalismo regionalista, de Alberto Rangel a José Eustasio Rivera, a Raul Bopp, Mário de Andrade e Raimundo Morais, sempre na ótica dos impasses da representação daquele mundo. Mas o autor sabia que estava tratando de certo limite do ilimitado, por isso a questão dos liames entre literatura e infinito perpassa sua visão, que se substancializa neste que é dos seus textos mais enigmáticos, "Estrelas indecifráveis", essa cosmogonia interrompida com que encerrava, sintomaticamente, como seção de capítulo único, seu livro À margem da história. A "eternidade pelos astros" se desdobrava como ponto de fuga de um real incontrolável e de um presente ameaçador.

Esse "paraíso perdido" euclidiano funciona como metadiscurso da poética das ruínas em Os sertões. Nesse sentido, suas notações em caderno manuscrito de versos de Byron ou de Leopardi poderiam indicar essa busca fragmentária do infinito. A "segunda passagem" avança essa indagação, já sob o signo da tragédia histórica que tem no massacre de Canudos seu ponto nodal de concentração dramática, mas também de inflexão poética. No plano pessoal, a tragédia familiar tem na correspondência pai-filho um momento alto, que precede a queda. Se Canudos traduz a irracionalidade imemorial do sertão "insular", é evidente que isso não para aí. As contaminações entre violência rural e urbana dominam o cotidiano brasileiro contemporâneo. A favela se universalizou, dentro e fora do Brasil. E o estado de exceção, idem. Há mais de um século, porém, no utopismo socialista do 1900 imaginado por Euclides e Francisco Escobar, nem todos os dados haviam sido lançados.

Euclides sonhava com uma linguagem que sintetizasse as verdades da ciência e da arte. A partir da expedição ao Alto Purus, ensaiou esse discurso, que não se completou. Manuscritos aparentemente se perderam. Nenhuma garrafa deu sinal, até aqui, de que seu sonho sobreviva. Mas é aí, nesse intervalo abissal, que sua melhor literatura nasce e, com ela, sua modernidade mais radical. A que autorreflete, desde sempre, seus hiatos e fraturas, porque se reconhece, mesmo na selva distante, plenamente em nosso mundo. E segue o traçado enigmático de astros volúveis, com o desejo do nome e a fome célere da poesia.

São Paulo, noite de São João, 2009.

Parte I
Euclides, a Amazônia e a utopia

1
A AMAZÔNIA E A RADICALIZAÇÃO DO PENSAMENTO SOCIOAMBIENTAL DE EUCLIDES DA CUNHA[1]

à memória de Lúcia Foot Hardman,
artista plástica e peregrina de si mesma

Diante das urgências e impasses da cena nacional e mundial contemporâneas, seria mais do que legítimo o leitor pôr em xeque este convite a um retorno a Euclides da Cunha: por que ler ou reler *À margem da história*, último livro organizado pelo autor (apesar de publicado postumamente, ao findar-se o ano de 1909, depois de sua trágica desaparição, em agosto)?

Escritor que teve o conjunto de sua obra ofuscado pelo brilho da estrela solar representada pel'*Os sertões*, tanto para a produção anterior quanto para a posterior a 1902, seja na poesia, nos ensaios, nas crônicas jornalísticas, nos relatos de viagem, na correspondência ativa, será sempre possível recuperar uma visão mais integrada e inteiriça da diversidade de sua escrita e da abrangência de suas temáticas. E, nessa trajetória, refeita agora à luz de pesquisa documental e trabalho restaurativo de textos, haverá certamente vários ensejos

---

[1] Este capítulo foi publicado inicialmente como introdução à edição crítica de *À margem da história*, de Euclides da Cunha, que organizamos com Leopoldo M. Bernucci e Felipe Pereira Rissato (2019, p.15-31).

para a descoberta de elos perdidos e sentidos histórico-literários que reponham a obra de Euclides da Cunha no pódio do que melhor nos ofereceu a prosa em língua portuguesa em toda a modernidade. Antes de ser canônico, porém, Euclides foi de nossos melhores intérpretes. Ou talvez fosse melhor sugerir "contraintérpretes". Pois sua sina pelos rios Amazonas e Purus, ao longo de 1905, é um remar contra as correntes assentadas da geografia, da história, da ciência, da arte. Aliás, como já demonstrou bem o geólogo e historiador da ciência José Carlos Barreto de Santana, é dessa viagem amazônica que brota no autor a utopia de um possível novo "consórcio entre ciência e arte", a transformar ambas as esferas tanto epistemológica quanto esteticamente.[2] Hoje, no deserto do especialismo, essas especulações parecem descabidas, mas Euclides anteviu, muito antes da burocratização das linguagens ao longo do século XX, que era cabível pensar em uma nova economia política do pensamento e suas expressões.

A excursão do escritor, ora convertido em representante do Estado brasileiro na comissão diplomática mista, em parceria com o Peru, designada pelo Ministério das Relações Exteriores para reconhecimento da região do Alto Purus, era tentativa de superar conflitos territoriais crescentes na fronteira do Acre com o nosso vizinho. Para além dos documentos oficiais da missão, entre eles o relatório oficial bilíngue publicado ainda em 1906, além de fotografias,[3] correspondência e importantes cartas geográficas de sua própria lavra, Euclides foi elaborando vários ensaios, publicados preliminarmente em periódicos. Entre estes, principalmente o *Jornal do Commercio* do Rio de Janeiro, ao longo do ano de 1907. Esse conjunto de artigos será o material de base para *À margem da história*, especialmente para sua primeira parte e, também, para sua

---

2 Santana, *Ciência & Arte: Euclides da Cunha e as ciências naturais*, 2001.
3 A propósito, é de lamentar que o principal álbum fotográfico da viagem de Euclides pelos rios Amazonas e Purus, que contou com a participação do engenheiro, fotógrafo e futuro professor de astronomia Arnaldo Pimenta da Cunha, primo do escritor e auxiliar-técnico da expedição, tenha sido roubado do Arquivo Histórico do Itamaraty em 2003.

quarta parte, composta originalmente, naquele ano, ao modo de um pequeno auto de Natal,[4] em que se projeta, como uma espécie de utopia cosmológica, nos mistérios das "estrelas indecifráveis". Sabendo-se com certeza que tal arranjo dos capítulos foi arquitetado inteiramente por arbítrio do autor, ganha enorme interesse essa síntese final que vincula a celebração do mito cristão do nascimento do menino-deus às órbitas estelares desconhecidas, mistura que só a linguagem poética era capaz de suportar.

Não há dúvida de que o livro que resulta dessa reunião de textos em quatro seções é bastante diverso do projeto anterior de Euclides – quando, no início de março de 1905, ainda em Manaus, escreve para os amigos escritores Coelho Neto e José Veríssimo e afirma sua intenção de escrever *Um paraíso perdido*, como obra vingadora da "Hileia maravilhosa contra todas as brutalidades das gentes adoidadas que a maculam desde o século XVII". Desejo reiterado ao deputado e futuro senador do Pará Artur Lemos em carta não datada, mas expedida de Manaus certamente na mesma ocasião: nela, avança, em várias imagens, a dificuldade de representação literária da Amazônia, que só poderia ser entrevista em "miniaturas do caos", num esforço de contemplação que não permite vê-la senão mediante "vertigem", uma aparição "vagarosa e torturante", que exigiria "o trato de uma vida inteira", uma paisagem tão grandiosa que seu "infinito deve ser dosado".[5] Aqui, na importante correspondência

---

4 Ainda em 1993, em Seminário de Estudos Multidisciplinares da UFPR, a convite do saudoso colega Francisco Paz, chamei a atenção para a especial importância desse belo e estranho texto de Euclides em "Estrelas indecifráveis ou: um sonhador quer sempre mais", em Hardman, *A vingança da Hileia: Euclides da Cunha, a Amazônia e a literatura moderna*, 2009, p.81-96. Aqui, apontava o paralelismo, entre outras, com utopias cosmogônicas ou cosmológicas frequentes na segunda metade do século XIX e início do XX, por exemplo, *L'Éternité par les astres*, do anarquista Auguste Blanqui (1872). Ou com obras desafiantes na fronteira matemática, física e filosófica da ciência, como a matricial *Théorie des tourbillons* (1893), de Henri Poincaré, certamente lida por Euclides. A publicação de "Estrelas indecifráveis" no *Jornal do Commercio*, do Rio de Janeiro, deu-se em 25 dez. 1907, evidenciando-se, assim, a clara intenção de uma celebração natalina.

5 Cf. Galvão, Galotti (Orgs.), *Correspondência de Euclides da Cunha*, 1997.

ao sobrinho e genro do intendente de Belém, Antonio Lemos, que conhecera poucas semanas antes, em sua escala paraense a caminho do Amazonas, é onde Euclides explicita sua inspiração no poema épico *Paradise Lost*, de Milton (1667), na imagem de um espaço que se oculta de si mesmo, tema tão caro, depois, à teoria do sublime romântico e que ele retomará, entre outros textos, no conhecido preâmbulo a *Inferno verde*, de Alberto Rangel (1908), redigido entre abril e agosto de 1907. Neste, esboça a dialética entre as visões microscópica e telescópica da região narrada em chave simbolista-expressionista pelo seu discípulo, de quem ficara amigo em Manaus, muitos anos depois de terem sido colegas contemporâneos de juventude na Escola Militar da Praia Vermelha.[6]

Ora, parece que o propósito de escrever uma nova sorte de "Os sertões amazônicos" vai se esmaecendo com o passar do tempo. Em 1906, encontramos ainda referência ao segundo projeto vingador, em cartas ao amigo socialista Francisco Escobar em junho e, em setembro, ao antigo amigo de caserna, Firmo Dutra,[7] com quem, no ano anterior, também compartilhara a Vila Glinícia, em Manaus, chácara e residência de Alberto Rangel. Em 1906, também em junho, publica-se pela Imprensa Nacional o relatório de sua viagem à Amazônia, obra que lhe custou grande trabalho de redação e revisões, organizada postumamente sob o título *O rio Purus* (1960), com grande supressão de trechos. Nesse ano, ainda recusa a

---

6 Tenho trabalhado este tema há muito tempo, razão por que não me estenderei aqui. Sobre a tópica da "vertigem do vazio", ver Hardman, *Trem fantasma: a ferrovia Madeira-Mamoré e a modernidade na selva*, 2005 [1988], cap. 4, inspirado diretamente, entre outras fontes, em *À margem da história*. Já todos os quatro ensaios que compõem a "Primeira passagem: Euclides, a Amazônia e o infinito" de *A vingança da Hileia: Euclides da Cunha, a Amazônia e a literatura moderna*, p.23-96, tratam profundamente deste tema.

7 Analisei, ainda, o tema da ruína na poética euclidiana, tendo como eixo o testemunho de Firmo Dutra em "Euclydes e a Amazônia", publicado no *Correio da Manhã*, Rio de Janeiro, em 1º jan. 1939, sobre o esboço de um manuscrito intitulado "Brutalidade antiga", possível capítulo de *Um paraíso perdido*. Esse depoimento se aproxima de relato feito por Euclides a Coelho Neto, "sangrento das caçadas aos índios".

nomeação para ser engenheiro no projeto de construção da ferrovia Madeira-Mamoré, que lhe obrigaria retorno em seguida à Amazônia, em meio à crise familiar mais séria e às exigências constantes da vida profissional no Ministério das Relações Exteriores e da vida literária já canônica no Rio de Janeiro, culminando com seu ingresso, em 21 de setembro de 1903, na Academia Brasileira de Letras, tomando posse em 18 de dezembro de 1906 e para cuja cerimônia produz importante discurso-ensaio, enfeixado na 2ª edição do volume *Contrastes e confrontos*, publicado em fins do ano seguinte.

Não é à toa, pois, que, desde o final de 1906 até o início de 1909, quando decide organizar o volume de *À margem da história*, não se localiza mais nenhuma menção a *Um paraíso perdido* em sua correspondência. Em 1907, sua carreira editorial é ocupada por dois outros importantes livros: a reunião de ensaios históricos e políticos, *Contrastes e confrontos*, e o interessante estudo de história geográfica e diplomática sul-americana, *Peru versus Bolívia*, série de artigos saídos no *Jornal do Commercio* entre julho e agosto. Em dezembro, profere o discurso *Castro Alves e seu tempo*, cujo opúsculo foi publicado pela Imprensa Nacional.

Para além desses percalços e das pressões de uma biografia angustiada, as razões propriamente estético-literárias disso que denomina impasse da representação podem ser buscadas ainda lá atrás, antes do início de sua navegação fluvial pelo Amazonas-Purus, na Manaus em que estaciona por três meses, quase como estrangeiro. Na mencionada carta a Artur Lemos, ao anunciar, talvez pela primeira vez, seu intento, já antecipa o temor de que não terá a "envergadura" necessária para realizá-lo, e que poderá "dar a impressão de um escritor esmagado pelo assunto". Ao mesmo tempo, devedor de toda a tradição da literatura dos viajantes e naturalistas, afirma querer fugir de título que associe seu projeto à paragem visitada por Humboldt e Agassiz, preferindo recuperar a imagem do poeta seiscentista.[8]

---

8 Ver Galvão; Galotti (Orgs.), *Correspondência de Euclides da Cunha*, 1997, p.268-9.

E o livro, que será, afinal, organizado inteiramente pelo autor para a editora Chardron, de Lello & Irmão, no Porto, no início de 1909, com revisão de provas pelo próprio Euclides e devolução aos editores no final de julho, difere bastante de seu "paraíso perdido". Razão pela qual lhe dá título diverso, cujo sentido — "margem da história" —, reiterado igualmente em sua primeira e principal seção, que contém sete dos doze capítulos de todo o volume, "Terra sem história (Amazônia)", é quase contraposto, por exemplo, ao sentido de "Brutalidade antiga", onde a violência da história natural é inseparável e determinante, em larga medida, da violência histórico-social. Mesmo na representação de matriz judaico-cristã, trazida de Milton e presente fortemente pelo menos em dois de seus mais belos ensaios, "Judas-Ahsverus" e "Estrelas indecifráveis", a ideia inicial de designar, com o artigo indefinido *Um*, esse "paraíso perdido", repõe, antes de todo seu conteúdo descrito e narrado, a noção de uma historicidade, a qual se move, mesmo que em chave evolucionista e positivista, numa "temporalidade especializada", num espaço-tempo que pode ser datado porque inscrito em certa ordem do factível. Muito importante, nesse sentido, a constatação de que, ao deliberar pela reunião de ensaios em grande parte publicados entre 1907 e 1908, nas páginas do *Jornal do Commercio*, como base textual de *À margem da história*, Euclides assumiu, naquela altura, a desistência ou o adiamento de seu projeto original. A estrutura resultante é claramente descontínua. Mas isso a torna, para críticos e leitores de hoje, tanto mais desafiante.

Vale mencionar aqui, a esse propósito, as duas seções intermediárias, a segunda e a terceira. A segunda, constante de três ensaios, já no título sugere sua heterogeneidade temática: "Vários estudos". Publicados originalmente em 1908, sempre no *Jornal do Commercio*, são artigos histórico-políticos vinculados à América do Sul, discutindo aspectos territoriais, fronteiriços e diplomáticos na esteira de alguns artigos de *Contrastes e confrontos* e, claro, de seu *Peru versus Bolívia*. Dos três ensaios-capítulos de "Vários estudos", o intermediário, "Martín García", é uma longa resenha do livro do escritor uruguaio, estabelecido na Argentina, Agustín de Vedia, de quem Euclides tornou-se correspondente afetuoso, sobre os impasses diplomáticos na jurisdição internacional do rio da Prata. Já o primeiro trata de tópico presente sempre no temário do autor: a importância do transporte ferroviário. No entanto, será o terceiro, "O primado do Pacífico", o de visão mais larga e, por que não dizer, premonitória, sobre a recente importância que a navegação e o controle geopolítico daquele oceano passariam a ter na história latino-americana, em particular, e na história mundial, como um todo.

O século XX e, sobretudo, o século XXI confirmariam, com evidência indiscutível, o papel estratégico que as relações econômicas, políticas e militares transpacíficas passaram a ter sobre o destino da humanidade e, ao mesmo tempo, da vida planetária. Podemos, sem muito esforço, vincular atualmente a história da Amazônia à história do controle estratégico do Pacífico. E tal aspecto, que já se fazia notar premonitoriamente no interessante ensaio da primeira parte, "Transacreana", à época era projeto quase utópico – havendo sido só muito recentemente, em nosso século, concretizado pela via rodoviária, com a Estrada do Pacífico, ligando Rondônia e Acre, no Brasil, ao litoral do Peru, com cerca de 2,6 mil km de extensão, tendo suas obras iniciadas em 2003 e concluídas em 2010.

Mas claro está que a atualidade desses temas, por si só de enorme interesse até hoje, afastava, naqueles últimos anos de vida, o escritor de sua "vingança prometida". Evidente que seu trabalho no Ministério das Relações Exteriores impunha-lhe tarefas e leituras que muitas vezes o desviavam do projeto literário, como de resto ocorreu em toda a sua carreira, de engenheiro militar ou civil, muito antes de se tornar assessor de especial confiança do barão do Rio Branco. E se não fosse, talvez felizmente, seu ímpeto publicista, que o manteve por quase toda a existência como cronista e ensaísta em jornais da grande imprensa, periódicos engajados e revistas culturais,[9] teríamos uma redução sensível do conjunto de sua escritura.

---

9 É notável que até hoje não se tenha organizado nem dado o devido destaque ao caráter central da produção jornalística de Euclides em sua formação literária. Quando considerada, o tem sido de modo marginal ou tópico, como no caso de sua correspondência para *O Estado de S. Paulo* durante o final da guerra de

Consideremos agora a terceira seção, ensaio mais longo do volume, e ali posto, a meu ver, para preencher o hiato representado por essa escrita fraturada da Amazônia, pela grande narrativa interrompida. Breve resumo divulgativo da história do Brasil do Império à República, parece ser o esboço de um futuro livro didático, como tantos autores contemporâneos fizeram, de Gonzaga Duque a Olavo Bilac ou Coelho Neto. Suas teses inscrevem-se na historiografia positivista mais convencional, inclusive na visão da revolução abolicionista-republicana como processo de evolução "natural" da crise do regime monárquico, cuja queda mais se assemelha à de um fruto maduro ou passado. Calcado, entre outras fontes, no ensaio do barão do Rio Branco, "Esquisse de l'histoire du Brésil", inserido no volume que outro barão, o paraense Santa-Anna Nery, organizou como catálogo geral de apresentação do Brasil à Exposição Universal de Paris, em 1889, ainda ao final do Império, esse "Da Independência à República" parece constituir a parte mais distante da distopia amazônica sonhada por Euclides.[10]

Há poucos documentos primários desse seu desígnio, e os rastros do possível manuscrito "Brutalidade antiga" perderam-se em algum

---

Canudos. O conjunto de crônicas abolicionistas e republicanas, desde 1888, por exemplo, poderia justificar uma edição especial, porque – conjuntamente com sua produção poética juvenil e madura, que pudemos, Leopoldo Bernucci e eu, recuperar, em Euclides da Cunha, *Poesia reunida* – é a escrita jornalística que constitui o laboratório mais relevante das metamorfoses de sua arte de prosador inigualável. Cf. Hardman; Bernucci (Orgs.), *Euclides da Cunha: Poesia reunida*, 2009.

10 Cf. Santa-Anna Nery (Org.), *Le Brésil en 1889: avec une Carte de l'Empire en Chromolitographie, des tableaux statistiques, des graphiques et des cartes*, catálogo composto para a Exposição Universal de 1889 em Paris. O ensaio de Rio Branco está nas p.105-88, constituindo-se em síntese mais abrangente que a de Euclides, pois resume a história brasileira desde 1500. Sobre o espírito da "era do espetáculo" e do exibicionismo burguês já presentes nas exposições universais do século XIX, ver Hardman, *Trem fantasma*, 2005, caps. 2 e 3. Contraponto significativo a esse exercício factual de Euclides, ao mesmo tempo excessivo, disperso e superficial, é, por exemplo, o livro didático de Gonzaga Duque sobre as revoluções no Brasil, cuja primeira edição apareceu em 1898. Cf. Duque, *Revoluções brasileiras: resumos históricos*, 2018.

ponto entre Manaus e Rio de Janeiro. Na Biblioteca Nacional, localizamos duas folhas avulsas manuscritas, sempre presentes em suas várias cadernetas de viagem, que sugerem, de modo fugaz, prováveis anotações geográficas, botânicas e zoológicas para a composição do futuro quadro da natureza amazônica, de resto também localizáveis em vários dos documentos que compõem o vasto acervo de sua missão diplomática na Amazônia no Arquivo Histórico do Itamaraty. Mas sua descontinuidade é a marca mais significativa do impasse narrativo maior. Apenas a título ilustrativo, vejamos como Euclides anota possíveis tópicos do futuro livro:

1ª Parte
1º
Estrutura amazônica. Hipóteses, teorias, fantasias geológicas. Num passado de milênios.
2º
Fisiografia variável. Plainos maremáticos. Mondongos. Várzeas. Igapós. Terras altas e montanhas.
Ilhas errantes. Um artista incontestável. Alterações do leito. Rios construtores. Rios que crescem [...].[11]

---

11 Fonte: Biblioteca Nacional, Rio de Janeiro. Doc. 21 I-4, 18, 13. "Rios construtores" também são denominados por Euclides de "rios trabalhadores". A percepção desse dinamismo hidrológico fundamental é bastante inovadora na ciência de seu tempo, e certamente caudatária, entre outras, do geógrafo Carl Ritter, não citado diretamente por Euclides, que se apoia mais no geógrafo e historiador anarquista francês Élisée Reclus. Sobre *"fleuves travailleurs"*, cf. Reclus, "Les estuaires et les deltas. Étude de géographie physique", Annales de voyages, de la géographie, de l'histoire et de l'archéologie, 1866, p.5-55. Mas sua fonte principal e mencionada terá sido Reclus, *Estados Unidos do Brasil: geographia, ethnographia, estatistica*. Essa obra, cuja edição original francesa data de 1893, foi traduzida por Ramiz Galvão, contendo ainda apêndice sobre o território contestado franco-brasileiro (futuro Amapá), traduzido e com notas críticas pelo barão do Rio Branco. Toda a Parte II dessa obra monumental ("Amazônia. Estados do Amazonas e Pará", p.32-131) foi muito inspiradora para Euclides, especialmente a visão da grandiosidade da bacia amazônica e dos seus rios como "sujeitos da história". Numa perspectiva histórica contemporânea, ver Leonardi, *Os historiadores e os rios: natureza e*

Ressaltando que aqui se pode tratar de notas para seu futuro relatório técnico-científico, não pertinentes de modo direto, portanto, ao projeto histórico-literário maior, veja-se também um trecho de outra folha manuscrita, com listagem de espécies da fauna amazônica:

> Marajó-Mondongos.
> Resíduos de velhas faunas – "mata-mata". (O esplendor da fauna reptiliana vai do carbonífero ao cretáceo.) Testemunhas de velhas idades.
> Jacarés e tartarugas (crocodilos e quelônios) – retardatários. Iguana (*Hatteria punctata* – redução do Iguanodon). Tatu canastra (*Glyptodon*). Preguiça (*Megatherium, Platirrini*). Tamanduá (*Glossotherium*). (Tatu-canastra é o *Priodontes gigas*). Cigana [...].[12]

Esse afã de listar os léxicos das ordens naturais, exercício que se verifica frequentemente nas suas cadernetas de campanha quando da viagem ao cenário de Canudos, depois muitas vezes incorporadas ao texto de *Os sertões*, nota-se aqui, também, no zelo de anotações que fez, durante a subida dos rios amazônicos, da toponímia dos lugares visitados. Apenas um exemplo extraído da extensa documentação do Arquivo Histórico do Itamaraty: num manuscrito avulso, Euclides enumera nomes de antigos povoados e sítios do Alto Purus, com informações sobre fundação (em geral na segunda metade do século XIX), atividade econômica e situação presente: Arumã; Guajaratuba; Bufari; L. Arimã; Canutama; Mamidiri;

---

ruína na Amazônia brasileira, 2013. Participei, com o autor e outros pesquisadores, da expedição ao Velho Airão, no rio Negro, que deu origem a esse belo ensaio. Mais recentemente, o projeto científico e de extensão educacional em torno dos "Rios voadores", entre 2007-2013, que ganhou fama mundial, levado à frente por equipe numerosa (Enéas Salati, Antonio Donato Nobre, Pedro Leite da Silva Dias et al.), sinaliza os impactos das bacias hidrográficas amazônicas no equilíbrio socioambiental brasileiro e planetário.

12 Biblioteca Nacional, Rio de Janeiro. Doc. I-4, 18, 13. A cigana é conhecida também como jacu-cigano, hoa-zim, cigano, aturiá e catingueira.

Separiti.[13] E, sem dúvida, nesse afã, como de resto em toda a expedição, Euclides vale-se de uma cooperação intelectual algo silenciosa, mas decisiva, que já existia entre a Amazônia brasileira e as sul-americanas, pelo menos desde o início da navegação a vapor, em 1867, ligando, entre outras, as cidades de Manaus e Iquitos.[14]

O zelo enumerativo reintroduz o desconhecimento desse novo mundo em suas "inúmeras modalidades", para retomar os termos agudamente autocríticos da carta a Artur Lemos já citada. Ao percorrer esses fragmentos de manuscritos com suas listagens detalhistas e inacabadas, estamos diante do impasse com que abria, em Manaus, antes de iniciar a navegação rumo ao Purus, a carta ao recente amigo que conhecera em Belém: "Se escrevesse agora esboçaria miniaturas do caos incompreensíveis e tumultuárias, uma mistura formidável de vastas florestas inundadas de vastos céus resplandecentes".[15]

Talvez seja hora de voltar-se à pergunta do início. Euclides, em processo de radicalização política e social nos sete anos que separam a publicação de *Os sertões* de seu desaparecimento precoce, deixou fora de *À margem da história* aquele que terá sido possivelmente um de seus ensaios mais denunciativos – ao lado, talvez, da abertura geral da Parte I, "Impressões gerais" – das condições de escravidão dos trabalhadores extrativistas na Amazônia, do círculo infernal em que ficam prisioneiros. Refiro-me ao artigo "Entre os seringais", publicado na revista *Kosmos*, ainda em janeiro de 1906, nem bem desembarcado do regresso da excursão. O que leva a crer que, muito provavelmente, já o tivesse pelo menos esboçado

---

13 Arquivo Histórico do Itamaraty, Rio de Janeiro.
14 Entre tantos exemplos, ressalte-se a interação que o autor faz com as importantes obras dos peruanos Jorge von Hassel e Samuel Palacios Mendiburu. Ver, em especial, as notas 15, 28, 34 e 36 do capítulo "Os *caucheros*", neste volume, estabelecidas pelos colegas Bernucci e Rissato. Na famosa passagem relativa ao indígena ribeirinho que "balbuciou" a palavra "Amigos", destaca-se o equívoco a que é induzido Euclides por desconhecer a tribo homônima dos *Amigos*, relatada por Von Hassel.
15 Em Galvão; Galotti (Orgs.), *Correspondência de Euclides da Cunha*, p.268.

durante as cerca de três semanas de volta, por via fluvial e marítima, desde Manaus.

A questão indígena, é verdade, também esteve ausente, em geral, dos escritos de Euclides. Tendo encontrado com o viajante italiano Ermanno Stradelli, geógrafo, etnólogo e indigenista pioneiro, dicionarista, fotógrafo e poeta, logo que desembarca em Manaus, nos primeiros dias de janeiro de 1905, debatem sobre erros e imprecisões na cartografia dos rios amazônicos. Euclides corrige-lhe a localização do afluente Chandless do rio Purus, que deveria figurar em sua margem direita e não esquerda, como o conde italiano havia registrado em mapa de sua autoria. Stradelli escreve então bilhete de agradecimento a Euclides, que o anexa à carta enviada ao barão do Rio Branco, datada de 8 de janeiro, cujos originais até agora não foram localizados.[16]

Entretanto, ao longo de *À margem da história*, há claros sinais de que seu autor buscava os elos significativos que pudessem encadear, como fios dramático-narrativos, tal qual em sua obra-prima, a luta do homem contra a natureza à luta dos homens entre si. Ao reivindicar direitos trabalhistas e sociais mínimos para os povos da floresta, Euclides aproxima-se do que a social-democracia de base operária estava propondo nos principais países industriais. A interlocução permanente com Francisco Escobar o colocava na esteira do socialismo reformista, como tenho mais de uma vez insistido.[17]

O fato é que, aparentemente ausente do centro de sua ensaística amazônica, a questão social permanece como fantasmática, nem

---

16 Ver Antonio Simões dos Reis, "Euclydes da Cunha e Stradelli (Na correspondência com o barão do Rio Branco)", *Gazeta de Notícias*, Rio de Janeiro, 23 out. 1938, p.17-8. Sobre a importância decisiva de Stradelli aos estudos amazônicos, cf. Hardman, "Amazônia sem fim: as estradas extravagantes de Stradelli", em Raponi, *A única vida possível: itinerários de Ermanno Stradelli na Amazônia*, 2016, p.9-13.

17 Ver Hardman, *A vingança da Hileia: Euclides da Cunha, a Amazônia e a literatura moderna*, p.151-63, e Euclides da Cunha, "L'Amazonie et le socialisme internationaliste", em Lins; Penjon; Süssekind (Orgs.), *Interprétations littéraires du Brésil moderne et contemporain*, p.69-78. Há também versão em português.

por isso menos real, tanto como sintoma quanto como figuração do trágico moderno. Assim como a questão nacional e o nacionalismo, em Euclides, entram em claríssima contradição, nesse livro, com a experiência de uma Amazônia transnacional, em que as fronteiras e jurisdição do Estado-nação chocam-se com a paisagem que ultrapassa marcos e mantêm interregnos de indefinição e com os conflitos latentes ou manifestos das populações deslocadas no movimento internacional de mercadorias como a borracha, navegação fluvial e marítima e novas ferrovias, passa-se igual processo no que se refere às lutas sociais e do trabalho. Se podemos aquilatar os efeitos sobre sua mente e imaginário do fato de que, em toda a sua vida, a única saída ao exterior dá-se em condições, digamos, daquela alegada "vertigem", porquanto não claramente definível em sua viagem fluvial, ao ultrapassar imperceptivelmente a fronteira Brasil-Peru a bordo do batelão *Manoel Urbano*, podemos imaginar quão difícil poderá ter sido a criação de personagens entre seringueiros e caucheiros, desses povos ribeirinhos que eram herdeiros de antigas etnias e povos da floresta.[18]

Premido entre o tempo da burocracia do Estado e suas injunções, Euclides não pôde desdobrar seus personagens épico-dramáticos, deixando-os como "miniaturas do caos", a exemplo desse magistral "Judas-Ahsverus", que se desfaz no rio como de resto todas as ruínas dessa civilização mal aflorada na selva. Sua imagem é a dos próprios "rios em abandono", onde Gênesis se converte em Apocalipse antes que qualquer estabilidade socioambiental fosse capaz de fixar bases dignas de uma vida menos tempestuosa. Certamente uma das mais belas páginas de toda a sua obra escrita, esse pequeno conto-crônica, já quase resvalando para o domínio da ficção, recolhe-se, entretanto, como uma pedra preciosa entre tantos outros ensaios. A meu ver, sua projeção, pela ótica da literatura fantástica, mas que de repente pode se ligar à ciência dos

---

18 Entre os trabalhos recentes que me foram dados conhecer, destaco o de Cardoso, *O Eldorado dos deserdados: indígenas, escravos, migrantes, regatões e o avanço rumo ao oeste amazônico (1830-1880)*, 2018.

céus ou dos "rios voadores", irrompe mais do que nunca na seção derradeira e solitária das "Estrelas indecifráveis", a quarta parte separada da primeira pelas duas partes intermediárias dominadas por ensaios genéricos e abstratos em relação à representação literária de teor estético almejado, desde o início da viagem, pelo escritor. Esse efeito de "deslocamento" foi claramente intencional. "Estrelas indecifráveis" é o único ensaio publicado ao longo de 1907 que se desprende do conjunto relativamente homogêneo da primeira parte e ressurge, assim, ao modo de um auto natalino inscrito em utopia cosmogônica, envoltos ambos em mistério, apesar de toda a astronomia moderna.

É como se Euclides da Cunha, depois de tanto navegar e reconhecer, entre rios, florestas, terras firmes e caídas, depois de traçar mapas em diálogo com viajantes pretéritos e presentes, quisesse ver o intangível de uma região infinita espelhada no firmamento, iluminada pelo fulgor evanescente dos astros, águas que voam para se fixar nas alturas, diante dos impasses colocados pela destruição predatória de ecossistemas e comunidades humanas numa região em que a história, ele sabia, esteve presente de modo violento em toda a idade moderna. Só os astros volúveis, por ora, permaneciam à margem dessa história. Somente eles poderiam iluminar, de modo diverso, nossos descaminhos.

2
A AMAZÔNIA COMO VORAGEM DA HISTÓRIA: IMPASSES DE UMA REPRESENTAÇÃO LITERÁRIA[1]

Anfiteatro amazônico: gênese incompleta

Franklin Távora, no famoso prefácio-manifesto naturalista de seu romance *O Cabeleira* (1876), ao propor uma "Literatura do Norte" como movimento necessário a uma maior autenticidade da produção literária nacional, fala-nos pouco de Pernambuco e do Nordeste, palcos privilegiados de suas novelas históricas. Discorre muito mais sobre a Amazônia, sobre sua grandeza e complexidade quase irrepresentáveis, embora, assim arguia, fosse desejável encarar o desafio dessa representação não só na vida artística como no conhecimento científico e na economia política, já que o processo civilizatório e as leis do progresso assinalavam ali, com o *boom* da indústria extrativa

---

1 Este capítulo foi produzido como atividade do projeto temático "Escritas da violência" (Fapesp), ao qual me vinculei como pesquisador principal. Inicialmente apresentado no Seminário "Acre", na 27ª Bienal de São Paulo, em novembro de 2006, foi publicado em livro homônimo pela mesma instituição (2008). Versão ligeiramente modificada apareceu no dossiê "Escritas da violência. Estudos de literatura contemporânea", do referido projeto temático, na revista *Estudos de Literatura Brasileira Contemporânea*, da Universidade de Brasília, em 2007. Em 2009, esta versão deste ensaio foi publicada em Hardman, *A vingança da Hileia: Euclides da Cunha, a Amazônia e a literatura moderna*.

do látex e da navegação a vapor, o marco de frente das futuras fronteiras de expansão do capital em escala planetária.

Claro, o termo Norte, naquelas alturas, abrigava indistintamente todas as províncias nordestinas e nortistas do Brasil. Mas é sintomático, no documento literário em pauta, que o autor cearense, ao lançar esse manifesto, evoque em primeiro plano as paisagens da Amazônia que conhecera poucos anos antes, como secretário do governo da província do Pará, e de que afinal nunca tratará diretamente em seus romances regionalistas, fixando-a assim como um mundo ainda à parte, objeto do nosso sonho civilizatório – o que incluiria sua representação literária, sua incorporação à cultura letrada nacional –, mas de todo modo um território distante, remoto no tempo e no espaço, envolto no mistério de seus rios, florestas, línguas "sem história", enfim, no império de uma violência naturalizada, na fúria ancestral de uma natureza indômita.

Começamos com esse exemplo porque nos parece ilustrativo de um paradigma que tem predominado, com pequenas variações, nas representações literárias sobre a Amazônia, tomada como um dos últimos e grandiosos refúgios do exotismo aquático-vegetal e do mistério de culturas humanas pré-históricas de vestígios não monumentais no Brasil e no mundo. Mas hoje quase ninguém se preocupa com a obra de Franklin Távora, a não ser alguns poucos professores *démodés*. O que sugerimos não é sua possível "influência", de resto discutível, mas certamente a representatividade dessa visão, seu lastro de lugar-comum nos relatos e ficções que elegeram a região amazônica como seu tópico central.

E isso, acreditamos, deve valer tanto para o Brasil como para os demais países sul-americanos amazônicos (quantas vezes esquecemos que a Amazônia é, por natureza e cultura, geografia e história, internacional!), vale dizer, Guiana Francesa (mesmo que departamento ultramarino francês, sua condição amazônica pode ser vista especificamente), Suriname, Guiana, Venezuela, Colômbia, Equador, Peru e Bolívia. Na impossibilidade de estender a análise desse argumento aqui, vamos apenas sugerir a persistência dessa visão da natureza amazônica violenta e bárbara em alguns autores/obras de nossa melhor vizinhança. Entre eles, a obra-prima *La vorágine* (1924), do romancista colombiano José Eustasio Rivera, talvez a matriz ficcional de maior repercussão na literatura latino-americana do século XX, na direção dos arquétipos de que tratamos. Lembremos, a propósito, que, por volta de 1935, essa obra já estava traduzida pela primeira vez no Brasil, acompanhando a onda explosiva da produção e edição de romances entre nós, naquela década.

Entre fontes mais antigas, é certo que a literatura de cronistas e viajantes, desde o século XVI, ao erigir o "real-maravilhoso" como matéria-prima temática de suas construções sobre a Amazônia, constituiu acervo considerável de elementos passíveis de serem apropriados e retraduzidos, já no século XIX, por toda a literatura ficcional, do romantismo aos vários modernismos, a partir pelo menos de 1870. Poderíamos lembrar, entre autores-viajantes, na plêiade de exploradores e naturalistas que, entre os Setecentos e os Oitocentos, repercutiram depois em autores brasileiros, de Rodrigues Ferreira, Bates, Wallace, Castelnau, Coudreau, casal Agassiz, Chandless etc. Seria vetada, em princípio, a menção a Humboldt, que foi proibido pelas autoridades coloniais portuguesas de atravessar a bacia do Orinoco pelo rio Cassiquiare, e adentrar-se na bacia do Amazonas pelo rio Negro. Mas o peso do autor-viajante germânico foi decisivo, seja pela forte recepção de sua obra no imaginário e relatos de autores de nossos países vizinhos, seja pelas leituras diretas e indiretas certamente dele feitas no Brasil.

Mas, se nos fosse dado escolher, entre tantos viajantes que percorreram a Amazônia, algumas vozes especiais, que se diferenciam por maior sensibilidade em relação às culturas autóctones, que são mais "artísticas" que "científicas" em suas representações, mencionaríamos, além do filósofo, desenhista e poeta norte-americano William James, que acompanhou a expedição dos Agassiz nos anos 1865-1866,[2] a experiência singular que se apreende nos relatos e

---

2 A esse propósito, a historiadora da USP Maria Helena Machado acaba de editar o interessantíssimo volume *Brazil Through the Eyes of William James: Letters, Diaries and Drawings, 1865-1866*, 2006.

desenhos do francês Paul Marcoy (1815-1888) e nos ensaios e vocabulários do italiano Ermanno Stradelli (1852-1926).

De Paul Marcoy, ficaram as narrativas de sua *Voyage à travers l'Amérique du Sud, de Océan Pacifique à l'Océan Atlantique* (1869, 2v.), empreendida entre os anos 1846-1847, mas com prolongamentos e novas estadias pelo menos até 1860. De espírito aventureiro e nada especialista, Marcoy, em suas divagações e desenhos, expõe-nos uma Amazônia cujo legado indígena havia sido precocemente destruído. A inexistência de objetivo deliberado e a lentidão com que traça seus registros, de resto precisos, são a marca diferenciadora de seu relato.[3] Já de Stradelli, são muitos seus trabalhos, incluindo vocabulários indígenas, estudos sobre mitos e sobre as inscrições nas itacoatiaras da região dos Uaupés, em que o explorador percebe outros possíveis liames entre pensamento, imaginação e linguagem nas culturas amazônicas tradicionais.[4]

Entre o final do século XIX e o início do XX aparecem várias narrativas ficcionais amazônicas no Brasil. Entre outras, vale ressaltar, da obra do paraense Inglês de Sousa, para além de seus romances em chave realista-naturalista (*O cacaulista*, *História de um pescador*, *O coronel sangrado*, *O missionário*, publicados entre 1876-1891), seus *Contos amazônicos* (1893), de muita vivacidade, captando cenas da memória popular na região natal do autor, em torno a Óbidos, inclusive da Guerra da Cabanagem, em que se entremeiam tapuios, caboclos e cabanos em resistência cultural contra os potentados locais. O também paraense de Óbidos e crítico José Veríssimo escreveu obras importantes sobre a região, como *Cenas da vida amazônica* (1886) e *A pesca na Amazônia* (1895), este último verdadeiro manifesto ecologista *avant la lettre*.

Tal enumeração prossegue com acúmulo crescente de títulos ao longo do século XX. De Euclides da Cunha a Ferreira de Castro e

---

3 Recentemente, foi publicada entre nós a "parte brasileira" da expedição de Marcoy, em edição traduzida e anotada cuidadosamente por Antonio Porro. Cf. Marcoy, *Viagem pelo rio Amazonas*, 2001.

4 A melhor apresentação e homenagem ao viajante italiano ainda está em Câmara Cascudo, *Em memória de Stradelli*, 2001.

a Márcio Souza, de Alberto Rangel a Dalcídio Jurandir e a Milton Hatoum, parece que o realismo naturalista predomina como chave estética da representação literária da Amazônia no Brasil. E, na literatura hispano-americana, o espectro de *La vorágine* ganha foros de matriz figuradora de várias novelas amazônicas ulteriores, como *Los pasos perdidos* (1953), do cubano Alejo Carpentier, *La casa verde* (1965) e *Pantaleón y las visitadoras* (1973), do peruano Mario Vargas Llosa, para não falar do ciclo de relatos ficcionais do marinheiro Maqroll, protagonista da lavra do colombiano Álvaro Mutis, entre eles as narrativas de *La nieve del almirante* (1986) e *Un bel morir* (1989), já que no labirinto humano-geográfico, entre a cordilheira e o mar, há sempre a selva e o rio. O título *Un bel morir* repercute, mais de sessenta anos depois, o motivo nuclear e trágico do naufrágio fluvial dos personagens tragados por um redemoinho, segundo o narrador-viajante Arturo Cova, em *La vorágine*:

> La visión frenética del naufragio me sacudió con una ráfaga de belleza. El espectáculo fue magnifico. La muerte había escogido una forma nueva contra sus víctimas, y era de agradecerle que nos devorara sin verter sangre, sin dar a los cadáveres livores repulsivos. ¡Bello morir el de aquellos hombres, cuya existencia apagóse de pronto, como una brasa entre las espumas, al través de las cuales subió el espíritu haciéndolas hervir de júbilo! (Rivera, *La vorágine*, 1976, p.102-3).[5]

Mas, além da literatura dos viajantes que essa vertente veio depois ficcionalizar ao extremo, como não lembrar aqui da literatura fantástica e da ficção científica, remontando obrigatoriamente

---

5 "A frenética visão do naufrágio sacudiu-me com uma rajada de beleza. O espetáculo foi magnífico. A morte havia escolhido uma nova forma contra as suas vítimas e era de agradecer-lhe pelo fato de nos devorar sem verter sangue, sem dar aos seus cadáveres livores repulsivos. Belo morrer o daqueles homens, cuja existência apagou-se de súbito, como uma brasa entre as espumas, através das quais o espírito subiu, fazendo-as ferver de júbilo!". Cf. Rivera, *A voragem*, 1982, p.115-6.

à experiência radical do sublime romântico nesse conto soberbo de Edgar A. Poe que é "A descent into the Maelström" (1841), passando pelo metafórico *La jangada: 800 lieues sur l'Amazone* (1881), de Júlio Verne, que por sinal cita e homenageia Poe em diversas passagens, e culminando nesse outro compósito de mitos populares, fantásticos e científico-ficcionais sobre a Amazônia naquela virada de século que é o romance *The Lost World* (1912), de A. Conan Doyle?

Como negar essa insinuação do mistério exótico, folclorizante e da hiperbrutalidade das forças naturais em obras como as de Gastão Cruls, por exemplo, nesse *must* de público que é o romance *A Amazônia misteriosa* (1925)? Ou a digressão jornalístico-popular em narrativas que entremeiam ficção e crônica, como nas obras do belenense radicado em Manaus, Raimundo Morais (1872-1941), jornalista e comandante de *vaticanos* e *gaiolas* (embarcações de transporte fluvial na bacia do Amazonas), desde outro amplo sucesso editorial que foi seu *Na planície amazônica* (1926) até *País das pedras verdes* (1930), *Anfiteatro amazônico* (1936), *Ressuscitados: romance do Purus* (1939) ou *Cosmorama* (1940)? E que dizer de Peregrino Júnior (1898-1983), potiguar que viveu parte da juventude em Belém, jornalista e médico, autor que reuniu em *A mata submersa e outras histórias da Amazônia* (1960) contos e crônicas produzidos desde os anos 1920?

Todos esses *links* de homologias nos parecem cabíveis. Arriscaríamos ir um pouco além: difícil mesmo, para o crítico contemporâneo, seria não enxergar as similitudes dessa linhagem fantasista, folclorista, com laivos de crônica ficcionalizada e de lirismo fantástico, em obras-primas do modernismo paulista, como *Macunaíma* (1928), de Mário de Andrade, e *Cobra Norato* (1931), de Raul Bopp, tentativas em boa parte bem-sucedidas de domesticar algumas imagens do primitivismo, seja pelo humor satírico, seja pelo apelo ao lúdico e a certo imaginário "infantil-indigenista". A violência, sublimada, tresanda em melancolia. Em uma vida perdida na constelação Ursa Maior, em Mário, ou simplesmente no retorno da paisagem arruinada, em Bopp:

Esta é a floresta de hálito podre parindo cobras
Rios magros obrigados a trabalhar
A correnteza se arrepia descascando as margens gosmentas
Raízes desdentadas mastigam tudo
Num estirão alagado
o charco engole a água do igarapé
(Bopp, 1998, p.152).

Inferno verde: apocalipse antes do fim

Na esteira de *A selva* (1930), do escritor português Ferreira de Castro, romance-denúncia das condições de semiescravidão do trabalho nos seringais, surgiram, no Brasil, nos anos 1930, várias narrativas ficcionais de mesma temática, que lembravam, também a seu modo, tanto *La vorágine* quanto os contos amazônicos de Alberto Rangel reunidos em *Inferno verde* (1908), prefaciado por Euclides da Cunha, e no excelente e menos conhecido volume *Sombras n'água* (1913).[6] Referimo-nos, por exemplo, aos romances amazônicos do jornalista, militante comunista, sociólogo e poeta belenense Abguar Bastos (1902-1995), *A Amazônia que ninguém sabe* (1930 – depois renomeado como *Terra de Icamiaba*, 1934), *Certos caminhos do mundo: romance do Acre* (1936) e *Safra* (1937); a *Terra de ninguém* (1934), "romance social da Amazônia", do amazonense de Manicoré, Francisco Galvão (1906-1948); e a *Seiva* (1937), romance em mesma chave do diplomata belenense Osvaldo Orico (1900-1981).

A esse conjunto se somariam, ainda nos anos 1920, os escritores cearenses Carlos de Vasconcelos, autor de *Deserdados* (1921), romance-saga pioneiro da vida nos seringais; e Alfredo Ladislau,

---

6 Sem falar em outra ancestralidade textual importante, a do artigo político feito por Euclides logo depois de sua volta da Amazônia, "Entre os seringais", publicado no início de 1906 na revista *Kosmos*, e que pode ser lido como libelo radical contra o sistema capitalista de extração da borracha.

com *Terra imatura* (1923), quadros ensaístico-ficcionais apologéticos da planície amazônica, que poderiam se irmanar aos sonetos telúricos coevos de José Eustasio Rivera, em *Tierra de promisión* (1921), traçado poético-paisagístico de imagens que logo depois lhe serviriam de material para *La vorágine*. Essa reiteração parece marcar a tentativa de consolidar a figuração literária naturalista da região amazônica, no contexto do Estado nacional e da sociedade brasileira, cerca de seis décadas depois do prefácio-manifesto de Franklin Távora.

Será, no entanto, com o escritor, jornalista e militante comunista Dalcídio Jurandir (1909-1979), natural da ilha de Marajó, que essa representação romanesca na trilha realista conhecerá estabilidade temática, equilíbrio estético e continuidade histórica. De seus onze romances, dez versam sobre a Amazônia, constituindo o que foi chamado de ciclo do Extremo Norte, com narrativas em cenários da ilha de Marajó, além do interior do estado do Pará e de Belém, começando com o premiado *Chove nos campos de Cachoeira* (1941) e terminando com *Ribanceira* (1978), intercalados, entre outros, por *Marajó* (1947), *Três casas e um rio* (1958) e *Belém do Grão-Pará* (1960). Em Dalcídio, a lentidão dos ritmos equatoriais adquire textura, sem concessões ao pitoresco. Por outro lado, o peso de uma natureza aquática, presente em especial na hidrografia e na pluviometria, fazem-se sentir nas palavras e nas horas. Seus personagens possuem papéis sociais bem definidos. Mas seus romances não se "nacionalizaram" como os de escritores nordestinos, isto é, permaneceram à margem, no rodapé da história literária brasileira, como caso exemplar de um regionalismo de boa qualidade. Somente muito recentemente passou a ser relido e reeditado. O crítico paranaense Temístocles Linhares foi das raras vozes a detectar sua importância (Linhares, 1987, p.401-1).

Cerca de duas gerações posteriores, a produção dos autores amazonenses Márcio Souza (1946-) e Milton Hatoum (1952-) tem-se destacado no panorama da prosa de ficção no Brasil contemporâneo. E representações da vida amazônica estão presentes, em diferentes registros e estilos, nas obras dos dois escritores.[7] Assim como diferentes impasses.

Em Márcio Souza, se a verve satírica e folhetinesca da novela de estreia, *Galvez, o imperador do Acre* (1976), projetada inicialmente como roteiro cinematográfico e valendo-se ao mesmo tempo da rica experiência do autor na dramaturgia de um teatro político regional, atingiria talvez o máximo de seu teor transgressivo em um romance "desconstrucionista" como o é seu *O fim do Terceiro Mundo* (1990), em que se parodiam, entre outros modelos, a literatura dos viajantes, o mistério fantástico de Conan Doyle (*The Lost World*) e as incursões macunaímicas de Mário de Andrade, tal método crítico-ficcional parece ter sido abandonado em sua produção romanesca mais recente. Esta, representada pela tetralogia *Crônicas do Grão-Pará e Rio Negro*, em que se revisita a história da região amazônica no período 1780-1840, época em que se jogaram no tabuleiro das lutas coloniais, políticas e sociais, as chances de um desenvolvimento autônomo daquele imenso território em relação ao recém-criado Estado do Brasil, revela projeto literário ambicioso e de fôlego, a julgar pelos três romances históricos dele até aqui resultantes: *Lealdade* (1997), *Desordem* (2001) e *Revolta* (2005). Pelo título anunciado do quarto e último romance dessa série (*Derrota*), já se vê que, no horizonte da tetralogia, está-se longe de qualquer visão regionalista edificante ou autocomplacente. Mas o rendimento estético e ideológico do conjunto parece padecer de certo anacronismo e carência de verossimilhança que são, a rigor, efeitos dos limites históricos concernentes ao próprio gênero romanesco privilegiado.

Em Milton Hatoum, se a memória narrada das raízes familiares árabes de imigrantes na Amazônia foi o grande trunfo da força de seu primeiro romance, *Relato de um certo Oriente* (1989),

---

7 Na impossibilidade de desenvolver aqui análise mais exaustiva das obras de Souza e Hatoum, remeto os leitores aos ensaios de minha autoria: Hardman, "Morrer em Manaus: os avatares da memória em Milton Hatoum", *Tempo Brasileiro*, p.5-15, 2000, e "Revolta: Na planície do esquecimento: a grande falha amazônica", *Cadernos de Literatura Brasileira*, p.96-117, 2005.

impasses crescentes nas posições dos narradores foram se acumulando nos romances seguintes, *Dois irmãos* (2000) e *Cinzas do Norte* (2005), à medida que a experiência memorável queria ceder passo a certo afã de repor cada narrativa na tradição da "grande prosa realista", de enquadrá-la na rota de fuga ao regionalismo, por medo e repulsa de provincianização. Mas, paradoxalmente, são ainda, a rigor, os velhos espectros do exotismo amazônico que alavancam boa parte da recepção nacional e internacional da obra de Hatoum. Embora seus narradores se arrastem e claudiquem, quase se rebelando em contar as histórias que talvez, como também em Márcio Souza, não obstante suas escritas serem tão diversas, já não sejam possíveis de serem contadas nas convenções e nos modos até aqui tentados.

Como, no entanto, nenhum dos dois autores manauaras reivindica qualquer modalidade de ufanismo ingênuo ou interessado, bem ao revés, o que resta em sua prosa nesta nova virada de século é o travo melancólico, seja das derrotas históricas da região amazônica em Márcio Souza, seja das "cinzas do Norte" de toda uma geração, em Milton Hatoum. Seu trabalho de luto passaria, provavelmente, pelas ruínas anunciadas de Raul Bopp e Mário de Andrade, na hoje distante conjuntura de 1930. Poderia, igualmente, espelhar-se no vórtice maldito, na voragem eclipsante da selva de Eustasio Rivera, no labirinto infernal de suas "estradas" sem volta, de suas cidades-fantasmas, em que moradores-párias já não respondem como humanos: "no me sentieron, no se movieron. Parecíame haber llegado a un bosque de leyenda donde dormitaba la Desolación" (Rivera, *La vorágine*, 1976, p.156).[8]

Desolação que assim se revela, sendo mais da história que da natureza, e que já tivera, entre outros, em Euclides da Cunha e Alberto Rangel, seus grandes observadores. Na crônica "Os *caucheros*", inserida em *À margem da história* (1909), relatando passagem nos confins do Alto Purus, na fronteira peruana do Acre,

---

8 "Não me perceberam, não se moveram. Parecia-me haver chegado a um bosque de lenda onde a Desolação cochilava." Cf. Rivera, *A voragem*, trad. Reinaldo Guarany, 1982, p.176.

durante sua viagem amazônica de 1905, Euclides relata sua chegada aos restos de um povoado, "ruinaria deplorável", "tapera (quase) desabitada", e seu encontro com "o último habitante":

> Esta cousa indefinível que por analogia cruel sugerida pelas circunstâncias se nos figurou menos um homem que uma bola de caucho ali jogada a esmo, esquecida pelos extratores – respondeu-nos às perguntas num regougo quase extinto e numa língua de todo incompreensível. Por fim, com enorme esforço levantou um braço; estirou-o, lento, para a frente, como a indicar alguma cousa que houvesse seguido para muito longe, para além de todos aqueles matos e rios; e balbuciou, deixando-o cair pesadamente, como se tivesse erguido um grande peso:
> "Amigos".
> Compreendia-se: amigos, companheiros, sócios dos dias agitados das safras, que tinham partido para aquelas bandas, abandonando-o ali, na solidão absoluta. (Cunha, 1966, p.262)

Em "Sôbolos rios que vão", prosa à moda de quadro, com tintas impressionistas e simbolistas, com que Alberto Rangel prefacia seu livro de contos *Sombras n'água*, sucedem-se imagens que remetem a algumas das figurações de que tratamos:

> Das alturas aniladas do céu, estas grenhas mormacentas, rendadas de veios d'água, parecerão fungiformes: – um bolor imenso, ao fundo de uma cuba abandonada à humidade e à calma, entre os escarpamentos das altiplanuras do Brasil central, os das cordilheiras guianenses e os algares andinos. Solidão! Solidão! – império da Morte onde a vida fervilha, por mais de cinco milhões de quilômetros quadrados... Alimenta-a e exaure-a essa formidável placenta ou cúpida ventosa, que uma e outra cousa pode ser este "máximo dos rios"... (Rangel, *1913*, p.30-1)

Fugir dessa "voragem da história", que teima em abreviar seu trabalho de "cúpida ventosa" antes que a promessa de "formidável placenta" se complete para os homens que ali erraram, no passado e no presente, por rotas perdidas e condenações antevistas, seria apostar numa tomada panorâmica, em plano horizontal, que poderia também resultar no desapontamento narrado por Euclides na abertura de seu ensaio "Terra sem história (Amazônia)": "em poucas horas o observador cede às fadigas de monotonia inaturável e sente que o seu olhar, inexplicavelmente, se abrevia nos sem--fim daqueles horizontes vazios e indefinidos como os dos mares" (Cunha, *Obra completa*, 1966, p.223). Ou então, em plano vertical, do alto, tomada aérea em *plongée*, como a sugerida pelo escritor Raimundo Morais no ensaio introdutório de seu livro *Cosmorama*, num efeito deformante inseparável do advento dos aviões, que torna a natureza e a história planas, a geologia e a arqueologia indecifráveis:

> Desmancharam-se-lhe na retentiva ocular as escadas pétreas das cachoeiras, apaineladas e ornamentadas de panejamentos ingênuos, cheios de inscrições rupestres. Ao mesmo tempo que isto sucedia, tombavam também imprevistamente as colunas geológicas, através de cujas camadas telúricas se liam as idades da terra, os seus ciclos milenares, as suas catástrofes e a cambiante metamórfica de sua alma lítica. (Morais, *1940*, p.8)

O problema das representações em "grande angular", horizontal, vertical ou perpendicular – e os autores citados parece que foram em parte conscientes disso, mesmo que incorrendo nessas tomadas –, é que se perca nelas o movimento do caos. Então, não há jeito. O método é o da descida ao "inferno verde", no sentido cordilheiras-
-planície (ou serras-planície), no sentido dos rios e da selva. O Acre desponta como esse ponto extremo, não só do Brasil a noroeste, mas da humanidade nos quatro quadrantes. É aqui o fim da linha e das ilusões, o fim do "terceiro mundo", ou quem sabe também o começo de tudo. Depende da vontade política, no sentido mais amplo, dos povos da floresta. Depende que o resto do mundo, nós, entendamos a gravidade da coisa e a necessidade de recolher a Amazônia das

margens arruinadas do planeta e da história, e de trazê-la não só à memória e ao coração, mas à cabeça e à ação. Eis aqui a fronteira do que não foi; eis aqui a fronteira do que é, em sendo, um incerto vir-a-ser.[9]

---

9 O Núcleo de Estudos da Amazônia da UnB organizou, em boa hora, a Expedição Humboldt, no ano 2000, coordenada, na parte histórico-social, por Victor Leonardi. Seus resultados começam agora a ser divulgados. Duas outras importantes contribuições de Leonardi para uma visão contemporânea da questão amazônica podem ser encontradas nos seus ensaios: *Os historiadores e os rios: natureza e ruína na Amazônia brasileira* e *Fronteiras amazônicas do Brasil: saúde e história social*.

3
UMA PROSA PERDIDA: EUCLIDES E A LITERATURA DA SELVA INFINITA[1]

*A Haquira Osakabe e a Helena Osakabe
Padilha,
euclidianos do coração,*
in memoriam.

A selva recôndita e o fim da literatura

Muito se tem indagado sobre os motivos que levaram ao relativo inacabamento do "segundo livro vingador" de Euclides da Cunha, como ele próprio referiu-se ao projeto literário sobre a Amazônia, que nomeara *Um paraíso perdido*, em cartas escritas, desde Manaus, em março de 1905, para Coelho Neto, José Veríssimo e Artur Lemos. Tema retomado, ainda, entre outras passagens, em

---

1 Este capítulo foi escrito a convite da Academia Brasileira de Letras (ABL), para integrar dossiê em torno do centenário da morte de Euclides da Cunha, organizado no número 59 da *Revista Brasileira*, 2009, editada pela entidade. Serviu de base, também, para conferência proferida na ABL, em setembro de 2009, sobre Euclides e a Amazônia, a convite do acadêmico e euclidianista Alberto Venâncio Filho. Ainda em 2009, esta versão deste ensaio foi publicada em Hardman, *A vingança da Hileia: Euclides da Cunha, a Amazônia e a literatura moderna*.

carta ao amigo Francisco Escobar, em junho de 1906. Vale a pena situar, de início, quais os sentidos aparentes dessa vingança que o escritor-expedicionário planejava.

Na carta endereçada a Coelho Neto, o autor esclarece:

> Nada te direi da terra e da gente. Depois, aí, e num livro: *Um paraíso perdido*, onde procurarei vingar a *Hyloe* maravilhosa de todas as brutalidades das gentes adoidadas que a maculam desde o século XVII. Que tarefa e que ideal! Decididamente nasci para Jeremias destes tempos. Faltam-me apenas umas longas barbas brancas, emaranhadas e trágicas. (Cunha, 1997, p.266)[2]

E na carta a Escobar, já no Rio de Janeiro, mais de um ano depois, Euclides reitera e acrescenta:

> Em paz, portanto, esta rude pena de caboclo ladino. Ou melhor, que vá alinhando as primeiras páginas de *Um paraíso perdido*, o meu segundo livro vingador. Se o fizer, como o imagino, hei de ser (perdoa-me a incorrigível vaidade) hei de ser para a posteridade um ser enigmático, verdadeiramente incompreensível entre estes homens. (Ibidem, p.306)

Euclides não o fez. Deixou, no entanto, uma série considerável de textos em torno à sua experiência amazônica. Ensaios, relatórios, cartas, crônicas ficcionais, a principal reunião desses textos ele próprio organizou, na primeira parte do livro *À margem da história*, que veio à luz no Porto, em 1909, poucos meses após sua morte. *Um paraíso perdido*, de outra parte, ensejou edições importantes dessa produção dispersa, organizadas, respectivamente, por Hildon Rocha (1976) e Leandro Tocantins (1986). E é deste

---

2 É importante observar que as notas referentes às cartas cujo remetente é Euclides, organizadas por Walnice Nogueira Galvão e Osvaldo Galotti, estarão assinaladas aqui pela data de 1997, edição publicada pela Edusp. Cf. Galvão; Galotti (Orgs.), op. cit., 1997.

último, também, o interessante ensaio biográfico-literário *Euclides da Cunha e o paraíso perdido* (1966), pioneiro no tratamento mais compreensivo do tema. Sua vingança, a meio-fio, não se completou. Seria a segunda, já que aludia à obra-prima *Os sertões*, livro vingador das paragens perdidas de Canudos e de sua gente e de sua guerra. Aqui, tenho convicção de que a luminosidade de sua grande narrativa épico-dramática, como sol impiedoso da caatinga, ofuscou a trajetória seguinte do escritor. E, de outra parte, o enredamento na obscuridade úmida da selva enorme, suas populações nômades, sua história violenta e apartada do resto da nação impediram a unidade espaçotemporal da hileia a ser representada por Euclides. Foi esta que se vingou dos homens que ousaram penetrá-la. O escritor também teria igual sorte.

Para além das circunstâncias pessoais, familiares e profissionais que agravaram esse quadro, quero me ater, aqui, aos limites impostos pela própria paisagem ao projeto "vingador". E veremos que tal motivo reaparece em outros autores que fizeram da Amazônia matéria primeira de sua obra. Mas, antes de se tratar de aspecto regional específico, estamos em face de um tópico de longo alcance em diferentes literaturas.

Já na abertura de *À margem da história*, "Impressões gerais", Euclides nos põe diante dessa contradição entre o terror que a desmesura da massa hídrica provocaria no viajante – a partir do relato de Wallace –, fonte de inspiração lírica para a emergência do sublime, e a monotonia interminável da planície amazônica, de sua massa vegetal compacta e imóvel, vista assim em largos traços: "ao revés de admiração ou do entusiasmo, o que nos sobressalteia geralmente, diante do Amazonas, [...] é antes um desapontamento" (Cunha, 1909, p.3).

Desapontamento, ele logo adiante esclarecerá, "sob o conceito estritamente artístico", diante da difícil tarefa de produção do sublime nessa paisagem que, embora "o maior quadro da terra", reproduz-se como imenso "plano horizontal" cujos limites o olhar não abarca (idem, 1909, p.4). E já aqui nesse magistral início da primeira seção do livro subtitulada, entre outras variantes, como "Terra sem história (Amazônia)", Euclides opõe as fantasias propiciadas pelas narrativas de viajantes – entre eles, "a *Hylaea* prodigiosa" de Humboldt – a uma visão despojada do observador contemporâneo, que "cede às fadigas de monotonia inaturável e sente que o seu olhar, inexplicavelmente, se abrevia nos sem-fins daqueles horizontes vazios e indefinidos como o dos mares" (Cunha, 1909, p.4). Cada vez mais atento aos desafios da representação do real na modernidade, e buscando sofregamente, desde *Os sertões*, uma nova síntese entre as linguagens da arte e da ciência, não por capricho, mas por imperativo epocal, Euclides, ao desenhar essa Amazônia ainda desconforme, "portentosa, mas incompleta", sugere o impasse de qualquer expressão cultural que a queira compreender e traduzir: "tem tudo e falta-lhe tudo, porque lhe falta esse encadeamento de fenômenos desdobrados num ritmo vigoroso, de onde ressaltam, nítidas, as verdades da arte e da ciência – e que é como que a grande lógica inconsciente das cousas" (ibidem, p.6).

Esse tema da falta no excesso perpassa boa parte dos escritos amazônicos de Euclides. Já na imagem humboldtiana da hileia, vislumbra-se a noção de matéria informe, a partir do prefixo *hil(e/o)*, que nos remete ao reino vegetal, a um estado de natureza ainda indeterminada, mas já propícia à transformação. Vejamos como o autor, no famoso prefácio que escreve para *Inferno verde*, de Alberto Rangel, em 1908, retoma essa questão. Debatendo-se ainda com as aporias de sua representação, Euclides mais uma vez enfatiza o caráter fragmentário de todo conhecimento produzido sobre a Amazônia. Ao melhor se distinguirem detalhes, turva-se a visão de conjunto:

> Restam-nos muitos traços vigorosos e nítidos, mas largamente desunidos. Escapa-se-nos, de todo, a enormidade que só se pode medir, repartida; a amplitude, que se tem de diminuir, para avaliar-se; a grandeza que só se deixa ver, apequenando-se, através dos microscópios; e um infinito que se dosa a pouco e pouco, lento e lento, indefinidamente, torturantemente... (Cunha apud Rangel, 1907, p.2)

Comentando as façanhas científicas do naturalista Walter Bates, cujas pesquisas de campo nunca se afastaram do breve trecho entre Belém e Tefé, Euclides continua a divagar sobre as dificuldades da ciência e da arte no tocante à melhor escritura que traduza aquela região. Recuperando trecho de carta que escrevera a Artur Lemos, ainda de Manaus, dois anos antes, o escritor avança, no prefácio a Rangel, a sugestão da imagem de "um paraíso perdido" que lhe servirá para nomear seu futuro e inconcluso projeto literário:

> A terra ainda é misteriosa. O seu espaço é como o espaço de Milton: esconde-se em si mesmo. Anula-a a própria amplidão, a extinguir-se, decaindo por todos os lados adscrita à fatalidade geométrica da curvatura terrestre, ou iludindo as vistas curiosas com o uniforme traiçoeiro de seus aspectos imutáveis. Para vê-la deve renunciar-se ao propósito de descortiná-la. Tem-se que a reduzir, subdividindo-a, estreitando e especializando, ao mesmo passo, os campos das observações [...]. (Cunha apud Rangel, 1907, p.3-4)

Coteje-se com a carta a Artur Lemos, expedida de Manaus, 1905, provavelmente em março, pouco antes do embarque para o rio Purus:

> Além disso, esta Amazônia recorda a genial definição do espaço de Milton: esconde-se em si mesma. O forasteiro contempla-a sem a ver através de uma vertigem.
> Ela só lhe aparece aos poucos, vagarosamente, torturantemente.
> É uma grandeza que exige a penetração sutil do microscópio e a visão apertadinha e breve dos analistas: é um infinito que deve ser dosado. (Cunha, 1997, p.268-9)[3]

---

3 Vê-se que também na repetição enfática dos advérbios de modo, aspecto tão recorrente no estilo de Euclides, neste caso para marcar a lentidão com que o infinito se mostra, o "torturantemente" aparece tanto na carta citada quanto no preâmbulo a Rangel.

Na sequência dessa carta tão significativa, Euclides parece, talvez pela primeira vez, formular a ideia do título de sua obra, já inextrincavelmente presa à imagem da "vertigem do vazio":

> Quem terá envergadura para tanto? Por mim não a terei. A notícia que aqui chegou num telegrama de um meu novo livro tem fundamento: escrevo, como fumo, por vício. Mas irei dar a impressão de um escritor esmagado pelo assunto. E, se realmente conseguir escrever o livro anunciado, não lhe darei título que se relacione demais com a paragem onde Humboldt aventurou as suas profecias e onde Agassiz cometeu os seus maiores erros.
>
> Escreverei *Um paraíso perdido*, por exemplo, ou qualquer outro em cuja amplitude eu me forre de uma definição positiva dos aspectos de uma terra que, para ser bem compreendida, requer o trato permanente de uma vida inteira. (Ibidem, p.268-69)

Se naturalistas e viajantes padecem da necessidade de redução radical da paisagem para vê-la em outra dimensão, figurada pelos códigos e instrumentos da ciência, artistas e escritores, a seu turno, vivem igual impasse. Na sequência do preâmbulo a *Inferno verde*, Euclides aproxima essa desconformidade infinitamente instável do real amazônico ao interdito próprio ao gênero trágico: "Imagine-se, entretanto, uma inteligência heroica, que se afoite a contemplar, de um lance e temerariamente, a Esfinge. Titubeará na vertigem do deslumbramento. Mostra-no-lo este livro" (Cunha apud Rangel, 1907, p.5).

Livro que Euclides qualifica de "bárbaro", no sentido mais original, isto é, "estranho": "Por isto mesmo, todo construído de verdades, figura-se um acervo de fantasias" (idem, p.6). Definição de não menos relevância, quando se lembra do fato de que, para além da sólida amizade entre os dois escritores, Euclides via em Rangel seu mais brilhante discípulo, atributo, aliás, que perseguirá o autor de *D. Pedro I e a marquesa de Santos* pelo resto da vida e determinando, inclusive, os rumos da recepção de sua obra. Nesse sentido, esse prefácio cumpre função estratégica na busca dos rastros da prosa amazônica sempre anunciada por Euclides, prosa afinal perdida, ou melhor, achada nesses atalhos sem volta, nessas "miniaturas do caos" da hileia milton-humboldt-euclidiana. Fascinado pelo estilo de Rangel, é como se Euclides projetasse, na construção dos contos-crônicas de *Inferno verde*, algo de sua escrita híbrida, de seu léxico raro e sintaxe labiríntica, vendo, ao mesmo tempo, nessa mistura tão finissecular entre fantasia simbolista e hipernaturalismo expressionista, algo que se poderia certamente colher nas páginas de *Os sertões*, mas que o ficcionista-discípulo parecia, ao liberar-se, ali, da sanha interpretativa, ir mais longe e solto no desatamento das imagens. E assim Euclides imitava seu duplo, seu espelho côncavo como a depressão que ameaça todo espaço literário:

> Linhas nervosas e rebeldes, riscadas ao arrepio das fórmulas ordinárias do escrever, revelam-nos, graficamente visíveis, as trilhas multívias e revoltas e encruzilhadas lançando-se a todos os rumos, volvendo de todas as bandas, em torcicolos, em desvios, em repentinos atalhos, em súbitas paradas, ora no arremesso de avances impetuosos, ora, de improviso, em recuos, aqui pelo clivoso abrupto dos mais alarmantes paradoxos, além desafogadamente retilíneas, pelo achanado e firme dos conhecimentos positivos de uma alma a divagar, intrépida e completamente perdida, entre resplendores. (Ibidem, p.5-6)

Reconhecemos aqui, sem esforço, o estilo do grande prosador. Quando Euclides, no ano de sua morte, resolve organizar *À margem da história*, concebendo toda a sua primeira seção como *leitmotiv* do livro e nela reunindo parte considerável de seus escritos amazônicos, parecia já ter deliberado abandonar o projeto de *Um paraíso perdido*. Do último livro que o destino trágico fará póstumo, no entanto, o autor excluiu intencionalmente alguns textos importantes; por exemplo: o preâmbulo a Rangel anteriormente citado; o relatório oficial da viagem, objeto da missão diplomática do Itamarati que lhe confiara o ministro Rio Branco, *O rio Purus*, publicado em separata em 1906; uma entrevista que concedeu ao *Jornal do*

Commercio, de Manaus, assim que retorna do Alto Purus;[4] e seu ensaio "Entre os seringais", certamente seu escrito mais radical na denúncia política da situação de semiescravidão dos seringueiros do Acre, publicado em 1906 na revista *Kosmos* e jamais reeditado em vida.

Há que lembrar, também, do desvio representado pela edição de dois livros, ambos em 1907, da lavra de Euclides: *Contrastes e confrontos* e *Peru versus Bolívia*. No primeiro, reunindo artigos saídos na imprensa, principalmente em *O Estado de S. Paulo* e *O Paiz*, além de alguns inéditos e do discurso de recepção na Academia Brasileira de Letras em dezembro de 1906, incluem-se pelo menos quatro artigos sobre a Amazônia e os conflitos fronteiriços na região do Acre, envolvendo os caucheiros, todos eles de 1904, data anterior, portanto, à viagem de Euclides ao rio Purus. No segundo, desenvolve interessante e polêmico ensaio de história diplomática e geopolítica sobre litígio de fronteira entre aqueles dois países sul-americanos, que tinha também entre seus cenários a região amazônica.

Se, por um lado, na montagem de *À margem da história*, há evidência do abandono momentâneo do projeto de *Um paraíso perdido*, é verdade, por outro lado, que, no conjunto de textos agrupados na primeira seção – sob a rubrica "Terra sem história (Amazônia)", em negrito, no índice sumário inserido no frontispício, abaixo do título do livro; ou, simplesmente, "Na Amazônia", em caixa alta, logo abaixo de "I Parte", na folha em branco que precede o início do livro e do primeiro ensaio, "Impressões gerais"[5] –, o autor evitou

---

4 Conforme "Uma entrevista com o dr. Euclydes da Cunha: os trabalhos da comissão brasileira de reconhecimento do Alto Purus", *Jornal do Commercio*, Manaus, 29 out. 1905, p.1. Pudemos consultar os originais desse periódico, hoje raríssimo, graças ao generoso empenho da historiadora Ednéa Mascarenhas Dias, diretora do Instituto Geográfico e Histórico do Amazonas (IGHA). Há pequenas falhas na transcrição que se encontra em Cunha, *Obra completa*, 1966, v.I, que se transmitiram nas coletâneas de *Um paraíso perdido* editadas por Hildon Rocha e Leandro Tocantins.

5 Segundo o texto *À margem da história* (1909), edição original, vide folha de rosto e p.1. Na nota de "Esclarecimento" dos editores, no final do volume, lamentando a morte do autor após a revisão da primeira prova, mas sem tempo

incorporar textos *anteriores* à sua expedição amazônica (dezembro de 1904 a janeiro de 1906), o que vale para o grupo de artigos referidos de *Contrastes e confrontos*. Embora, como já vimos, tenha também excluído, do livro de 1909, alguns dos escritos amazônicos *posteriores* à viagem, isso sem falar da copiosa correspondência que manteve com vários intelectuais, além de seu chefe imediato, o ministro barão do Rio Branco, sobretudo desde Manaus, mas também da Boca do Acre, Boca do Chandless, Novo Destino, Novo Lugar e Funil, em pleno Alto Purus. "Falhas" essas intencionais, que foram supridas, com pequenas lacunas, nas edições citadas de Hildon Rocha e Leandro Tocantins.

Outro aspecto controverso dessa prosa dispersa, ainda, diz respeito ao relato de Firmo Dutra, sobre a estadia de Euclides da Cunha em Manaus, na ida e volta do Acre, dividindo com ele hospedagem na aprazível residência de Alberto Rangel, Vila Glicínia. Em texto testemunhal acerca do antigo amigo de caserna, ele escreveria, em 1938:

> A morte trágica não lhe permitiu rever sua última obra, resultado da observação profunda e da admiração quase explosiva, tão de seu temperamento, pela *Hylaea* prodigiosa. Daí, ao certo, a razão de não se encontrar no livro [*À margem da história*] um capítulo, que foi esboçado, que se intitulava – Brutalidade antiga – e era a pintura, com as fortes tintas de que sabia usar Euclides, da entrada dos povoadores para os altos rios, deixando atrás de si a devastação dos cauchais e o sulco sangrento das caçadas aos índios. (Dutra, 1986, p.275-6)

---

para rever a segunda, tampouco se esclarece sobre essa oscilação quanto ao subtítulo da Parte I (escolhas do autor? dos editores?). Na ausência de documentos (cartas ou versões manuscritas, por exemplo) que atestassem a intenção final de Euclides, esse detalhe permanece em aberto. O único caderno manuscrito de Euclides contendo esboços iniciais e fragmentários de vários capítulos de *À margem da história* encontra-se hoje incorporado às coleções especiais da Stanford University, nos Estados Unidos. Compulsamos esse documento em 2000: ele nada pôde clarear a respeito.

Variante de algum dos escritos incorporados ao volume póstumo ou manuscrito perdido? A hipótese de não inclusão pela morte prematura antes da revisão final, adiantada por Firmo Dutra, não se sustenta. Os textos escolhidos e sua ordem no livro foram muito bem arquitetados por Euclides, isso está fora de dúvida. O amigo refere-se, no relato, a um manuscrito iniciado ainda em Vila Glicínia, o que parece compatível com algumas de suas cartas, em que se mostra envolvido com o tema da ocupação colonial e predatória da Amazônia. Terá sido depois abandonado pelo escritor, pelo menos em sua versão inicial? Houve reescrita e, sobretudo, renomeação de texto?

Brutalidade antiga: o enigma permanece. Mas devemos, então, a partir daqui, começar indagando pelo paradeiro dos humanos. Intrusos na paisagem, brutos predadores, construtores de ruínas, desterrados da terra e de si: onde estão eles?

O humano como estranho e o começo da tragédia

Entre os escritos de À margem da história, o que talvez mais se aproxime do tema lembrado pelo testemunho de Firmo Dutra seja "Os *caucheros*". Ao traçar a paisagem desoladora da fronteira Peru-Brasil, na região do Alto Purus, deixada pela exploração aventureira e predatória dos caucheiros, Euclides reafirma, como em tantos outros momentos de sua escrita amazônica, sua visão nacionalista, sua posição de homem de Estado a serviço de uma missão diplomática de reconhecimento geopolítico que tentava evitar o pior, a conversão dos conflitos fronteiriços em guerra regional. E aqui a oposição que esboça entre a violência histórica e "lógica" dos bandeirantes e a violência "absurda" e anti-heroica dos caucheiros torna-se quase esquemática e ganha foros de constructo de alto teor ideológico:

> O bandeirante foi brutal, inexorável, mas lógico. Foi o super-homem do deserto.

O caucheiro é irritantemente absurdo na sua brutalidade elegante, na sua galanteria sanguinolenta e no seu heroísmo à gandaia. É o homúnculo da civilização. (Cunha, 1909, p.94)

Afora, porém, esse ponto cego na visão do passado, o texto encaminha-se, no final, para uma elegia aos índios e mestiços abandonados na esteira de ruína da corrida do caucho. Como esse ensaio precede, no livro, a obra-prima da prosa amazônica de Euclides que é "Judas-Ahsverus" – e não há dúvida da manifesta vontade do escritor quanto à ordenação desses capítulos –, serve-lhe, assim, de notável enquadramento dramático, como seu exórdio literariamente mais adequado.[6] A passagem em que narra a visita feita a uma tapera de Shamboyaco, restos da antiga vivenda senhoril de um caucheiro, quase desaparecida no emaranhado vegetal que dominou a propriedade, é, de qualquer prisma, exemplar.

Pois lá, em meio à "ruinaria deplorável", o narrador depara com um imprevisto e derradeiro habitante, num dos últimos casebres. Lembrando muito suas descrições de alguns jagunços sobreviventes, na parte final de *Os sertões*, Euclides nos apresenta, em traços expressionistas, a figura desse estranho ser vivo:

> Piro, amahuaca ou campa, não se lhe distinguia a origem. Os próprios traços da espécie humana, transmudava-lhos a aparência repulsiva: um tronco desconforme, inchado pelo impaludismo, tomando-lhe a figura toda, em pleno contraste com os braços finos e as pernas esmirradas e tolhiças como as de um feto monstruoso. (Cunha, 1909, p.98)

No limite da perplexidade ante a emergência do trágico moderno, que bem poderia igual evocar, a nós, hoje, a simples e irrespondível

---

6 A esse respeito, já anotava o grande historiador amazônida Leandro Tocantins: "Se *Judas-Asvero* dilata os horizontes da paisagem e do homem, que dizer de *Os caucheiros*, capítulo escrito com o mesmo sentido de profundidade? Porém, menos expressionista, mais histórico, mais sociológico, e com boa dose de impressionismo". Cf. Tocantins, *Euclides da Cunha e o paraíso perdido*, 1968.

indagação de Primo Levi a propósito de Auschwitz – *Se questo è un uomo* –, a pintura desse drama da humanidade desgarrada nos confins da civilização prossegue, nos estertores da "vida nua", da biopolítica, para ficar com Foucault ou Agamben:

> Esta cousa indefinível que por analogia cruel sugerida pelas circunstâncias se nos figurava menos um homem que uma bola de caucho ali jogada a esmo, esquecida pelos extratores – respondeu-nos às perguntas num regougo quase extinto e numa língua de todo incompreensível. Por fim, com enorme esforço levantou um braço; estirou-o, lento, para a frente, como a indicar alguma cousa que houvesse seguido para muito longe, para além de todos aqueles matos e rios; e balbuciou, deixando-o cair pesadamente, como se tivesse erguido um grande peso:
> "Amigos".
> Compreendia-se: amigos, companheiros, sócios dos dias agitados das safras, que tinham partido para aquelas bandas, abandonando-o ali, na solidão absoluta. (Idem, 1909, p.98-9)

Na exploração belicosa, aventureira e predatória dessa moderna sociedade dos caucheiros, uma senda devastadora transparece ao longo dos "rios em abandono" e veredas interrompidas do extrativismo, rapidamente retomadas pela floresta reinante. Euclides acusa o nomadismo dessa atividade febril e fugaz. Na "figura lastimável do aborígene sacrificado", parece fixar seu argumento, emergindo, das "lides tumultuárias" dos caucheiros, a imagem desse seu conhecido oximoro, o daqueles homens "construtores de ruínas" – inclusive humanas. Na passagem final, contrapõe-se a única palavra do castelhano aprendida e pronunciada por Piro – "Amigos" – ao ciclo atroz da borracha e a seus senhores. Pois, ao murmurá-la, o índio, num "tocante gesto de saudade, fulminava sem o saber – com um sarcasmo pungentíssimo –" os patronos daquela cadeia enlouquecida (ibidem, p.99).

Em "Judas-Ahsverus", Euclides atinge o ápice da representação do sublime ante o flagelo da paisagem amazônica. É uma mescla entre crônica e conto. Nas cerca de onze páginas que ocupa na edição original de À margem da história, essa narrativa curta possui uma unidade épico-dramática que nenhum outro escrito amazônico do autor logrou alcançar. De mais a mais, ao migrar do modo ensaístico-dissertativo, predominante no conjunto de textos, para o campo narrativo-ficcional, e concentrando-se na boa esteira de Poe ou Machado de Assis, na arte do relato breve, "Judas-Ahsverus", nas justas palavras de Oswaldo Galotti, que sintetizam certa unanimidade da crítica, "nasceu inteiriço como um bloco de beleza" (Galotti, 1967, p.6).

Seria esse o núcleo estético e dramático de seu "segundo livro vingador"? Difícil afirmar isso taxativamente, já que o rendimento artístico obtido aqui dependeu igualmente da forma breve. Mas sem dúvida estamos, aqui, diante da melhor realização do escritor em seus embates com esse "infinito oculto". Interessante notar que é na exploração dos seringueiros, do lado brasileiro da fronteira, que Euclides vê, ainda no decorrer de sua prosa ensaística, o lado mais trágico do trabalho na Amazônia. Mencionando Dostoiévski e o "laivo siberiano" do "círculo demoníaco" da faina de extração do látex nos seringais do Purus, como uma "empresa de Sísifo", o autor define esse destino como "tortura", aquela

> do homem constrangido a calcar durante a vida inteira a mesma "estrada", de que ele é o único transeunte, trilha obscurecida, estreitíssima e circulante, que o leva, intermitentemente e desesperadamente, ao mesmo ponto de partida.
> [...]
> Sobretudo isto, o abandono. O seringueiro é, obrigatoriamente, profissionalmente, um solitário. (Cunha, 1909, p.69-70)

Isolamento, solidão, autopunição. Essa será a matéria-prima de "Judas-Ahsverus". Como não se perceber aí uma escritura inserida nos rumos mais gerais e elevados da modernidade, em sua matriz romântica mais agônica, vinculada a uma linhagem de representação do destino trágico da condição humana pela atualização do mito clássico do labirinto, que trafega desde Dante a Shakespeare e a Milton, de Dostoiévski a Kafka, e deste a Borges?

Também será nesse pequeno grande drama encenado no Sábado de Aleluia pelos seringueiros do Alto Purus que parece ter-se realizado um dos desígnios do projeto literário amazônico de Euclides: o da vingança contra o deserto. Pois, em sua "alegria feroz", esses homens perdidos e anônimos "vingam-se, ruidosamente, dos seus dias tristes" (Cunha, 1909, p.101).

Recuperando o mito do judeu errante, milenar, mas renascido no século XIX com ressignificações críticas e positivas que lhe atribuíra o romantismo,[7] esse Judas, transportado para a selva longínqua das fronteiras amazônicas, não constitui sequer mais uma marca de afirmação simbólica do poder da cristandade. Sua presença desencadeia antes de tudo um ritual autorreferente, um teatro móvel no rio, cuja catarse coincide em reconhecer-se nos bonecos esculpidos à imagem e semelhança do seringueiro. E, a partir daí, a saga punitiva dos celebrantes, ao jogarem os judas-fantasmas em barquinhos à deriva nos cursos d'água, para expô-los aos tiros dos ribeirinhos, à correnteza incerta, aos escolhos e ao entrechoque das próprias canoas. Nesse desfecho, nesse baile macabro de autorretratos desmanchando-se entre risos sardônicos e autopunitivos, expressa-se, afinal, sublime e ironicamente, o momento supremo de vingança contra o próprio destino.

Ao se vingar da vida solitária que se dissipa nas "estradas" do látex enredadas em circularidade abissal, o seringueiro projeta no duplo inanimado toda a sua arte e fúria; e estas também voltam-se contra o criador, e os judas-fantasmas, reunidos no silêncio de algum remanso do rio, retomam a procissão rumo a seu próximo fim, dispersos, apartados, perdidos (o narrador usa o termo "debandam", que, na origem, em linguagem militar, significa a saída desordenada de uma certa formatura): "lá se vão, em filas, um a um, vagarosamente, processionalmente, rio abaixo, descendo" (ibidem, p.112).

---

7 Vide o excelente ensaio de Marie-France Rouart, *Le Mythe du Juif Errant dans l'Europe du XIXe siècle*, 1988.

Esse epílogo sem salvação, autodestrutivo, na lentidão inexorável da natureza de novo cadenciada pela presença enfática dos advérbios de modo, marca estilística inconfundível do escritor, é a imagem a reter da prosa de Euclides em torno da Amazônia. Enquanto na frente diplomática ele se mantinha como fiel servidor da causa do Estado nacional, na condição de escritor parecia duvidar, amargurado, das possibilidades de emergência de uma sociedade nacional estável. Sua referência nunca fora a capital federal, mas os sertões áridos ou úmidos, da caatinga à floresta, e os seus habitantes estranhos ao corpo do país estreito que os esquecia. Sua literatura, alheia a escolas estéticas fechadas, cavava espaços na luta contra os limites extremos do *habitat* humano. Forjava assim, nesse confronto do vazio, um estilo único. Não só estilo, mas gênero único, híbrido, mestiço, inclassificável e, por isso mesmo, desde sua primeira aparição, inteiramente moderno. E logo, pela sua força expressiva, permanência obrigatória nos registros cultos da língua e nas antologias de história literária.

Ante o desafio da literatura desse espaço oculto de si mesmo, nos termos do *Lost Paradise* de Milton, Euclides, em "Judas-Ahsverus", ensaia o voo de uma prosa das grandes extensões territoriais, desses postos avançados da fronteira da civilização moderna, ao lado de tantos narradores-viajantes, mas também ficcionistas como Gógol, em *Almas mortas*, ou então um médico-testemunha, como Tchekhov, em seu relato dramático sobre a remota ilha-presídio de Sakalina.

Creio que a literatura amazônica do autor de *À margem da história*, como desafio dos pontos extremos, confrontada com fragmentos do infinito, que se mostra escondendo-se, nessas paisagens de grande extensão ainda precariamente dominadas pelo homem, irmana-o a prosadores da família de Melville ou Poe, além dos russos citados. E aproxima-o, na América Latina, talvez como a matriz inspiradora que teve em Alberto Rangel um de seus vetores, da vertente que, remontando longinquamente a Sarmiento, chegou até esta obra-prima do colombiano José Eustasio Rivera, *La vorágine*, outro grande romance da vingança da selva, canônico em todo o espaço cultural hispano-americano do século XX. Ecos mais tardios e contemporâneos conduzem, por fim, nesse itinerário de afinidades e angústias de influência, até Vargas Llosa, que, depois de tratar da Amazônia peruana em várias novelas, viajou pessoalmente aos sertões de Canudos para escrever seu *A guerra do fim do mundo*.

Ao sugerirmos, por um lado, tais filiações, pertinentes por certo enfoque que as examine, mas relativas e talvez sempre algo arbitrárias, e ao se fixarem, por outro lado, personalidades literárias, contextos e estilos tão distintos, talvez possamos acreditar também que essa é não só a maneira de homenagear um dos maiores prosadores da língua portuguesa, e dos primeiros e grandes intérpretes modernos do Brasil. Para além disso, as correspondências, no que têm de tangível, devem contribuir para que sua obra, a começar dessa prosa perdida, não permaneça no exílio e olvido dos seringueiros de que ensaiou seu lamento. Pois essa explosão de fragmentos solitários, em que sempre se reconhecerá seu talento artístico magistral, dialoga em muitos aspectos com experiências literárias de vários tempos e regiões.

Há ainda outra linha relevante de aproximações, no entanto, que julgo ser necessário assinalar, no que toca à literatura brasileira. A construção aparentemente falha de um protagonista da selva que ombreasse Antonio Conselheiro, no caso da prosa amazônica de Euclides, tem a ver, evidentemente, de uma parte, com as diferenças notórias de condições histórico-culturais entre os dois espaços geográficos em pauta. Porém, se pudéssemos avançar além da Bahia rumo às profundezas do Purus, como tentou o escritor, poderíamos ver, igualmente, na figura tosca e fantasmática de Judas Ahsverus, a manifestação, em sua dramática estranheza, de um filão finíssimo de invenção poética que diz respeito intimamente, acredito, aos impasses maiores de construção de uma identidade nacional mais homogênea ou hegemônica. Processo de que Euclides já se dera conta, a meu ver, desde seu retorno de Canudos. Alguns dos escritores mais críticos e criativos da modernidade literária entre nós disso se aperceberam, menos como reflexão consciente e muito mais como figuração ambígua, deslocada no espaço-tempo de suas ficções, assumidamente anacrônica e assim investida, em sua presença ausente, da capacidade de fulgurar, no céu cambiante da linguagem, esse raro instante de enlace entre poesia e verdade.

Refiro-me aqui a uma galeria de personagens esquisitos e fascinantes em seu magnético poder de nos atrair e, igualmente, nos atemorizar. Sublimes fantasmas de uma brasilidade improvável, porque já romperam fronteiras, vagando por espaço-tempos dilatados, quando se aproximam é para nos dizer que logo mais se vão. Ou se foram, a memória não é seu forte, nem a cronologia seu método. Narradores truncados de si mesmos, trágicos ou melancólicos, sua fala não tem pátria nem bandeira, porque sempre esteve abraçada a algum pedaço roto de poema, a alguma frase solta de idiomas quebrados: "Amigos"...

Pois, munido de "todos os seus haveres: um cacho de bananas verdes" (Cunha, 1909, p.98), Piro, esse amahuaca ou campa extraviado dos seus, pode vir agora, nesse sabá amazônico que se soletra tatuturema, reunir-se com outros parentes literários de um grande poema sempre inacabado; e por que não cruzar, aqui nesse espaço improvável, o Guesa dos muíscas e de Sousândrade, que já não é o mesmo, com o Judas-Ahsverus dos seringueiros do Purus e de Euclides, que já não é o mesmo? Por que não convocar, aqui, a Sombra sem lugar e sem tempo cuja voz domina o monólogo inaugural no *Eu* de Augusto dos Anjos? E o Macunaíma saído do cerrado amazônico venezuelano, menos trágico e mais melancólico, por que não convidá-lo também a esse concílio de errantes, antes que se dissolva na Ursa Maior? Porque, se suas vozes nos falarem de alguma fantasia de Brasil, será na condição de apátridas. O Pai de "A terceira margem" poderia estar e não estar aqui nesse banquete de fantasmas. Todas essas criaturas poderiam povoar muitos de nossos sonhos órfãos. Sabe-se, todavia, que sua força reside mais exatamente na sua fraqueza em nos restituir à primitiva tribo. Talvez derive daí essa empatia perdurável desses personagens nos desvãos de nossa modernidade.

Para além das afinidades imaginadas aqui, possíveis, o fato é que Euclides, ao se afastar deliberadamente da ficção, embora sempre resvalando nas suas margens, não imaginou nenhum espaço de reconciliação para seus judas-fantasmas, ou para os seringueiros que neles se espelharam. Essa é a prova trágica de sua escritura. Na encruzilhada que surge, Piro, sobrevivente real da história, e Judas-Ahsverus, criatura ficcional reinventada no Alto Purus, permanecem juntos, em suas solidões separadas. A eles se reúne, no mesmo destino, mas com prova de eterna amizade, o inventor de gênio da prosa perdida que os forjou.

Se formos hoje seus bons e tardios leitores, quem sabe possamos ser dignos desse restrito círculo de amigos.

4
A VINGANÇA DA HILEIA: OS SERTÕES AMAZÔNICOS DE EUCLIDES[1]

> *Infinite wrath and infinite despair – Which way*
> *I fly is hell – myself am hell.*
>
> (Milton, *Lost Paradise*)

> *Sabem que foi Ahasverus?... – o precito,*
> *O mísero Judeu, que tinha escrito*
> *Na fronte o selo atroz! Eterno viajor de eterna*
> *senda... Espantado a fugir de tenda em tenda*
> *Fugindo embalde à vingadora voz!*
>
> (Castro Alves, *Ahasverus e o gênio*)

Entre dezembro de 1904 e janeiro de 1906, Euclides da Cunha encetou longa viagem pela Amazônia. Foi sua segunda viagem em território brasileiro, para além das fronteiras dos estados do Rio

---

1 Este capítulo foi produzido para uma conferência no Seminário "Repensando o Brasil com Euclides da Cunha", segunda edição do Ciclo de Debates "O Brasil e seus intérpretes", realizado na Biblioteca Nacional, em 2000. Foi a base, também, de palestra dada em Belém, em 2001, na V Feira Pan-Amazônica do Livro. O texto resultante saiu inicialmente na revista *Tempo Brasileiro*, n.144, em 2001. Em 2009, esta versão deste ensaio foi publicada em Hardman, *A vingança da Hileia: Euclides da Cunha, a Amazônia e a literatura moderna*.

de Janeiro, Minas Gerais ou São Paulo. A primeira tinha sido em 1897, com destino aos sertões baianos de Canudos. Já esta outra pelos sertões amazônicos será também a última viagem. O engenheiro-escritor havia aceito cargo de confiança no Ministério de Relações Exteriores sob direção do barão do Rio Branco, e seria por este enviado em missão diplomática à região limítrofe entre o recém-incorporado território do Acre e o Peru como representante maior do governo brasileiro na Comissão Mista Brasileiro-Peruana de Reconhecimento do Alto Purus. As cabeceiras desse importante rio afluente da margem direita e setentrional do Amazonas, com seus 3.200 km de extensão, ainda estavam por serem determinadas. A região do Acre havia sido anexada pouco tempo antes ao território brasileiro, após guerra na fronteira boliviana que demarcou novos limites no extremo noroeste do país e, naquela época, eclodiam conflitos armados na divisa ainda incerta com o Peru, tendo como pano de fundo a imensa rede de interesses e deslocamentos devidos ao crescimento vertiginoso da exploração extrativista da borracha a partir do látex de plantas nativas florestais como a seringueira e o caucho.[2]

Euclides jamais se recuperaria do impacto dessa viagem em seu imaginário e na sua vida pessoal. De volta ao Rio de Janeiro, nos três anos e sete meses que lhe restariam de vida, antes dos tiros fatais na antiga estrada real de Santa Cruz, subúrbio de Piedade, o escritor passou atormentado pelas imagens incorporadas da experiência

---

2 A melhor e mais abrangente análise sobre a viagem e experiência de Euclides na Amazônia ainda se encontra no ensaio do historiador paraense Leandro Tocantins, *Euclides da Cunha e o paraíso perdido*, 1966 (depois reeditado duas vezes no Rio de Janeiro, pela Record em 1968 e pela Civilização Brasileira em 1978). Dos trabalhos recentes, destaco a tese de doutorado em História da Ciência de José Carlos Barreto Santana, *Ciência & arte: Euclides da Cunha e ciências naturais*, 2001 (cf. em especial o cap. 4). Segundo a opinião desse pesquisador e também a do saudoso colega Roberto Ventura, do ponto de vista geopolítico e científico, a viagem de Euclides não foi bem-sucedida, em razão de vários incidentes até o final da expedição e de várias lacunas deixadas, seja no aspecto diplomático, seja no plano geográfico quanto à determinação precisa das cabeceiras do rio Purus.

amazônica. Tinha, como sempre, ambições grandiosas. Desejava, conforme escreveu a amigos, escrever uma obra em que conseguisse realizar "sua segunda vingança contra o deserto", na esteira, pois, de sua obra-prima sobre o massacre de Canudos. Em carta ao escritor Coelho Neto, datada de 10 de março de 1905 e subscrita de Manaus, antes da partida para o Alto Purus, Euclides afirmava:

> Nada te direi da terra e da gente. Depois, aí, e num livro: *Um paraíso perdido*, onde procurarei vingar a *Hylaea* maravilhosa de todas as brutalidades das gentes adoidadas que a maculam desde o século XVII. Que tarefa e que ideal! Decididamente nasci para Jeremias destes tempos. Faltam-me apenas umas longas barbas brancas, emaranhadas e trágicas. (Cunha, 1997, p.266)

E já depois da excursão, de volta ao Rio, escrevia para o velho amigo Francisco Escobar, em junho de 1906, anunciando que continuava a trabalhar no Itamaraty, vivendo

> enleado entre os velhos traços dos velhos cartógrafos, os sujeitos mais desleais e desonestos que andam pela geografia: – e no meio desses tratantes, que traçam rios e alevantam montanhas à ventura, consoante a estética dos desenhos, vou atravessando uns dias fatigados e tristes. (Cunha, 1997, p.305)[3]

---

3 Imagem cara e significativa para o autor, que a consagra e consolida ao publicar, no ano seguinte, seu estudo de história diplomática *Peru versus Bolívia* (1907), em que a *fantasia cartográfica* dos antigos viajantes adquire, dialeticamente, um sinal positivo de *fotografia rigorosa* ou *historiografia lúcida*: "Os antigos mapas sul-americanos têm às vezes a eloquência de seus próprios erros. Abraham Ortelius, Joan Martines, ou Thevet, sendo os mais falsos desenhadores do Novo Mundo, foram exatos cronistas de seus primeiros dias. A figura do continente deformado, quase retangular, com as suas cordilheiras de molde invariável, rios coleando nas mais regulares sinuosas, e, amplas terras uniformes, ermas de acidentes físicos, cheias de seres anormais e extravagantes – é, certo, incorretíssima. Mas tem rigorismos fotográficos no retratar uma época. Sem o quererem, os cartógrafos, tão absorvidos na pintura do novo *typus orbis*, desenhavam-lhe as sociedades nascentes; e os seus riscos incorretos, gizados à ventura, conforme lhos ditava a fantasia, tornam-se linhas estranhamente des-

Para, em seguida, reafirmar:

> Em paz, portanto, esta rude pena de caboclo ladino. Ou melhor, que vá alinhando as primeiras páginas de *Um paraíso perdido*, o meu segundo livro vingador. Se o fizer, como o imagino, hei de ser (perdoa-me a incorrigível vaidade), hei de ser para a posteridade um ser enigmático, verdadeiramente incompreensível entre estes homens. (Cunha, 1997, p.306)

Digamos que, do ponto de vista estético-literário, esse projeto euclidiano permaneceu algo truncado. Apesar de, entre os melhores textos escritos por Euclides, nessa fase final da vida, situarem-se alguns dos ensaios de sua prosa amazônica, inspirados em boa parte, mas não exclusivamente, naquela expedição, faltou ao conjunto a unidade épico-dramática e arquitetura estilística que salta aos olhos em *Os sertões*. E o contraste é notório com quaisquer das três principais reuniões de trabalhos de Euclides sobre os sertões da selva e dos rios na Amazônia: a primeira parte do livro *À margem da história* – saído postumamente, ainda em fins de 1909, mas organizado em vida inteiramente pelo autor –, seção intitulada "Terra sem história (Amazônia)" no sumário que consta no frontispício, ou simplesmente "Na Amazônia", no corpo do texto; a edição de *Um paraíso perdido* organizada por Hilton Rocha, em 1976; e a outra edição homônima e mais abrangente dirigida por Leandro Tocantins, em 1986.[4]

---

critivas. Num prodígio de síntese, valem livros. A impressão que se nos amortece, e vai partindo-se no volver das páginas mais vigorosas, ali desfecha num golpe único do olhar. E vemos, como não no-lo mostrariam os mais lúcidos historiadores, os aspectos dominantes do regímen instituído pela conquista nas recém-descobertas regiões". Cf. Cunha, *Obra completa*, 1966, p.750-1, v.I. Essa magnífica passagem serviu de mote inspirador para meu artigo "Antigos mapas gizados à ventura", publicado em *Letterature d'America*, 1992, p.65-78.

4 Entre vários outros textos dispersos, incluindo os relatórios, cadernetas e diário da marcha sobre o rio Purus, devem-se assinalar quatro artigos que tratam de temas amazônicos incorporados ao livro *Contrastes e confrontos* (1907), além do radical texto de denúncia "Entre os seringais", que saiu inicialmente na revista *Kosmos*, em janeiro de 1906.

Durante muito tempo, desde a redação do meu ensaio *Trem fantasma: a modernidade na selva* (1988),[5] tenho tentado indagar das razões desse relativo fracasso, dessa prosa algo perdida como o paraíso buscado – inacabada, lacunar, em predominante desequilíbrio –, sentido esse de incompletude que é homólogo à própria representação da região amazônica ensaiada por Euclides: "tal é o rio (Amazonas); tal a sua história: revolta, desordenada, incompleta" (Cunha, 1909, p.18).

Para além das razões biográficas – entre elas, a crise profissional e familiar-conjugal que levariam à sua morte trágica aos 43 anos de idade; e o peso do sucesso estrondoso que seu primeiro livro obtivera desde sua aparição em 1902, ofuscante de qualquer nova empreitada –, valeria interrogar um pouco mais essa prosa difusa, descentrada, opressa entre relatórios técnicos de viagem, anotações esparsas, cadernetas de números e diagramas sobre coordenadas topográficas e hidrográficas, diários intermitentes, muitas cartas, cartões e bilhetes-postais, fotografias – algumas com poemas-dedicatórias –, crônicas quase ficcionais, ensaios, artigos jornalísticos, entrevistas, prefácios e mapas – mapas de grande escala, sem dúvida obsessivos na minúcia dos meandros geográficos, tanto na toponímia quanto na localização. Mas, por isso mesmo, no entanto, indiciários desse impasse maior, narrativo-literário, que vem expressar, por sua vez, alguns outros grandes impasses de ordem histórico-cultural.

Porque nessa prosa da selva em Euclides, nessa ansiada escritura vingativa, segunda desforra do poder da palavra contra a força

---

5 Consultar, em especial, o cap. 4, "Vertigem do vazio: poder & técnica na recriação do paraíso". Além desse ensaio, minhas pesquisas sobre a prosa amazônica de Euclides tiveram alguns desdobramentos até a presente versão. Em 1989, como conferencista oficial da Semana Euclidiana de São José do Rio Pardo (SP), pude tratar do tema, depois publicado como artigo: cf. Hardman, "Os sertões amazônicos de Euclides", *Amazonas em Tempo*, 1992, p.1. O presente estudo apoia-se também no texto-base para a exposição que fiz em 2 de julho de 1995 na Haus der Kulturen der Welt, em Berlim, durante o Simpósio "Geschichte als Inszenierung II: Krieg im Sertao".

bruta e inabordável dos sertões amazônicos, nessa figuração diversa da semiaridez de Canudos, feita da maior concentração de massa aquático-vegetal do planeta, que tanto maravilhara viajantes premidos entre o êxtase e o horror, iremos nos defrontar com uma oscilação de imagens que embaralham visões dos começos e fins dos tempos e mundos, que se alternam e se misturam entre cenas do Gênesis interrompido contra outras tantas do Apocalipse precipitado, entre a paisagem ausente de sinais humanos, seja à margem, seja anterior, seja fora mesmo do campo da história; ou, bem ao contrário, um território já demarcado por brutalidades antigas que o puseram à força nas franjas do processo civilizatório ocidental e colonial desde pelo menos o século XVII.

À diferença dos confins baianos, que enquadravam uma terra e uma história, lenta e silente por três séculos, acelerada e ecoando devastadoramente em todo o país naqueles últimos anos dos Oitocentos e primeiros da República, os sertões amazônicos permaneciam mais vastos e dispersos como cenário territorial, mais anônimos e esgarçados como lugar dos choques civilizacionais, mais problemáticos como parte a ser reconhecida da grande narrativa nacional. Não que não houvesse dramas a ser contados, tragédias acumuladas nas sombras da selva e no refúgio dos rios. Havia, e muitas. Euclides nunca acreditou na representação fácil do "vazio na selva", com que certa ideologia colonialista e, depois, nacional-brasileira, tentou pensar a região, afastando, ao mesmo tempo, o fantasma dos genocídios ali praticados desde as primeiras entradas de europeus. Quando Euclides percorre a linhagem ancestral dos cronistas-viajantes, está em busca do fio condutor dessas brutalidades antigas. Mas a própria extensão continental e internacional da Amazônia, a biodiversidade indescritível dos espaços, o traçado oculto e cindido de suas vozes em confronto tornavam difícil a estruturação de uma forma narrativa capaz de dar conta dessa fugacidade do tempo histórico.

Em suma, o autor percebeu, desde seus intentos iniciais de escrever sobre a Amazônia, que não havia ali, diferentemente da

Bahia, uma terra, mas várias terras entrecortadas e separadas pela sinuosidade labiríntica das águas, ilhas de solitude inominadas; que tampouco lá se formara um homem sertanejo, mas uma multitude de raças, línguas, dialetos fronteiriços, restos de povos, arremedos de Judas, humanos que se autodestruíam vingando-se de si mesmos, sem prova de fé nem esperança como os camponeses crentes de Canudos, esquecidos de Cristo e de qualquer outra instância de autoridade, despojados de todo espírito comunitário; e que, portanto, o espaço da luta não era uma só arena, mas várias e simultâneas, de quase impossível mapeamento; e que o tempo da luta não se marcava na cronologia de uma guerra, mas no esvair de batalhas ancestrais contínuas, sem ninguém que as reportasse; no amontoar de mortos no presente, cuja duvidosa humanidade se dissipava na vida nua e crua dos seringais e na rapidez dos eventos orgânicos com que a selva encobria, de exuberância e silêncio, os seres que a noite extinguira.[6]

O grande historiador paraense Vicente Salles, em seu belo livro *Memorial da Cabanagem* (1992),[7] analisa exaustivamente o

---

[6] Sobre a biopolítica e o conceito de *vida nua* como estratégias de poder do Estado na etapa de declínio e crise das antigas modalidades institucionais de representação, baseio-me nos ensaios de Giorgio Agamben, em especial *Homo sacer: il potere sovrano e la nuda vita*, 1995, e *Mezzi senza fine: note sulla politica*, 1996. Creio que a abrangência totalitária desses conceitos, com sua correspondente forma concentracionária dos campos de prisioneiros e extermínio em massa, vale para acompanhar o recrudescimento da escravidão moderna em regiões de fronteira e distantes dos mecanismos da ordem jurídico-política tradicional. É o caso, entre outros grupos, da exploração do trabalho de garimpeiros, carvoeiros, seringueiros e outros segmentos de trabalhadores rurais na Amazônia. Para um balanço ampliado da expansão da "nova escravidão" no contexto mundial globalizado, vide Bales, *Disposable People: New Slavery in the Global Economy*, 1999.

[7] A maior coletânea de documentos oficiais sobre o movimento ainda se encontra em Domingos A. Raiol, *Motins políticos*, Rio de Janeiro, 1865-1891, 5v. (reeditado na íntegra em 1970, em três volumes). Entre outras contribuições clássicas sobre o intenso processo de repressão ao movimento, vide Boiteux, *Marinha Imperial* versus *Cabanagem*, 1943; e Hurley, *Traços cabanos*, 1936. Em figuras lendárias e popularizadas como a do cabano Jacob Patacho, o "cangaceiro das águas", sempre depreciadas pela historiografia oficial, talvez

processo de silenciamento sobre a maior revolta popular de massas da história do Brasil, a Cabanagem, entre 1833 e 1840, muito maior em extensão, violência e radicalidade do que o movimento de Canudos, tendo se alastrado por toda a imensa área das províncias amazônicas do Grão-Pará e do Rio Negro, e envolvendo um conjunto formidável de habitantes nativos despossuídos (índios, negros, caboclos, cafuzos, mamelucos, mulatos, tapuias, numa palavra, os *cabanos*, moradores pobres e miseráveis das taperas de madeira à beira dos rios e igarapés) contra a elite de brancos (portugueses, brasileiros, militares ingleses e funcionários do governo). Explosão a um só tempo de ódios raciais, coloniais e socioculturais incontidos; verdadeira guerra civil não declarada que chegou muito próximo do desmembramento do Brasil recém-independente, com a tomada do poder, na cidade de Belém, por setores dissidentes da elite, que o mantêm por cerca de um ano e meio, entre 1835-1836; esse movimento teria contribuído para o relativo despovoamento e decadência da Amazônia brasileira no século XIX, ao provocar a morte de 30 mil a 40 mil pessoas (tanto entre *cabanos* quanto brancos) para um contingente total de população que variava, segundo fontes precárias, entre 150 mil e 200 mil habitantes. A Cabanagem poderia ter sido a Canudos para Euclides. Mas este chegou à região quase setenta anos depois de terminado o conflito. Se na Bahia, recém-egresso da farda, Euclides pôde viver, como repórter de um jornal liberal-oligárquico, o primeiro grave dilaceramento de sua

---

Euclides pudesse encontrar algum elo perdido com os jagunços do início da República, talvez ali se vislumbrassem esboços de personagens antiordem estatal, como depois em *Os sertões*. Uma tentativa pioneira de ficcionalizar a Cabanagem foi feita pelo escritor e viajante francês Émile Carrey, ainda no século XIX, em *Les Revoltés du Para*, 1857 – na verdade, a terceira parte de uma longa obra romanesca em quatro volumes, *L'Amazone*, editada entre 1856 e 1872. O tradutor e anotador F. F. da Silva Vieira, da edição portuguesa, comete vários cortes e adulterações no texto de Carrey: cf. *Os revoltosos do Pará* (1862). Dado que a modalidade discursiva predominante é o da narrativa de viagem ou do romance histórico, essa ficção já foi tomada algumas vezes, erradamente, como ensaio historiográfico.

consciência iluminista, já na Amazônia, em que pesasse sua condição de representante do Estado nacional brasileiro em missão oficial do Itamarati – o xenofobismo contra os peruanos em alguns trechos de cartas ao barão do Rio Branco e nos relatórios técnicos sobre o Purus revelam seu apego a vários dos semióforos da nacionalidade.[8] Parece que algumas de suas críticas sociais, no entanto, alcançaram maior contundência e desdobramento político, em especial com referência ao sistema de exploração e de trabalho compulsório nos seringais, aproximando seu discurso às teses reformistas da social--democracia operária de então, perspectiva distinta, pois, do que tinha sido sua visão em Canudos. Mas a Cabanagem já parecia, no início do século XX, sublimada para sempre, uma espécie de proto--história que, pelo menos, auxiliava na compreensão do divórcio entre litoral e sertão na formação social brasileira. Em outro texto anterior à viagem amazônica, em que esboça uma síntese da história política do Brasil no século XIX, de 1808 a 1889, que publicara inicialmente nas páginas de *O Estado de S. Paulo*, em 1900, depois incorporada como terceira parte de *À margem da história*, Euclides assim se refere aos *cabanos*:

> Uma daquelas revoltas (regenciais), a ferocíssima *Cabanagem* do Pará, vencida pelo general Soares de Andréa, em 1836, dera um tipo novo à nossa história – o "cabano". Simbolizava o repontar de questão mais séria, que passou despercebida à sua visão aguda, e se destinava a permanecer na sombra até aos nossos dias.
> Era o crescente desequilíbrio entre os homens do sertão e os do litoral. O raio civilizador, refrangia na costa. Deixava na penumbra

---

8 Exemplos conhecidos desse extravasamento nacionalista são as duas passagens em que Euclides, na fronteira peruana, em contato com membros desse país da comissão do Purus, vale-se de imagens ufanistas como "A minha terra é retilínea e alta como as palmeiras" e "As promessas divinas da esperança!", ambas referidas como substitutos paradigmáticos à rara presença do pavilhão brasileiro naqueles pontos extremos. Cf. Cunha, *Um paraíso perdido: reunião dos ensaios amazônicos*, 1976, p.208-12. Sobre a ideia de nação como semióforo, vide Chaui, *Brasil: mito fundador e sociedade autoritária*, 2000.

os planaltos. O maciço de um continente compacto e vasto talhava uma fisionomia dupla à nacionalidade nascente. Ainda quando se fundissem os grupos abeirados do mar, restariam, ameaçadores, afeitos às mais diversas tradições, distanciando-se do nosso meio e do nosso tempo, aqueles rudes patrícios perdidos no insulamento das chapadas. Ao "cabano", se ajuntariam no correr do tempo o "balaio", no Maranhão, o "chimango", no Ceará, o "cangaceiro", em Pernambuco, nomes diversos de uma diátese social única, que chegaria até hoje, projetando nos deslumbramentos da República a *silhouette* trágica do "jagunço"... (Cunha, 1909, p.311-2)[9]

Não obstante, naquele intervalo de menos de uma década a separar as viagens de Euclides aos sertões baiano e acreano, parecia ter ocorrido uma inflexão significativa na prosa do escritor. Se desde sempre duvidara da eficácia de ficcionalizar a história sem pôr em risco a veracidade do relato, agora era como se esbarrasse em obstáculo maior: a Amazônia, de brutalidades inauditas e violências atrozes, vingava-se de todas as tentativas de pô-la em prosa, seja na ordenação cronológica de relatos falhos, seja na pintura de paisagens entre extremos de monotonia e caos. Não havia mais como imaginar, no preâmbulo da crise dos discursos e gêneros que ocuparia boa parte do século XX, qualquer representação científica ou artística da Amazônia sob o signo de descrições homogêneas ou

---

9 Esse argumento, muito próximo das teses antropológicas de *Os sertões*, que, diga-se de passagem, estava sendo redigido quando da primeira aparição desse ensaio na imprensa, em 1900, reapareceria depois, de forma resumida, em outra referência à Cabanagem, na famosa conferência de Euclides sobre Castro Alves aos estudantes da Faculdade de Direito do Largo de São Francisco, na capital paulista, em 1907. Glosa da primeira citação, vale a pena transcrevê-la, inclusive pelas variantes significativas de algumas imagens: "no extremo norte, as selvatiquezas da 'cabanagem' nada mais foram que um sintoma da heterogeneidade étnica há pouco referida. Um outro refluxo do passado. Ao cabano sucederiam, no correr dos tempos: o balaio no Maranhão; o cangaceiro em Pernambuco; o chimango no Ceará; nomes diversos de uma diátese social única, que chegaria até hoje projetando nas claridades da República o perfil apavorante do jagunço". Cf. Castro Alves e seu tempo. In: *Obra completa*, 1966, p.426, v.I.

almejando por ficções estáveis sobre identidades ilusórias. O legado dessa prosa fronteiriça e desigual em Euclides ficou como o maior emblema de que já não era possível, naquelas alturas, salvar a selva, vingá-la da brutalidade no tom e grau de grandeza épico-dramática com que Canudos fora lembrada. A memória da selva retrocedia a fragmentos crônicos da vastidão assustadora. Alguns deles, como veremos, tão luminosos, entretanto, em sua captação desse mundo de proscritos, desses "construtores de ruínas", cacos precoces da barbárie civilizada mais moderna,[10] tão precisos na denúncia e verdadeiros no lamento fúnebre desse Apocalipse trágico que se antecipara à obra do Gênesis, que podem bem fazer, na sobreposição dessacralizadora de todos os livros, a justo título, coro, par e compasso com os melhores momentos de sua poética dos sertões.

O viajante que hoje, desavisado, percorrer a Grande Belém rumo a uma das saídas da maior e mais antiga metrópole amazônica, na direção de Brasília, já perto da cidade-satélite de Ananindeua, encontrará um monumento e placa colocados há poucos anos pelo governo local em homenagem tardia à Revolta da Cabanagem. Mas não terá notícia, por certo, da abrangência, radicalidade e violência daquela guerra, em geral esquecida e ainda pouco estudada. Parafraseando comentário também frequente em relação a outros movimentos em territórios distantes, como o Contestado, dizendo que seu relativo esquecimento se deve, em boa parte, ao fato de que lhes faltou um narrador à altura de sua grandeza épico-dramática como foi Euclides para Canudos, poderíamos em princípio refrisar que terá faltado à Cabanagem seu Euclides. Mas teria sido mesmo impossível: depois do Alto Purus, restavam ao escritor fantasmas sublimados da história, mapas repletos de pontos e escassos de palavras. Depois das guerras e da desmemória acumulada na selva, o grande narrador já não poderia narrar como antes. Ele ainda estava aqui e lá, atento na leitura e pródigo no verbo. Mas o enquadramento, o

---

10 Baseio-me aqui nas reflexões coletivas reunidas em Hardman (Org.), *Morte e progresso: cultura brasileira como apagamento de rastros*, 1998. Além do posfácio crítico de Michael Löwy nesse volume, vide também, do mesmo autor, "Barbárie e modernidade no século XX", 2000, p.5-11.

foco narrativo, a divisão temática, o jogo de vozes já não se podiam estruturar como outrora. O narrador continuava lá, vivo e trágico: mas a narrativa já tinha se estilhaçado antes de ter início.

No prolongado e complexo movimento de conversão, em primeiro lugar, das brutalidades antigas do processo civilizatório, na região amazônica, em vazio histórico, em fantasmagorias palidamente refletidas no percurso sinuoso e *tumultuário* desses "rios em abandono"; nesse chão movediço e instável vivendo a incerteza do embate entre "terras firmes" e "terras caídas", história e memória, pois, arruinadas precocemente no turbilhão de gigantescas massas hídricas e florestais; e, em segundo lugar, na passagem da história da violência na fronteira à condição de mero apêndice marginal da história da civilização nacional ou ocidental, fantasmagoria então projetada como "terra sem história", "paraíso perdido" ou paisagem remota no espaço e/ou no tempo, que permanece assim como simples rodapé ou capítulo suplementar dos chamados "aspectos regionais"; nessa ampla operação de esquecimento que, de todo modo, deixa rastros e ruínas, embora também se busque sua completa desaparição, convém, agora, que nossa leitura se fixe em algumas imagens-faróis da representação da Amazônia em Euclides, até mesmo porque, em seu inacabamento histórico e literário, em seu caráter também fantasmático continuam, no fundo, iluminando agonicamente os impasses da história ou literatura pensadas como grandes arquivos da nacionalidade. Passarei em revista, a seguir, três linhas de imagens-faróis recorrentes em Euclides, metáforas dessa região marcada pela história dos "construtores de ruínas" – natureza e humanidade nela embutidas produzindo fantasmagorias que já são, desde sua aparição, destroços a anunciar, regressiva e reiterativamente, a condenação ao malogro de toda missão civilizatória.

Amazônia como miniatura trágica do caos

Para Euclides, na Amazônia, a paisagem ao mesmo tempo amplíssima e inextrincável provoca sobre o olhar do viajante (naturalista, explorador, artista) o embaralhamento de perspectiva entre o *infinito* e o *infinitesimal*, espécie de caleidoscópio em que lentes telescópicas e microscópicas se invertem e cambiam de lugar inesperadamente. Esse tema aparece com força nas famosas páginas de abertura de seus escritos amazônicos reunidos em *À margem da história*, intituladas justamente "Impressões gerais". Pouco antes disso, no seu inspirado prefácio ao livro de contos amazônicos do amigo Alberto Rangel, *Inferno verde*, editado em Gênova, em 1908, expunha reflexão semelhante sobre a precariedade das convenções usuais de escalas e projeções no que se refere à representação científica e literária daquela região.

Mas a imagem-farol que nos move aqui, "miniatura trágica do caos", surgiu, originariamente, num verso de poema algo perdido, que não consta de sua *Obra completa*, escrito dez anos antes da viagem amazônica, em 1895, na cidade sul-mineira de Campanha e chamado "Poema rude":

> E a noite desce pavorosa... o assomo
> Dos haustos da procela – rudes, maus.
> Agrupa as nuvens em desordem, como
> – A miniatura trágica do caos!
> (Cunha, 1895, p.2)

Depois, numa carta endereçada de Manaus para Artur Lemos, em Belém, no início de 1905, quando acabava de chegar à capital amazonense por via fluvial, preparando-se para sua expedição ao Purus, desponta a mesma imagem, já associada à nova paisagem e ao novo livro projetado:

> Se escrevesse agora esboçaria miniaturas do caos incompreensíveis e tumultuárias, uma mistura formidável de vastas florestas inundadas de vastos céus resplandecentes.
> Entre tais extremos está, com as suas inumeráveis modalidades, um novo mundo que me era inteiramente desconhecido...

Além disso, esta Amazônia recorda a genial definição do espaço de Milton: esconde-se em si mesma. O forasteiro contempla-a sem a ver através de uma vertigem.

Ela só lhe aparece aos poucos, vagarosamente, torturantemente. É uma grandeza que exige a penetração sutil dos microscópios e a visão apertadinha e breve dos analistas: é um infinito que deve ser dosado.

Quem terá envergadura para tanto? Por mim não a terei. A notícia que aqui chegou num telegrama de um meu novo livro, tem fundamento: escrevo, como fumo, por vício. Mas irei dar a impressão de um escritor esmagado pelo assunto. E, se realmente, conseguir escrever o livro anunciado, não lhe darei título que se relacione demais com a paragem onde Humboldt aventurou as suas profecias e onde Agassiz cometeu os seus maiores erros.

Escreverei *Um paraíso perdido*, por exemplo, ou qualquer outro em cuja amplitude eu me forre de uma definição positiva dos aspectos de uma terra que, para ser bem compreendida, requer o trato permanente de uma vida inteira. (Cunha, 1997, p.268-9)[11]

Essa curiosa transmigração de imagem sugere-nos que, para além das semelhanças entre paisagens, de resto muito díspares no aspecto topográfico – os sertões desolados das Minas Gerais após o ciclo predatório da mineração, os sertões baianos devastados pela guerra de Canudos e os sertões amazônicos embrutecidos pela fúria dos elementos naturais e humanos –, havia, evidentemente, em Euclides, certa homologia nas suas visões de ordem poético--histórica, que diz respeito à própria categoria de *sertão*, como fonte e produto do drama civilizacional, como fronteira entre o espaço mapeado pela ciência iluminista e o desconhecido mundo em que

---

11 Ainda nessa chave do desencantamento, em carta datada de Manaus, a 10 de março de 1905 (mesmo dia daquela outra postada para Coelho Neto – cf. *Livro de prata*, 1928, p.223), dirigida a José Veríssimo, o viajante pergunta e pondera: "Acha bom o título *Um paraíso perdido* para o meu livro sobre a Amazônia? Ele reflete bem o meu incurável pessimismo. Mas como é verdadeiro!?" (ibidem, p.268).

palavras e conceitos se subvertem; entre uma paisagem capturável pela ótica do realismo naturalista e outra inefável, reino do sublime romântico, portal para devaneios poéticos em meio a descrições bem pontilhadas.[12]

Essa concepção, na verdade, não era inteiramente nova, encontrando lastro e fazendo ecoar imagens surgidas muito antes na literatura romântica dos viajantes. Para não estender essa arqueologia, fiquemos com dois exemplos bastante sugestivos. Num texto sobre a fisionomia do reino vegetal no Brasil, datado de 1824, o naturalista bávaro Martius assim se referia à paisagem amazônica:

> Escuro como o inferno, emaranhado como o caos, aqui se estende uma floresta impenetrável de troncos gigantescos, desde a foz do Amazonas até muito além do território português em direção a oeste.

E também aí a natureza era capaz de modelar a alma do habitante nativo, perdido nas melancólicas projeções do seu meio:

> Não admira que a alma do índio, errando em tal ambiente, torne-se sombria e de tal maneira, que, perseguido pelas sombras da solidão, pensa ver em toda parte criações fantasmagóricas da sua rude imaginação. (Martius, 1943, p.246)[13]

E Gonçalves Dias, numa carta subscrita em Manaus, em 1861, quando de sua viagem à região, também recolhia imagens do poder destruidor da Hileia:

> Nesta paz, neste, ao que parece, remansear das forças da natureza, ouve-se de repente um rugido como se os céus desabas-

---

12 Essa combinação problemática entre enquadramento da cena e arabesco, de fundo romântico, foi muito bem analisada por Luiz Costa Lima em *Terra ignota: a construção de Os sertões*, 1997.
13 Devo essa referência à historiadora Lorelai Kury.

sem – árvores colossais oscilam, vergam, tombam como castelos de cartas! – a terra falta, desaparece, – a canoa não desamarra, nem tem tempo, arrebenta-se-lhe o cabo, – as águas repelidas pela queda das barreiras e das árvores repelem-na também para o largo; – e antes que os viajantes possam tornar a si do assombro, – antes que saibam e conheçam o que foi, – antes que o mestre possa comandar alguma manobra, voltam elas pujantes, furiosas, redemoinhando, e num vórtice – canoa, árvores, ilha – tudo desaparece e se esvai como por encanto. (Dias, 1998, p.1117)

Já a carta de Euclides para Artur Lemos ressurgiria – nessa ideia de um infinito inabordável que se dosa em fragmentos, de um espaço que se oculta em si mesmo – no prefácio ao livro de Alberto Rangel. Do seu caráter misterioso e desconhecido para a História Natural, Euclides transmuta mais uma vez a imagem de miniatura trágica do caos para o plano da criação artístico-literária, ao identificar a Amazônia com a Esfinge. Se o escritor, afoita e temerariamente, tentar descortiná-la num só lance, vacilará na "vertigem do deslumbramento". Apresentando *Inferno verde* como um livro bárbaro (estranho), porque "todo construído de verdades, figura-se um acervo de fantasias", fantástico e incompreensível não porque assim o quis ou assim fosse seu autor, mas porque assim é a Amazônia, Euclides tenta representar, nas linhas do prefácio, o que seria essa nova sensibilidade estética afinada com esse caos entrevisto aos pedaços.[14]

Herdeiro da melhor tradição romântica, Euclides, a essa altura fazendo coro com o grupo de escritores e intelectuais desiludidos com a ideologia do progresso, tentava apontar para uma nova síntese entre ciência e arte como destino da linguagem na modernidade. Insiste sobre o tema em vários escritos da fase final de vida, inclusive, como se vê aqui, na sua prosa da selva. Em dezembro de 1906, ao ser empossado na cadeira de Castro Alves e Valentim Magalhães na Academia Brasileira de Letras, inicia seu discurso com uma

---

14 Conferir trecho citado à página 61 deste volume.

evocação épica à viagem terminada há cerca de um ano e volta ao tema da representação da natureza desconhecida, seja no discurso científico, seja no literário, fazendo uma ponte com as imagens tumultuárias do "poeta dos escravos", aquele dos "estatuários de colossos", das "cortinas do infinito", da natureza hugoana sublimada onde despontam esses "os oceanos em tropa!". E sublinhando sempre a fantasia e o sonho como componentes essenciais do trabalho técnico e do relato científico, volta à inversão de perspectivas do poeta quando se depara com o real-maravilhoso como manifesto no mundo amazônico:

> Imaginai uns tristes poetas pelo avesso: arrebata-nos também o sonho, mas, ao invés de projetarmos a centelha criadora do gênio sobre o mundo que nos rodeia, é o resplendor deste mundo que nos invade e deslumbra. (Cunha, 1966, p.207, v.I)

São essas relações cruzadas e invertidas entre o sonho na prosa da ciência e o real-maravilhoso na prosa da poesia que continuam a perseguir o escritor-expedicionário nas suas "Impressões gerais" sobre essa Amazônia "à margem da história", em que se entremeiam o *desapontamento* diante da monotonia repetitiva tendente ao infinito "nos sem-fins daqueles horizontes vazios e indefinidos como o dos mares" e o *terror* sublime diante da grande massa de água e vegetação, dessa "inconstância tumultuária do rio",

> vacilante, destruindo e construindo, reconstruindo e devastando, apagando numa hora o que erigiu em decênios – com a ânsia, com a tortura, com o exaspero de monstruoso artista incontentável a retocar, a refazer, e a recomeçar perpetuamente um quadro indefinido... (Cunha, 1909, p.18)[15]

---

15 Essa encenação dramática da própria representação artística aqui metaforizada na inconstância desarmônica e assombrosa do rio aponta para uma percepção expressionista do autor, sugerida, entre outros, por Freyre, *Perfil de Euclydes e outros perfis*, 1944.

Como vimos, do aspecto revolto e desordenado do rio deriva-se a sua história, de que a região é um símile. Na resenha que tece a seguir sobre exploradores e viajantes, Euclides fixa-se nessa ilusão de ótica ou perspectiva, a partir do contágio do homem pela volubilidade do rio, que é, afinal, também da terra, sempre prestes a abandoná-lo, tragada e levada pelas águas, ou então degradada em "terra caída". Advém uma inversão de impressões, um ardiloso jogo de representações, uma cilada na apreensão da paisagem natural e do tempo por suas testemunhas humanas, estejam estas em movimento ou estáticas:

> No Amazonas, em geral, sucede isto: o observador errante que lhe percorre a bacia em busca de variados aspectos, sente, ao cabo de centenares de milhas, a impressão de circular num itinerário fechado, onde se lhe deparam as mesmas praias ou barreiras ou ilhas, e as mesmas florestas e igapós estirando-se a perder de vista pelos horizontes vazios; – o observador imóvel que lhe estacione às margens, sobressalteia-se, intermitentemente, diante de transfigurações inopinadas. Os cenários, invariáveis no espaço, transmudam-se no tempo. Diante do homem errante, a natureza é estável; e aos olhos do homem sedentário que planeie submetê-la à estabilidade das culturas, aparece espantosamente revolta e volúvel, surpreendendo-o, assaltando-o por vezes, quase sempre afugentando-o e espavorindo-o. (Ibidem, p.23)

Essa condenação forçada ao nomadismo, ao se reportar com pessimismo à "paralisia completa das gentes que ali vagam, há três séculos, numa agitação tumultuária e estéril" (Cunha, 1909, p.23), traça uma imagem que faz recordar as conhecidas páginas finais de Capistrano de Abreu em *Capítulos de história colonial* (1907). Em carta de abril de 1908 ao seu maior correspondente e amigo Francisco Escobar, Euclides referia-se a seu desagrado com a vida na capital federal, seu desejo de "deixar de uma vez este meio deplorável, com as avenidas, os seus automóveis, os seus *smarts* e as suas fantasmagorias de civilização pesteada".

Nessa famosa carta, manifesta saudades da cabana de folhas de zinco e sarrafos às margens do rio Pardo, de onde dirigira a construção de uma ponte de ferro e escrevera sua obra-prima. E, sintomaticamente, vale-se da mesma imagem que usaria para o homem na Amazônia, só que focada em si próprio e na experiência alienante na metrópole carioca: "Creio que se persistir nesta agitação estéril não produzirei mais nada de duradouro" (Cunha, 1997, p.357).

Parece que o itinerário do círculo se fechava incluindo o autor da imagem. Sedentário na cidade, a paisagem urbana, volúvel e revolta, também o assombrava com suas "fantasmagorias de civilização pesteada". O escritor em crise, sabendo difícil sua segunda vingança contra o deserto, identificava-se com o seringueiro solitário das "estradas" sem-fim da selva de que ninguém se safa. Na confusão de cartografias intraduzíveis entre grandes e pequenas escalas, vamos adentrar agora num desses "microcaos" da tragédia na fronteira do país, ali onde o processo civilizatório capitalista ocidental desnuda por completo suas marcas de barbárie.

As "estradas" dos seringais como labirinto moderno da solidão

Desse motivo tão intrincado quanto fascinante, que se espraia por várias passagens na prosa da selva euclidiana, recolho apenas alguns fragmentos iluminadores do desenho de um círculo infernal da modernidade. Depois de comparar o trabalhador imigrante italiano convertido em colono nas fazendas de café do estado de São Paulo com o imigrante camponês cearense, expulso pelas secas nordestinas e convertido em seringueiro anônimo nas florestas do Acre, região do Alto Purus, Euclides afirma ser a viagem deste último "mais difícil", porquanto:

> A sua atividade, desde o primeiro golpe de machadinha, constringe-se para logo num círculo vicioso inaturável: o debater-se

exaustivo para saldar uma dívida que se avoluma, ameaçadoramente, acompanhando-lhe os esforços e as fadigas para saldá-la.

E vê-se completamente só na faina dolorosa. A exploração da seringa, neste ponto pior que a do caucho, impõe o isolamento. Há um laivo siberiano naquele trabalho. Dostoiévski sombrearia as suas páginas mais lúgubres com esta tortura: a do homem constrangido a calcar durante a vida inteira a mesma "estrada", de que ele é o único transeunte, trilha obscurecida, estreitíssima e circulante, que o leva, intermitentemente e desesperadamente, ao mesmo ponto de partida. Nesta empresa de Sísifo a rolar em vez de um bloco o seu próprio corpo – partindo, chegando e partindo – nas voltas constritoras de um círculo demoníaco, no seu eterno giro de encarcerado numa prisão sem muros, agravada por um ofício rudimentar que ele aprende em uma hora para exercê-lo toda a vida, automaticamente, por simples movimentos reflexos – se não o enrija uma sólida estrutura moral, vão-se-lhe, com a inteligência atrofiada, todas as esperanças, e as ilusões ingênuas, e a tonificante alacridade que o arrebataram àquele lance, à ventura, em busca da fortuna.

[...]

Sobretudo isto, o abandono. O seringueiro é, obrigatoriamente, profissionalmente, um solitário. (Cunha, 1909, p.69-70)

Essa imagem já tinha sido obsessivamente trabalhada por Euclides no ensaio "Entre os seringais", publicado na revista *Kosmos* em janeiro de 1906, logo ao desembarcar de volta da Amazônia, e que talvez constitua um dos maiores libelos do autor contra aquele sistema de exploração. Esse artigo não foi reunido nem em *Contrastes e confrontos*, livro do ano seguinte, nem em *À margem da história*, apesar de seu impacto considerável na opinião pública e certamente nas lideranças do movimento operário de então, não só de tendência socialista, mais próxima do ideário do autor, mas também anarquista.[16]

---

16 Vide, por exemplo, a transcrição da parte final de "Amazônia: terra sem história", com o título "Nos seringais da Amazônia" (texto em tom de denúncia do sistema de barracão, muito aparentado ao artigo "Entre os seringais"), pelo jornal anarquista *A Guerra Social*, Rio de Janeiro, II (24), 21 ago. 1912, p.1.

Nesse texto, Euclides narra, centralmente, a abertura de um seringal no Alto Purus: "tarefa inacessível ao mais solerte agrimensor, tão caprichosa e vária é a diabólica geometria requerida pela divisão dos diferentes lotes" (Cunha, 1986, p.213).

Depois de narrar em detalhe o processo de instalação precária, rude e desordenada das "estradas", sugere o desenho de barracas e caminhos tortuosos ligados pelos varadores ao barracão na beira do rio, como tentáculos contorcidos de um "polvo desmesurado". E diz: "É a imagem monstruosa e expressiva da sociedade torturada que moureja naquelas paragens" (Cunha, 1986, p.214).[17]

Para concluir, mais uma vez, identificando a representação cartográfica do círculo infernal da "estrada" à solidão do homem que a traça e percorre:

> Considerai a disposição das "estradas".
> É o diagrama da sociedade nos seringais, caracterizando-lhe um dos mais funestos atributos, o da dispersão obrigatória.
> O homem é um solitário. Mesmo no Acre, onde a densidade maior das seringueiras permite a abertura de 16 "estradas" numa légua quadrada, toda esta vastíssima área é folgadamente explorada por oito pessoas apenas. Daí os desmarcados latifúndios, onde se nota, malgrado a permanência de uma exploração agitada, grandes desolamentos de deserto...

Mas os editores da folha ácrata ressalvavam: "Não precisa de comentários esta página magistral do último livro de Euclides da Cunha. Ela aqui fica como um atestado insuspeitíssimo da organização do trabalho nos seringais do norte desta inefável República. Apenas, discordamos da eficácia das medidas reclamadas pelo A. na sua conclusão [i. e., medidas de proteção legal e social aos trabalhadores – FFH]. A emancipação dos trabalhadores só pode ser realizada pelos próprios trabalhadores". Apud Hardman, *Trem fantasma*, 1988, cap. 4, nota 15, p.230-1.

17 Essa metáfora organicista de um poder tentacular na paisagem da natureza/sociedade amazônicas reaparece com força no conto "Obstinação", em *Inferno verde*, de Alberto Rangel, em que um potentado local é comparado à figura do apuizeiro como parasita gigante – polvo vegetal e social –, imagem destacada longamente por E. da Cunha no prefácio citado. Cf. Cunha, *Um paraíso perdido*, 1986, p.205.

[...]
Ora, esta circunstância, este afrouxamento das atividades distendidas numa faina dispersiva, a par de outras anomalias, que mais para diante revelaremos, contribui sobremaneira para o estacionamento da sociedade que ali se agita no afogado das espessuras, esterilmente – sem destino, sem tradições e sem esperanças – num avançar ilusório em que volve monotonamente ao ponto de partida, como as "estradas" tristonhas dos seringais... (Idem, 1986, p.215)

Euclides enfrentava, em meio aos impasses de sua prosa amazônica, na primeira década do século XX, os limites da representação científica ou artística. Talvez a "diabólica geometria" dos seringais não fosse apanágio daqueles cenários da fronteira mais selvagem do Brasil, mas apenas, mais agudamente ali, revelava os labirintos em que a crise da mimesis, desde o romantismo, passando pelos círculos siberianos de Dostoiévski evocados na narrativa dessas "estradas" sem saída do Alto Purus, chegando, mais tarde, às ruínas circulares de Borges ou aos motos-perpétuos das engrenagens do Estado como segunda natureza em Kafka,[18] expunha as contradições e os limites das sociedades humanas no contexto amplo do processo civilizatório moderno. Ao lado desse diálogo de espectro mais longo e abstrato, seguindo os passos de uma arte cada vez mais em embate com a representação figurativista, como não notar semelhanças, de outra parte, no pormenor da cena espaço-temporal mais próxima, por exemplo, com o *horror* de Conrad, em *Heart of Darkness* (1902), ou com a grandeza épico-dramática de Tomlinson, em *The Sea and the Jungle* (1912)[19] – enfim, nesse terror sublime que só a experiência radical da selva produz? Porém, iludido com os assombros da paisagem e profundamente tocado com a

---

18 Entre outros aportes, valemo-nos aqui dos estudos de Costa Lima, em particular a síntese oferecida em *Mimesis: desafio ao pensamento*, 2000.

19 Sobre as afinidades desses dois autores com Euclides, tendo como panorama comum a representação da "vertigem do vazio", vide as considerações feitas no meu *Trem fantasma* (2005), em especial no cap. 4.

pequenez dispersa e solitária dos humanos naqueles sertões tão distintos de outras distâncias que já visitara, o escritor-viajante volta ao "doloroso apotegma – *ultra aequinoctialem non peccavi* – que Barleus engenhou para os desmandos da época colonial". Afirmando que os próprios amazonenses o intuíram com espírito, refere-se à bela ilha de Matarapá, na entrada de Manaus, à qual se atribuía a "função alarmante de lazareto de almas", pois se dizia, num "prodígio da fantasia popular", que o visitante recém-chegado ali deixava literalmente sua consciência. Sempre sublinhando os nomes estranhos das localidades perdidas, Euclides lembra ainda a existência de mais duas ilhas fluviais, uma na boca do Purus, outra na foz do Juruá, que teriam perdido a antiga denominação geográfica em favor de passarem a ser popularmente designadas por "ilha da Consciência". E, em seguida, conclui:

> É uma preocupação: o homem, ao penetrar as duas portas que levam ao paraíso diabólico dos seringais, abdica as melhores qualidades nativas e fulmina-se a si próprio, a rir, com aquela ironia formidável. (Cunha, 1909, p.23-4)

Se já dando claros sinais de esgotamento o projeto esclarecido de uma paz perpétua fundada numa "ideia de história universal do ponto de vista cosmopolita", numa consciência autorreveladora, a ironia, que não era a figura de linguagem mais forte ou preferida de Euclides, mas sem dúvida o instrumento mais vital da arte moderna, inclusive a literária, surge, aqui, como meio de municiar o viajante que penetra no círculo infernal da solidão desencantada da civilização técnica. Vejamos como, no momento de maior densidade literária de sua prosa da selva, Euclides repõe, de forma concentrada, todos os dilemas da vingança contra o vazio dos sertões amazônicos. Abandonada a consciência iluminista, salvam-se alguns fragmentos preciosos da tragédia sublimada do seringueiro, na propagação de uma voz lírica que chora ao rir dos Judas tragados na correnteza do rio. Narra-se uma história, canta-se um lamento:

"Judas-Ahsverus" – sublinha Oswaldo Galotti – "nasceu inteiriço como um bloco de beleza".[20]

Judas-Ahsverus e os fantasmas da ira

Euclides reconstitui o sábado de Aleluia entre os seringueiros do Alto Purus, quando estes "desforram-se", ou "vingam-se, ruidosamente, dos seus dias tristes", da paralisia de uma "existência imóvel" que parece o prolongamento de uma Sexta-Feira da Paixão pela existência e ano todo afora. Se, em outras partes, a Semana Santa pode ser a do recolhimento, em que

> as luzes agonizam nos círios bruxuleantes, e as vozes se amortecem nas rezas e nos retiros, caindo um grande silêncio misterioso sobre as cidades, as vilas e os sertões profundos onde as gentes entristecidas se associam à mágoa prodigiosa de Deus,

ali, ao contrário, não!... Aqueles sete dias sagrados,

> lhes são, ali, a existência inteira, monótona, obscura, dolorosíssima e anônima, a girar acabrunhadoramente na via dolorosa inalterável, sem princípio e sem fim, do círculo fechado das "estradas".

O abandono do homem e do rio é mais profundo, resvala no sentimento de uma danação universal:

> pelas almas simples entra-lhes [...] a sombra espessa de um conceito singularmente pessimista da vida: certo, o redentor universal não os redimiu; esqueceu-os para sempre, ou não os viu talvez, tão

---

20 Vide "Nota explicativa" à primeira edição brasileira de À margem da história (1967), p.6. Já Rolando Morel Pinto, organizador de outra edição do livro (1975), faz um interessante paralelo entre esse conto-crônica e o andamento musical de uma "sinfonia patética", com a seguinte sequência de movimentos: *allegro, presto* e *adagio* (cf. p.15-6).

relegados se acham à borda do rio solitário, que no próprio volver das suas águas é o primeiro a fugir, eternamente, àqueles tristes e desfrequentados rincões. (Cunha, 1909, p.102)

Essa separação contém todos os ingredientes trágicos da fatalidade irrecorrível. O seringueiro é dominado por uma convicção rudimentar e ingênua, mas objetiva e irredutível: a de que "é um excomungado pela própria distância que o afasta dos homens; e os grandes olhos de Deus não podem descer até aqueles brejais, manchando-se".

Sua dor não pode ser compartida. Está longe e apartado dos grandes rituais de sofrimento nas catedrais ou cidades ricas, onde se constrói um fausto das penas com vestes pretas, lágrimas radiantes e tristezas em pompa: "Ali – é seguir, impassível e mudo, estoicamente, no grande isolamento da sua desventura".

Um único dia, o Sábado de Aleluia, e um único "emissário sinistro", o Judas, são o que a Igreja lhe oferece. Resta-lhe, pois, "desvendar e arrancar" a sua vida "da penumbra das matas, mostrando-a, nuamente, na sua forma apavorante, à humanidade longínqua..." (Cunha, 1909, p.103-4).

Nesse ponto, percebe-se que Euclides se vale de tradições ocidentais e literárias antiquíssimas, articulando uma fusão entre a lenda do Judas Iscariotes, o traidor que entregara Jesus aos romanos – figura-objeto dos rituais de "malhação" tão frequentes no Brasil no Sábado de Aleluia – e os relatos sobre o Judas Ahasverus, que se tornaram populares na Idade Média, sobretudo depois dos seus primeiros registros escritos no século XIII. Esse segundo personagem, com muitas variações, associa-se ao mito do Judeu Errante, condenado ao eterno degredo e a não morrer antes do Juízo Final, por ter blasfemado contra o Cristo a caminho do calvário. O interessante é que esse mito recrudesce de forma significativa na Europa, desde fins do século XVIII e por todo o século XIX, sob a égide do movimento romântico. Mas, então, ocorre uma clara mudança de percepção e valor: enquanto tradicionalmente o Judeu Errante era uma afirmação das cruzadas do cristianismo com forte acento antissemita, na modernidade romântica ele passa a adquirir cada vez mais um conteúdo positivo, identificando-se estranhamente com a ideologia do progresso, com o ideal do conhecimento enciclopédico e ilimitado, a liberdade do viajante e, acima de tudo, a imortalidade.[21] Em Euclides, porém, ver-se-á que o sentido trágico de uma condenação sem apelo permanece como fundamento básico dessa reutilização metafórica do mito, sempre refundido no outro prosaico e tradicional folguedo da destruição do Judas Iscariotes, em que a vingança de Deus e dos homens passa a ser o principal móvel da ação. De todo modo, essa vitimização do Judas, humano e frágil, diante da cólera divina vingadora, já propicia sua conversão em anti-herói, analogamente à posição de Satã em *Lost Paradise*, de Milton, que servirá de mote ao livro não escrito de Euclides sobre a Amazônia, assim como antes houvera sido fonte inspiradora de Byron e Shelley, no início dos Oitocentos, no processo de construção poético-ficcional que levaria a um Ahasverus "desacorrentado" (Rouart, 1988, p.115-25). Nessa trajetória complexa do mito em suas representações diversas, é preciso, também, lembrar a tradição presente já no século XIX na literatura brasileira, sem dúvida reaproveitada imaginativamente por Euclides: entre outras fontes, Castro Alves mais uma vez se fez presença notável.[22] Mas o sentido

---

21 Consultar a exaustiva pesquisa de fontes literárias feita por Marie-France Rouart, *Le Mythe du Juif Errant dans l'Europe du XIXe siècle*, 1988. Um bom exemplo dessa apropriação positiva do mito pelo romantismo é o poema de 1856 de Pierre Dupont, "La Légende du Juif Errant". A segunda edição, de 1862, trazia, além de alentado estudo histórico-literário por Paul Lacroix, "composições e desenhos" de Gustave Doré que ficaram como marcos na representação iconográfica do personagem. Cf. uma bela edição brasileira desses trabalhos em Doré e Dupont, *A lenda do Judeu Errante*, s.d.
22 Vide esse curioso contraponto de Castro Alves no poema "Ahasverus e o gênio", de 1868, em *Espumas flutuantes*. Em Cunha, *Obra completa*, 1966, p.86-7. Mas sua difusão aparece, muitas vezes, travestida e misturada a outros mitos, inclusive indígenas, em vários autores brasileiros, desde Sousândrade até Guimarães Rosa, passando por Mário de Andrade e José Geraldo Vieira. Isso para não falar do conto dialógico "Viver!", de Machado de Assis, inserido em *Varias historias*, 1896, de fundo metafísico, tendo como personagens Ahasverus e Prometeu. Em Gastão Cruls, p. ex., amigo de Euclides e Alberto

da invenção em *À margem da história*, nesse conto-crônica luminoso, eivado pelo fatalismo inconfundível do escritor, que se combina, sob o signo do trágico, com elevado teor de ironia, é muito radical e apresenta, com respeito às tradições que lhe eram mais contemporâneas, um desfecho nem reconciliador nem messiânico – antes, porém, desencantado.

O Judas a ser esculpido pelo seringueiro não bastará que seja apenas mais um "monstrengo de palha trivialíssimo" e "vulgar na sua infinita miséria". A obra do solitário deve modular-se, num ímpeto de expressionismo caboclo e rude, ao próximo ato de vingança:

> acentuar-lhe as linhas mais vivas e cruéis; e mascarar-lhe no rosto de pano, a laivos de carvão, uma tortura tão trágica, e em tanta maneira próxima da realidade, [...] de modo a desafiar uma repulsa mais espontânea e um mais compreensível revide, satisfazendo à saciedade as almas ressentidas dos crentes, com a imagem tanto possível perfeita da sua miséria e das suas agonias terríveis.
>
> E o seringueiro abalança-se a esse prodígio de estatuária, auxiliado pelos filhos pequeninos, que deliram, ruidosos, em risadas, a correrem por toda a banda, em busca das palhas esparsas e da farragem repulsiva de velhas roupas imprestáveis, encantados com a tarefa funambulesca, que lhes quebra tão de golpe a monotonia tristonha de uma existência invariável e quieta. (Cunha, 1909, p.104-5)

A narrativa desse trabalho de escultura na selva, "às voltas com a figura disforme", constrói-se numa sucessão de orações curtas entremeadas por pontos-e-vírgulas, introduzindo-nos, segundo a leitura arguta de Rolando Morel Pinto,[23] num ritmo descritivo, quase pictural, de pequenos gestos pontilhados, num andamento

---

Rangel, autor do romance *A Amazônia misteriosa* e do diário de viagem *A Amazônia que eu vi*, encontra-se um conto de ambiência deslocada e sugestiva intitulado "Um Ahasvero moderno", sobre um cearense que se converteu num "japonês" antiquário, cruzando os continentes. Em Cruls, *Coivara (contos)*, p.131-65.

23 Cf. Cunha, *À margem da história*, 1975, p.16.

em *piano*, com pausas solenes, síntese que só a força lírica de uma poética habituada à encenação dramática seria capaz de obter. Na melhor linhagem do duplo monstruoso romântico, a criatura inerte e inanimada se antropomorfiza ao longo desse artesanato:

> E o monstro, lento e lento, num transfigurar-se insensível, vai-se tornando em homem. Pelo menos a ilusão é empolgante...
> Repentinamente o bronco estatuário tem um gesto mais comovedor do que o *parla!* ansiosíssimo, de Miguel Ângelo: arranca o seu próprio sombreiro; atira-o à cabeça do Judas; e os filhinhos todos recuam, num grito, vendo retratar-se na figura desengonçada e sinistra o vulto do seu próprio pai.

Nesse espelhamento terrível, ressurge o tema da vingança, agora dirigida contra si pelo próprio homem encalacrado como o círculo fechado das "estradas" da seringa. Na escala da natureza avassaladora, o último elo destruidor projeta na obra de sua arte pobre a incrível marca dessa cadeia de fatalidade. Nem para os objetos nascidos dessa ânsia e fúria há salvação. Ao inverter o vetor da vingança, o narrador lança sobre as personagens o dardo afiado da ironia, da amargura de uma escultura-ficção também condenada ao desterro e à dissolução, assim como o artista de circunstância que a modelou:

> É um doloroso triunfo. O sertanejo esculpiu o maldito à sua imagem. Vinga-se de si mesmo: pune-se, afinal, da ambição maldita que o levou àquela terra; e desafronta-se da fraqueza moral que lhe parte os ímpetos da rebeldia recalcando-o cada vez mais ao plano inferior da vida decaída onde a credulidade infantil o jungiu, escravo, à gleba empantanada dos traficantes, que o iludiram. (Cunha, 1909, p.107)

Mas, para que se complete o ciclo vingativo, será necessário devolver o Judas-seringueiro às mesmas trilhas do seu azar, ao rio e aos labirintos da selva, relançando-se de volta, pretensamente, ao universal que o esquecera, ao mundo civilizado que o exilara ali na selva sem saída, às marcas dessa humanidade desgarrada:

> O rio que lhe passa à porta é uma estrada para toda a terra. Que a terra toda contemple o seu infortúnio, o seu exaspero cruciante, a sua desvalia, o seu aniquilamento iníquo, exteriorizados, golpeantemente, e propalados por um estranho e mudo pregoeiro. (Cunha, 1909, p.108)

Interessante que, completada a obra, o Judas Ahasverus quase não é mais nomeado pela designação popular do ritual, mas antes como "estranho e mudo pregoeiro", "viajante macabro", "figura demoníaca", "espantalho errante", "aleijão apavorante", "fantasma vagabundo", entre outras expressões dessa metamorfose em que alçar-se de objeto à condição humana é indissociável de uma degradação grotesca e já condenatória. E, numa "jangada fantástica" feita de véspera e aguardando na margem, o seringueiro lança sua criatura "para o fio da corrente".[24]

Na terceira e última parte do texto, narra-se a procissão aquática desse judas-espantalho-seringueiro, fantasma transfigurado e duplo do sertanejo solitário e rejeitado, ao mesmo tempo, pela natureza e pela civilização:

> E a figura desgraciosa, trágica, arrepiadoramente burlesca, com os seus gestos desmanchados, de demônio e truão, desafiando maldições e risadas, lá se vai na lúgubre viagem sem destino e sem fim, a descer, a descer sempre, desequilibradamente, aos rodopios,

---

[24] Esse ritual se confirma no relato de vários folcloristas regionais. Leandro Tocantins, por sua vez, descreve uma prática contraposta, também na região do Purus, Juruá e adjacências, a do "Judas-de-Praia", espantalho feito nas margens durante a vazante, que prenuncia o verão, no curto interregno em que os habitantes podem se dedicar a alguns cultivos de subsistência. Cf. Tocantins, *O rio comanda a vida: uma interpretação da Amazônia*, 1961, [1952], p.97-101.

tonteando em todas as voltas, à mercê das correntezas, "de bubuia" sobre as grandes águas.

Não para mais. À medida que avança, o espantalho errante vai espalhando em roda a desolação e o terror: as aves, retransidas de medo, acolhem-se, mudas, ao recesso das frondes; os pesados anfíbios mergulham, cautos, nas profunduras, espavoridos por aquela sombra que ao cair das tardes e ao subir das manhãs se desata estirando-se, lutuosamente, pela superfície do rio; os homens correm às armas e numa fúria recortada de espantos, fazendo o "pelo sinal" e aperrando os gatilhos, alvejam-no desapiedadamente. (Cunha, 1909, p.109)

Continua a viagem ao deus-dará dos bonecos órfãos. É o momento em *allegro* do conto, com o festim da população ribeirinha, entre tiros, gritos, sarcasmos, esconjuros, maldições, prantos, clamores, pedradas, convícios e remoques. Nesse vagar ao acaso das correntes, forma-se uma coletividade caótica, acidental, feita de várias dessas embarcações-fantasmas, juntadas aos pares ou em filas, sempre ao sabor das águas. E, finalmente, no adágio final, ainda sob a égide do curso do rio e das surpresas que sempre reserva, uma reunião imprevista, ela própria imagem culminante e fantasmagórica daquela sociedade selvagem de seres fronteiriços:

> Às vezes o rio alarga-se num imenso círculo; remansa-se; a sua corrente torce-se e vai em giros muito lentos perlongando as margens, traçando a espiral amplíssima de um redemoinho imperceptível e traiçoeiro. Os fantasmas vagabundos penetram nestes amplos recintos de águas mortas, rebalsadas; e estacam por momentos. Ajuntam-se. Rodeiam-se em lentas e silenciosas revistas. Misturam-se. Cruzam então pela primeira vez os olhares imóveis e falsos de seus olhos fingidos; e baralham-se-lhes numa agitação revolta os gestos paralisados e as estaturas rígidas. Há a ilusão de um estupendo tumulto sem ruídos e de um estranho conciliábulo, agitadíssimo, travando-se em segredos, num abafamento de vozes inaudíveis.

Depois, a pouco e pouco, debandam. Afastam-se; dispersam-se. E acompanhando a correnteza, que se retifica na última espira dos remansos – lá se vão, em filas, um a um, vagarosamente, processionalmente, rio abaixo, descendo... (Cunha, 1909, p.111-2)

A imagem do remanso, tão cara ao escritor, aqui se introduz em belo contraponto à agitação destruidora do curso normal das águas. O labirinto se completa agora no silêncio desse "estranho conciliábulo" dos judas que, embora em reunião casual e momentânea nos volteios sinuosos dessas águas paradas, parecem ainda muito agitados; de novo o círculo infernal reaparece, agora na "ilusão de um estupendo tumulto sem ruídos". A ideia fantasmal de assembleia secreta, de vozes indistintas e abafadas que esse redemoinho produz ao congregar os bonecos, pode associar-se ao desenho de uma história estagnada, quase uma não história, de todo modo ilusória, marcada pelo acaso fatal antes que por qualquer princípio de causalidade. A espiral labiríntica das "estradas" interioriza-se assim nesse silêncio que se tensiona numa contenção de murmúrios, que são falsa aparência, no ritmo lento do engano antes da derradeira dispersão. Ajuntamento e afastamento equivalem-se, já que não foram ato de escolha nem fruto de sociabilidade, mas tão só cenas do capricho arbitrário da correnteza.

Nessas poucas páginas em que poesia e história se iluminaram mutuamente de modo tão singular na literatura produzida por Euclides da Cunha sobre a Amazônia, verificamos que vários espaços-tempos se entrechocam na cena contemporânea dessa modernidade de fronteira: o de uma natureza portentosa e em devir, que abrevia as chances de permanência do homem e vinga-se de seu desejo de vingança, ampliando enormemente a vertigem do vazio e o caos das intempéries no recorte miniatural da grande escala; o desses nômades modernos e anônimos que se deixaram escravizar nos labirintos da solidão na selva, e que afinal tentam vingar-se de si próprios na sua duplicação como arte ou rito; o do escritor-viajante, que jurou superar-se na conjuração de palavras vingadoras e explicativas, mas permaneceu no fragmento de ecos e traços luminosos, tanto mais desafiantes porque já afastados de mitos fundadores e da ilusão de uma identidade nacional coerente. Ao contrário de representações estabilizadoras na figura de um *locus amoenus*, temos a instabilidade perene de terras caídas, rios em fuga através de águas internacionais, que carregam os próprios torrões do solo e árvores para fora do Brasil, que transportam os materiais orgânicos da vida (e, quem sabe, da nação?) para plagas distantes. Fantasmas de antigos *cabanos* insinuam-se apenas, nessa cena contemporânea, desfocados na projeção da "silhueta trágica" ou "perfil apavorante" dos jagunços. A República já conhecera por isso a guerra social. Mas na Amazônia, segundo Euclides, com os seringueiros nessa servidão dispersa, olvidada e sem liderança, tratava-se, antes de mais nada, de criar direitos sociais básicos: legislação trabalhista, justiça austera contra os desmandos e formas eficazes de colonização que vinculassem o homem de modo coletivo e orgânico à terra (Cunha, 1909, p.29).

No ponto como estavam as coisas, nosso autor não enxergava ali nem vida social organizada, nem representantes ou condutores da nacionalidade, nem muitas esperanças de que se chegasse a constituí-los. Sabia que as brutalidades antigas, de mais de trezentos anos, haviam destruído muitas das possibilidades civilizacionais antes que, no presente, se reproduzisse indefinidamente a faina dos construtores de ruínas. Por isso, da mesma matéria evanescente que as alucinações de uma dama de branco que o perseguiam na Vila Glicínia, em Manaus, quando hóspede na residência de Alberto Rangel,[25] a Amazônia, aqui, bem diferentemente de Canudos, ficaria como fantasma na história do Brasil civilizado, e também fantasmal na memória de Euclides, assim como nas melhores representações que sua prosa poética conseguiu fabricar. Mas não seria esse o melhor esboço, afinal, para aquelas fronteiras ainda tão

---

25 O episódio é relatado em carta de Euclides ao próprio Rangel, que se encontrava na Europa. Cita-lhe versos de Rollinat: "*l'eternelle dame en blanc qui voit sans yeux et rit sans lèvres*". Cf. os comentários de Leandro Tocantins na introdução de Cunha, *Um paraíso perdido*, 1986, p.XXVIII.

incertas, para aqueles ciclos tão voláteis, para aquelas vidas tão enredadas? Num mapa de cidades fugazes e errantes – com nomes que designavam também sonhos renovadamente dissipados pelos naufrágios fluviais e demais desastres da mãe-natura, como Remate dos Males, Novo Lugar, Forte de Veneza, Talismã, Novo Amparo, Boa Esperança, Novo Destino, Novo Triunfo, Silêncio de Cima, Novo Mirador –, ultrapassada a tênue linha demarcatória daquelas "ilhas da Consciência", já não havia mais espaço-tempo para as ilusões do progresso evolutivo. Quando Gênesis, a seu termo, permaneceu como obra inconclusa, não havia mais como evitar as peripécias e dramas desse Apocalipse presentificado. Os fragmentos euclidianos que lemos apenas sinalizam, no estilo luminoso costumeiro, essa trágica colisão de temporalidades.

5
ESTRELAS INDECIFRÁVEIS OU: UM SONHADOR QUER SEMPRE MAIS[1]

*Em memória de Michel Lahud (1949-1992).
Para Malu Gitahy e Fernando Paixão, irmãos
na ciência & arte.*

As coisas não são nem reais nem fantasmagóricas; a realidade e a fantasmagoria, nesse mundo ainda em fermento, interpenetram-se.

(Ernst Bloch, Tracce)

Nós somos mais livres do que jamais alguém terá sido para lançar o olhar em todas as direções; não percebemos limite de nenhuma parte. Possuímos essa vantagem de sentir em torno a nós um espaço imenso – mas também um vazio imenso.

(Nietzsche apud H. Lefebvre, 1962)

---

[1] Este capítulo foi inicialmente elaborado para uma palestra proferida em Curitiba, na Universidade Federal do Paraná, em 1993, no II Seminário de Estudos Multidisciplinares, organizado pelo historiador Francisco Paz. Apareceu depois no livro *Utopia e modernidade* que ele editou, a partir do seminário, em 1994, infelizmente póstumo a seu organizador. O texto integrou minha tese de livre-docência. Em 2009, esta versão deste ensaio foi publicada em Hardman, *A vingança da Hileia: Euclides da Cunha, a Amazônia e a literatura moderna*.

Começo com o relato de um pequeno grande achado, de uma quase fábula, de uma parábola moderna neste Brasilzão de miragens impecavelmente tão reais. No moroso e quente aeroporto Castro Pinto, João Pessoa, Paraíba, num desembarque vespertino lá por volta de 1988, estendido por sobre a esteira lenta, lentamente rolante da bagagem, deparo com um livro solitário, fora de qualquer provável recipiente, fora de qualquer probabilidade aérea ou bibliográfica, o livro só rodando, lentamente – a roda do tempo (e da fortuna) deve ser assim preguiçosa, mas imprevisível. Leio título e autor e resolvo esperar o último passageiro sair, eu, só, diante daquela chance, daquela boa surpresa que se oferecia naquele acaso único na história da recepção literária, daquele belo livro que pedia para ser lido, como uma mulher que te chama, que te renova a esperança, que quer ser levada (hoje caso raríssimo), tocada, folheada, consumida. Lá estava, intacto, rolando na esteira de bagagens, o segundo volume da edição espanhola de *O princípio esperança*, de Bloch, edição da Aguilar de Madri.

Fiz o que o livro implorava. Levei-o. Saindo do saguão do aeroporto, abro na página 11 e leio: capítulo 33, "Un soñador quiere siempre más". Verdade absoluta, impulso fundante das utopias modernas, feliz viajante, eu, naquela tarde. Estava, de fato, escrito: um sonhador quer sempre mais. Poetas, astrônomos, andarilhos: as miragens, especialmente as mais fugazes, também são norteadoras. Já que as verdades efetivamente transfiguradoras e, portanto, capazes de proporcionar conhecimento novo sobre o mundo, localizam-se nessa região misteriosa entre sonho e realidade, entre imagem e conceito, entre encantamento e substância, entre fantasmagorias e coisas. Tinha eu, ali na Paraíba, em pleno ponto extremo oriental da América do Sul, um volume concreto nas mãos. Não era qualquer livro: havia achado uma grande obra, significativa em si mesma. E, mais importante ainda: a obra tinha me achado. Podia prosseguir viagem já, então, mais sossegado. Aquela conjunção do acaso dera-me a chance, naquele lugar e hora, de refundar minha própria esperança utópica, desde há muito seriamente abalada. Decididamente, naquele jogo, sopravam ventos de sorte.

Podia ter pensado, naquela tarde nordestina, nos magníficos "prelúdios modernistas" que Henri Lefebvre desenvolveu, com argúcia política e cadência musical, no seu belo ensaio *Introduction à la modernité* (1962), heterodoxias marxistas impertinentes, cujo relativo e injusto esquecimento só mesmo o peso em dobro do positivismo francês e do stalinismo ainda hegemônico na cultura de esquerda daquela conjuntura ajudam a entender. Podia ter pensado, mas não pensei. Penso agora que escrevo: é sobre uma passagem com que arremata, no 11º "prelúdio", suas "teses sobre a modernidade". Afirma que a Revolução, como o amor, está para ser reinventada. Pois eu poderia ter pensado que, com *O princípio esperança* assim descoberto debaixo do braço, incorporado de modo inusitado à minha bagagem literária, à minha biblioteca imaginária, era até possível sonhar de novo com revoluções. Quanto ao amor, este dependia de "estrelas indecifráveis, rebeldes", "astros volúveis". Que apareciam/desapareciam no céu (ou na praia) antes de serem decifradas, deixando um alegre halo de luz cambiante e misteriosa, capaz no entanto de guiar um coração solitário. Miragens norteadoras, musas ainda sem nome, mas reais.

Não seria o caso de retroceder até a famosa alegoria da caverna em Platão? Certa leitura chapada acabou consagrando a ideia de que, ali, estaria o fundamento de uma pura razão solar, ciência feita só de claridade e transparência, caminho de mão única do interior obscuro da gruta onde só respingassem reflexos distorcidos e fugidios do real para o exterior diurno do mundo tal como ele é. Na verdade, porém, nesse diálogo, Platão nota muito bem os riscos do próprio ofuscamento da luz solar, do deslumbramento que afoga os sentidos, do choque brusco que o chão raso e prosaico do exterior ensolarado provoca sobre as projeções cavernosas – fantasias também reais –, dessa desidentificação súbita que é também consciência do estar só na superfície, dor que vem, em parte, do todo dado a conhecer, vista ofuscada diante de tão imensos desertos a atravessar. Os caminhos que levam, pois, das imagens à ideia, e desta às suas origens, são de pista dupla: "Mas quem fosse inteligente – redargui – lembrar-se-ia de que as perturbações visuais são duplas, e por dupla causa, da passagem da luz à sombra, e da sombra à luz" (Platão, 1990, p.518, L. VII).

E, contra qualquer redução a uma forma de arrogância iluminista, que tem por um de seus invólucros prediletos o esquematismo dicotômico, adverte o narrador, na mesma sequência:

> Se compreendesse que o mesmo se passa com a alma, quando visse alguma perturbada e incapaz de ver, não riria sem razão, mas reparava se ela não estaria antes ofuscada por falta de hábito, por vir de uma vida mais luminosa, ou se, por vir de uma maior ignorância a uma luz mais brilhante, não estaria deslumbrada por reflexos demasiadamente refulgentes; à primeira, deveria felicitar pelas suas condições e pelo seu gênero de vida; da segunda, ter compaixão e, se quisesse troçar dela, seria menos risível essa zombaria do que se se aplicasse àquela que descia do mundo luminoso. (Ibidem, p.518)

No jogo desigual e nada harmônico entre luz e sombra, excesso de visão e cegueira, panoramas deslumbrantes e escuridões opressivas, certos reflexos trêmulos pelo fogo ou oscilantes pela água, menos do que reforçar os grilhões na fria e funda caverna, são condutores ideais na mágica experiência do ver e do descobrir. Entre várias figurações dessas passagens prenhes de turbulências, Nietzsche concentrou-se, modernamente, na figura do andarilho-filósofo, conhecedor de noites pavorosas e dias infernais, mas mestre no sentir as diferentes camadas de história e cultura que continuam a fluir nas esquinas do aparentemente mais contemporâneo, viajante-arqueólogo à cata de correntezas subterrâneas, que de tanto sofrer no mundo adquiriu a faculdade de espírito livre e aéreo, razão que se desamarrou ante as portas da cidade, depois de tudo percorrer, desertos afora e barbáries adentro, andarilho arcaico na forma, mas moderno na amplitude espaçotemporal de suas visões, translúcido, puro e sereno, leve para alçar, com os pássaros e as musas, esse voo sublime da "filosofia de antes do meio-dia" (Nietzsche, 1980, p.223).

Vários autores têm tematizado acerca dos impasses da imaginação utópica nos processos de descentramento e ruptura das identidades pessoais e coletivas típicos da modernidade. Essa reflexão acompanhou paralelamente os mecanismos de desagregação societária das antigas comunidades rumo à internacionalização da sociedade de massas. Trata-se, pois, de uma história que se reporta, a rigor, ao humanismo renascentista e à grande expansão da civilização técnica europeia, acelerada em todas as suas partículas com a Revolução Industrial, e muito anterior, portanto, a qualquer debate contemporâneo do chamado pós-modernismo, que, quase sempre, apesar da boa intenção de alguns de seus ideólogos, requenta velhas ideias e dá-lhes roupagem nova, no afã de pretender fundar alguma angústia original, alguma primazia da dúvida, alguma "razão cínica" com estilo.

A experiência da modernidade já é, pois, um tanto antiga. Poetas, artistas, pensadores, rebeldes, revolucionários, homens e mulheres nas ruas têm expressado, sob diversos registros, ao longo do tempo, sensação parecida: nosso tempo é aquele que condensou, historicamente, como nunca antes, a coexistência material entre o máximo de potencialidades criadoras e o máximo de ameaças catastróficas, numa lógica perversa (mas altamente funcional) que combina desperdício incomensurável de recursos e talentos com escassez profunda de pré-requisitos à condição humana. O mundo se globaliza, mas perde-se, amiúde, o chão da nossa experiência que num só tempo reúne a natureza e a história. A velha toupeira da Revolução demitiu-se, abandonando suas escavações pela metade.

Entre tantos ensaístas que têm questionado esse empobrecimento da experiência em plena era das riquezas internacionais, esse mal-estar cultural básico de nossa época, esse sentimento de incompletude do processo civilizatório e o consequente embaralhamento dos sentidos, no tumulto das linguagens a sinalizar essa convivência universal entre determinismo e caos, inteligível, mas incontrolável, Hannah Arendt, ao refletir sobre o próprio deslocamento do moderno conceito de história, melancolicamente constata:

> Na situação de radical alienação do mundo, nem a história nem a natureza são em absoluto concebíveis. Essa dupla perda do mundo – a perda da natureza e a perda da obra humana no senso mais lato, que incluiria toda a história – deixou atrás de si uma sociedade de homens que, sem um mundo comum que a um só tempo os relacione e separe, ou vivem em uma separação desesperadamente solitária ou são comprimidos em uma massa. Pois uma sociedade de massas nada mais é que aquele tipo de vida organizada que automaticamente se estabelece entre seres humanos que se relacionam ainda uns aos outros mas que perderam o mundo outrora comum a todos eles. (Arendt, 1992, p.126)

Embora seja tendência global, essa unidimensionalização está longe de ter-se completado. Seu poder nunca terá sido monolítico, ao contrário do que os anos totalitários do nazifascismo e do stalinismo fariam supor. No interior da chamada "nova ordem mundial", há muita desordem, indiciando tanto revivescências da barbárie quanto resistências político-culturais mais ou menos eficazes. É no inventário histórico das diferenças que poderíamos situar a presença das utopias. Duas grandes famílias de pensamentos e práticas têm produzido o imaginário utópico na modernidade:

- Utopias românticas, primeira matriz e fonte ainda muito viva de crítica radical aos desdobramentos da modernidade – basicamente por sua alienação do "mundo da vida" –, e que possui espectro político-ideológico dos mais polarizados e contraditórios, desde os restauracionismos pré-capitalistas mais conservadores, passando pelos nacionalismos reacionários e chegando aos anarquismos e socialismos revolucionários (Löwy & Sayre, 1992). É nessa última perspectiva, por exemplo, que Lefebvre insiste em propugnar o advento de um "novo romantismo", formulação não de todo distante, aliás, do messianismo-marxiano dos filósofos frankfurtianos, incluindo-se a versão radicalizada de Bloch com o "princípio esperança", ou a "grande recusa" contracultural de Marcuse.

Claro está que o autor deste artigo pende inequivocamente para essa vertente, resultado tanto da experiência geracional quanto de afinidades estéticas e políticas mais profundas. Tenho para mim, inclusive, que utopias românticas com forte componente messiânico marcaram intensamente substratos e movimentos da história cultural e social no Brasil, tema de não difícil comprovação e que deveria ser mais bem estudado (Cabanagem, Pedra do Reino, Canudos, Contestado etc.).

- Utopias iluministas, vinculadas ao avançar da civilização técnica e que, na arte, correspondem ao surgimento das vanguardas modernistas, particularmente daquelas associadas a várias modalidades de construtivismo e experimentalismo tecnológico no século XX, e que na política e na economia têm correspondido a projetos de modernização, sobretudo no plano do urbanismo e da industrialização. Os riscos que esse tipo de projeção utópica alimenta são historicamente mais do que conhecidos, tendo sido objeto de crítica, inúmeras vezes, por parte dos "neorromânticos": no lado da arte, a redundância em certo esteticismo hermético, autocomplacente e esterilizante, quando não desumano (lembrar de vários projetos "funcionais" arquitetônico-urbanísticos que têm tornado mais infernal a vida em metrópoles contemporâneas); no lado da política, a cooptação de boas cabeças e intenções pela tecnoburocracia da máquina do Estado (basta ver o destino de vários dos melhores economistas, sociólogos e outros intelectuais, muitos deles *soi-disant* de esquerda, no Brasil das últimas décadas).

Mas há que reconhecer: enquanto as utopias românticas permanecem, no mais das vezes, em nível do imaginário, sofrendo fragorosas derrotas quando adentram a cena histórica, as utopias iluministas têm tido, a favor de seu cabedal, o fato de enfrentarem, na prática, as injunções da vida real, isto é, as determinações nada amenas da civilização, do mercado, da tecnologia e do Estado. Soçobram, também, com alta frequência, nesse embate, pelo menos em sua condição original de utopias. Mas não seria proveitoso, afinal, sonhar com a memória do que precisamente se perdeu desses projetos utópicos no momento precedente à sua absorção deformadora e paralisante nos desvãos do poder?

É desse dilema, parece-me, que pretende sair Anthony Giddens quando postula as dimensões do que chama o "realismo utópico", base para políticas transformadoras da modernidade neste final de século (e milênio). Assim, o eixo da politização do global deve referir-se necessariamente à politização do local, e vice-versa. Seria ocioso ressaltar o quanto tal polaridade possui de implicações decisivas no plano dos movimentos sociais minoritários, bem como no das culturas resistentes à uniformização mundial. De outra parte, cruzando o eixo das politizações, Giddens aponta para o eixo de práticas políticas igualmente interdependentes: a política emancipatória (plano das desigualdades) comunica-se com o que se denomina política da vida (plano das estratégias de autorrealização) (Giddens, 1991, p.154-7). Não há dúvida de que se revela notável o esforço do autor para renovar a sociologia política, muito presa a esquemas que enfraqueceram a capacidade dessa disciplina de análise fecunda do contemporâneo, nas últimas décadas. Porém, dada a própria natureza do método, é evidente que os graus de generalização e abstração gráfica dessa quase nova ética política – a do "realismo utópico" – são por demais elevados, aspecto sobre que o autor não negaceia. Muito embora, como desenho teórico de uma situação global e como desejo de sua mudança, também global, parece-me, certamente, uma bela formulação. Quase diria, nesse sentido, que o "realismo utópico" de Giddens, confrontado com a nova ordem mundial, ou se dissolveria como constructo iluminista (mantendo-se em esferas separadas as políticas que seus eixos polares e circulares tentariam unificar), ou resistiria, bravamente até, como utopia romântica. Ou seja: o impasse teórico-prático persiste.

Já o filósofo político Miguel Abensour, nos ensaios reunidos no Brasil com o título de *O novo espírito utópico* (1990), retrocede às fontes mais genuínas do socialismo utópico revolucionário – criticando a dicotomia imposta por Engels ao introduzir a categoria de "socialismo científico" –, incluindo aí, entre outros, Marx, Auguste Blanqui, William Morris e Walter Benjamin. Seu "novo espírito utópico", portanto, inspira-se num retorno ao século XIX, para rever raízes desses sonhos proletários e projeções comunitaristas igualitárias hoje meio esquecidos, todos eles filiados à linhagem das utopias românticas. No caso de Morris, a leitura que faz do seu romance utópico *Notices from Nowhere* (1890) oferece interpretação fascinante desse imbricamento singular, e depois jamais repetido, entre artesanato de vanguarda, militância operária socialista e literatura social. Catalogado nas origens do *design* moderno, em Morris permanecem vivos os elos e passagens, que sua vida-obra desenhou, entre socialismo libertário, modernidade estética e progresso técnico. No romance, num rio Tâmisa totalmente renascido, em futuro remoto, reencetam-se os espaços extraviados da sociabilidade pré-capitalista e do trabalho artesanal humanizante. O elemento água surge como condutor e metáfora de um não lugar que também, na plasticidade da língua inglesa, pode ser tomado como "aqui-agora". Na água do rio, é bom lembrar, repõe-se a suavidade de um movimento de reaproximação homem-natureza, sendo a fluidez e a ambiguidade próprias do estado líquido pertinentes para expressar o jogo aberto das imagens com os conceitos, da paisagem rural com a urbana, do mundo do trabalho com o ócio produtivo, do diálogo verdadeiro e do amor livre.

Interessante mesmo é essa fusão de tempos arcaicos com paisagens futuras, essa interpenetração utópica de temporalidades afastadas, para trás e para a frente, dos vícios e segmentações da civilização burguesa. Parece que o poético renasce quase naturalmente nessa projeção fluvial dos sonhos mais desejantes desse utopista do século XIX. As imagens aquáticas desse não lugar consagrador do instante, que se materializa na luminosidade difusa de um "aqui-agora", remetem-me, por associação repentina, aos elementos pré-socráticos, primitivos da poesia (e da filosofia, dela ainda não separada), tão sensivelmente recuperados por Bachelard: a água e os sonhos da matéria, suporte simbólico da origem da vida, de uma "imaginação material" que se baseia no feminino, no maternal, no fluxo contínuo e uniforme, nas forças humanas mais escondidas e, também, mais simples (nesse ponto, percebe-se pertinência entre essa simplicidade emergente do elemento hidráulico, velhos monjolos e rodas d'água, e o artesanato comunitário de Morris); a terra, entre as forças da vontade e a intimidade do repouso (parece que nesse último estado permaneceu nossa velha toupeira); o fogo e as imagens desfocadas dos ídolos na caverna platônica; o ar e a imaginação de todo movimento, os espíritos etéreos em Shakespeare ou Nietzsche, as verdades sussurradas pelas folhagens, as estrelas indecifráveis de Euclides da Cunha.

Mas um sonhador quer sempre mais, reafirma Bloch. Acompanhemos, pois, no tópico final desses devaneios, um dos últimos sonhos de um engenheiro à margem da história brasileira e do século XX: Euclides da Cunha e suas estrelas indecifráveis. Sem a pretensão de decifrá-las. Apenas para desnudar, quem sabe, lados menos reconhecidos do autor de *Os sertões*: seu utopismo infatigavelmente romântico; seu modernismo científico ceticamente iluminista (modernismo tomado, aqui, na acepção ampla que lhe ofereceu o crítico José Veríssimo, aplicando-a a movimentos culturais no Brasil desde 1870). Aspectos contraditórios e paradoxais, mas que, convenhamos, para esse amante de figuras de linguagem como a antítese e o oximoro, devem coexistir normalmente.

***

"Estrelas indecifráveis" constitui um texto enigmático por vários prismas. De certa forma, permanece à margem do volume que o contempla, *À margem da história* (1909): é seu último capítulo e, também, sua quarta e última parte. Isso, segundo critérios de seleção e organização do próprio autor, que reuniu e dividiu os doze ensaios e crônicas que o compõem e os intitulou ainda em vida, tendo também revisto, meio apressadamente, suas provas tipográficas cerca de um mês antes de morrer – o livro foi publicado, em Portugal, já postumamente, no mês seguinte àquele trágico desfecho. Convém lembrar que a primeira parte enfeixa sete preciosos textos (entre ensaios e crônicas de viagem) sobre a "Terra sem história (Amazônia)"; a segunda parte perfaz três estudos sobre questões de geopolítica na América do Sul, particularmente associadas a sistemas de comunicação (marítima, fluvial e ferroviária); e a terceira parte reúne um "Esboço de história política" do Brasil, de 1822 a 1899.

Sumario aqui as matérias para reforçar a sensação de estranheza que tem provocado, em grande parte dos leitores, a inclusão, por Euclides, para encerrar o que seria seu último livro, daquele texto tão aparentemente extravagante: seja por sua temática (os impasses antigos e contemporâneos da astronomia para identificar as "estrelas variáveis de curto período"), seja por seu descompasso estrutural no conjunto da obra (Euclides assim reconhece implicitamente, ao conferir a "Estrelas indecifráveis" posição de quase apêndice ao volume, embora, de todo modo, ressalta-se mais, no gesto, a intenção marcada de incluí-lo, contrariando, até mesmo, certa postura de rigorismo formal que poderia levá-lo a optar pelo mero descarte), seja, afinal, por seu gênero híbrido, a meio caminho entre o ensaio de história da ciência, a crônica poética e o artigo jornalístico sobre religião. Ou seja, antes das estrelas, é o próprio texto, seu conteúdo e lugar, que estão a reclamar alguma decifração.

Marginal dentro da *Margem*, repleto de vocabulário técnico e referências científicas especializadas, não é à toa que afugentei bons alunos meus, na graduação do IEL/Unicamp, anos atrás, quando me aventurei em pedir a uma classe a leitura de "Estrelas indecifráveis". A crítica literária tem simplesmente ignorado sua existência, conduta apenas exacerbada, nesse caso, da tendência mais ou menos geral de relativo menosprezo para com o conjunto da obra euclidiana afora *Os sertões*. Assim é que Rolando Morel Pinto, organizador de uma edição revista e anotada de *À margem da história*, em 1975, observa: "Feita uma pequena exceção para o último capítulo, uma composição ligeira, de sabor de crônica, 'Estrelas indecifráveis', toda a matéria apresenta estrita coerência com o título do volume, em que pese a diversidade dos assuntos". E adiante: "Da última parte já dissemos que constitui uma exceção, pois é a que menos se ajusta ao título geral do volume". Fica, pois, a pecha de postiço, de "composição ligeira", valendo o contraponto desse pouco caso com uma das raras referências simpáticas ao texto, por parte do euclidianista Oswaldo Galotti, no prefácio à edição de 1967, que sugere ter-se contaminado pela amplitude, atualidade do tema e pela magia, mistério e mistura de focos:

> O livro termina com um capítulo que parece chamar a atenção para os céus indecifráveis, assunto que hoje seria o ponto alto das pesquisas científicas, nas penetrações espaciais. É poesia, ciência e confissão do agnóstico diante do infinito desconhecido e sua ânsia de decifrá-lo... (Galotti apud Cunha, 1967, p.8)

Mas por que terminar assim? A pergunta procede porque estou convencido de que houve clara intencionalidade do autor em "forçar", de certo modo, essa estranha inclusão, de tornar suas estrelas indecifráveis em verdadeiros objetos fractais no universo estético e histórico que esse livro imageia e interpreta. No fim da linha do conhecido (e do cientificamente decifrável), no fim das divisórias normais de um livro impresso (e do literariamente admissível) – e, também, trágica coincidência, no fim da vida –, Euclides privilegia objetos celestes de órbita caótica, a partir da narrativa lendária da estrela de Belém, aparição extraordinária, conduzindo os reis magos no deserto. Para além das margens da história humana, para além das fronteiras da ciência e da religião, para além, enfim, dos territórios nacionais e internacionais, esses "astros volúveis" vêm desconfirmar expectativas e retraçar uma abóbada de mistério e enigma sobre os destinos do país, do continente, do planeta e da própria espécie humana, na encruzilhada indeterminada de espaços-tempos que surgiam como ruídos de alta intensidade, naquela virada de século, sobre determinismos teóricos ainda assentados (por exemplo, a mecânica newtoniana, o positivismo e a lógica metafísica) e sobre classicismos estéticos renitentes (por exemplo, a separação rígida entre poesia e prosa, o purismo linguístico, os temas beletristas, a rigidez normativa dos gêneros).

Em outros textos avulsos de Euclides é fácil atestar que, pelo menos desde 1907, ele vinha acertando contas com o cientificismo e positivismo de sua formação de base, nos anos 1880, como engenheiro e oficial da Escola Militar. Entre passagens iluminadoras desse "romantismo realista", que cada vez mais vai assumindo, "nem místico, nem empírico", uma espécie de utopia fundada na aliança entre fantasia poética e espírito racionalista, na melhor tradição da dúvida cartesiana e da crítica a modelos científicos instituídos, contra a divisão dos saberes em instâncias, crente numa imaginação criadora que funcionasse tanto para a arte quanto para a ciência – utópico porque voltado, a um só tempo, para o humanismo renascentista mais radical e para o modernismo científico--filosófico que perquiria as fronteiras das epistemes tidas por mais estáveis –, podem-se recordar os seguintes trabalhos: a conferência seminal "Castro Alves e seu tempo" (1907); o prefácio surpreendente que escreveu para um livro de poesia parnasiana bastante convencional de Vicente de Carvalho, *Poemas e canções* (1907); as provas escrita e didática que apresentou ao concurso de lógica do Ginásio Nacional (atual Colégio Pedro II), em maio de 1909, cujo caráter bem heterodoxo em relação aos ditames vigentes da metafísica e da lógica formal devem explicar, em parte, naquele momento, a perda do primeiro lugar pelo autor para Farias Brito.

Mas o leitor poderá indagar, nestas alturas: que relações haveria entre as estrelas euclidianas (já desenhadas, porém, segundo os novos rumores da teoria da relatividade e dos primeiros saltos da mecânica quântica) e os sonhos blochianos? Quem ler *O princípio esperança* talvez perceba, mais facilmente do que nestes garranchos, que o romantismo visionário e revolucionariamente libertário de Bloch também vai beber nas fontes do humanismo renascentista e se propõe como utopia projetiva capaz de perscrutar domínios técnicos, linguagens e ofícios que a modernidade tornou estanques e reaproximá-los num enciclopedismo redentor e num marxismo messiânico que não prescindem do sonho como força produtiva e impulsionadora das transformações do real. Claro está que Euclides foi muito mais conservador, confiando demais nas capacidades do Estado como agente civilizatório e, às vezes, reproduzindo preconceitos étnicos correntes sobre as classes subalternas. Mas seu socialismo reformista evoluiu bastante depois de Os sertões. Bloch teve no marxismo e na religião hebraica referências teórico--políticas muito marcantes. Mas, durante muito tempo, enredou-se nas mazelas do socialismo burocrático e do comunismo stalinista na Alemanha do Leste. Ninguém é perfeito. O que poderia aproximar, entretanto, esses dois pensadores utopistas, para além de diferenças e divergências flagrantes, talvez fosse mesmo a matriz romântico-messiânica que perpassou suas visões de mundo, sob registros temáticos e de linguagem muito distintos (a prosa poética de Bloch, inspirada na revelação cabalística, iniciática e imagética, nada tem a ver com o transbordamento retórico e dramático do estilo de Euclides).

Mas não desejo discutir aqui o mérito científico dos devaneios teóricos de Euclides nessa fase final de sua obra, inclusive em "Estrelas indecifráveis". O andamento de seus textos, mesmo nas passagens mais tecnicamente digressivas, é, essencialmente, retórico e poético. Haverá, certamente, confusões e imprecisões do ponto de vista conceitual ou científico, que algum especialista poderia detectar. Não é o nosso caso: importa, antes, assinalar o arranque utópico de suas construções, cujo substrato maior é de natureza literária, isto é, trata-se de prosa visionária que se encontra nos limites da "permanente ilusão do mundo exterior", da "alucinação verdadeira" (Taine), da "realidade como um sonho bem ligado" (Leibniz), enfim, do real como experiência sempre mediada pela atividade da representação simbólica, e que se situa num plano, portanto, que mantém vasos intercomunicantes com a fantasia criadora, a poesia e o ficcional:

> As percepções não delineiam o objeto exterior, não o desenham; não o decalcam numa semelhança completa; as percepções simbolizam-no.
> A realidade, com todos os seus aspectos infinitos, apresenta-se-nos sob a forma de um perpétuo simbolismo.

Poderemos, porventura, rompê-lo ou decifrá-lo? Poderemos corrigir os efeitos desta espécie de refração espiritual que se realiza em nós? Conseguiremos ver, através dos que se nos apresenta, o fato noumenal? *Teremos vigor para quebrar os ídolos da nossa caverna?* [grifo nosso].
Em resumo: poderemos ter afinal uma ideia adequada e perfeita do que se chama o Ser?
Naturalmente, não. (Cunha, 1966, p.470, v.I)

Sua prosa vulcânica, mais expressionista do que impressionista, como bem notou Gilberto Freyre, é da estirpe romântica de Hugo, profusa tanto em seu humanitarismo social quanto no registro do sublime que se revela nos movimentos grandiosos da natureza, já que

> por trás da narrativa das aventuras humanas agita-se o drama do mundo. Essa surda conspiração dos elementos acaba por criar um mundo materialmente dramático onde as forças cósmicas retomam o papel que lhes fora atribuído pelos mitos primitivos. (Bachelard, 1991, p.108)

Euclides, leitor assíduo de Poincaré, entre outros, estava acompanhando de perto, segundo todos os indícios, alguns debates decisivos na ciência da virada do século, que iriam revirar por completo, nos anos seguintes, os paradigmas mais assentes sobre a natureza do espaço e do tempo (conforme Kern, 1988). Ainda em sua famosa prova de lógica, deixa escapar expressões como "fluidez correntia da realidade" e o impacto revolucionário da "hipótese dos turbilhões" na astronomia, que a mim me pareceram ecos claros da obra-chave de Henri Poincaré, *Théorie des tourbillons* (1893), estudo original em hidrodinâmica, uma das matrizes dos modernos estudos da teoria da turbulência, de onde se desenvolveu, nas últimas décadas, o novo paradigma do caos. Vejamos como o físico contemporâneo David Ruelle, que certamente nunca leu Euclides da Cunha, mas, como ele, homenageia em diversos momentos a obra pioneira de Poincaré, vejamos, enfim, como um cientista de vanguarda se manifesta sobre o teoricamente significativo movimento dos fluidos, ligado às formulações em torno de acaso e caos que se baseiam nos chamados sistemas físicos "dissipativos". Para ele, os fluidos em movimento refletem e combinam

> todas essas fontes de fascínio. Pensem no ar que corre nos tubos de um órgão, ou na água de um rio cujos turbilhões se movem perpetuamente e mudam de disposição como se tivessem vontade própria. Pensem nos rios de lava incandescente que jorram de um vulcão, nas frescas fontes, nas céleres cascatas... Há diversas maneiras de honrar a beleza. Ali onde um artista rabiscaria um esboço, iniciaria um poema ou comporia uma melodia, o cientista imagina uma teoria científica. [...] Muitos cientistas ficaram fascinados com o movimento dos fluidos, e particularmente com os escoamentos complicados, irregulares e aparentemente erráticos que qualificamos como turbulentos. (Ruelle, 1993, p.72)

Ouçamos agora um fragmento de Euclides, que certamente não leu Ruelle, mesmo admitindo-se por inteiro a teoria do caos. No belíssimo texto "Antes dos versos", verdadeiro poema em prosa incandescente no preâmbulo do imenso oceano que é a paisagem simbólico-parnasiana preferida de Vicente de Carvalho, podemos ler:

> Assim nós vamos – idealizando, conjeturando, devaneando. Na astronomia resumem-se as leis conhecidas menos imperfeitas; no entanto, à medida que ela encadeia os mundos, vai libertando-nos a imaginação. Os mais duros experimentadores sonham neste momento aos clarões indecisos das nebulosas, vendo abrir-se em cada estrela incandescente um vasto laboratório onde trabalham os químicos da terra descobrindo surpreendentes aspectos da matéria... [...]
>
> [...] Assim nos andamos nós – do realismo para o sonho, e deste para aquele, na oscilação perpétua das dúvidas, sem que se possa diferençar, na obscura zona neutra alongada à beira do

desconhecido, o poeta que espiritualiza a realidade, do naturalista que tateia o mistério. (Cunha, 1966, p.438, v.I)

Claro que não só Poincaré, mas todo um chão comum da cultura romântica explica esse fascínio, comum a poetas, filósofos e cientistas, pelos temas do desequilíbrio, pelos cataclismos, pelo infinito e pelos movimentos formidáveis e invisíveis dos elementos cósmicos. São ingredientes de uma estética do sublime, muito presentes à época, e que têm nos vulcanismos geológicos ou históricos, talvez, sua melhor metáfora. Quem não reconheceria, nesse universo de imagens semânticas, a Amazônia inacabada e "à margem da história", assim visitada e vista por Euclides, ou mesmo as brutalidades naturais (e humanas, como seu prolongamento) fixadas no drama épico de *Os sertões*?

Podemos, então, sugerir que o mistério de "Estrelas indecifráveis" se esclarece um pouco nessa sucessão de textos e imagens dos últimos anos do escritor. Como o astrônomo Ticho Brahe, descobridor, no século XVI, de uma dessas estrelas, a Peregrina, Euclides poderia: "ao cair das noites, diante da janela aberta, [lançar] as vistas desarmadas para os céus, longo tempo, numa contemplação que era o próprio rever a sua carreira extraordinária balizada em cada um daqueles pontos luminosos" (Cunha, 1966, p.380, v.I).

Nesse caso, os pontos luminosos são imagens textuais que vão desenhando, numa cartografia andarilha e tortuosa, as amplas margens do país, da história, do real enfim, a ser sondadas. De nenhuma certeza militar, tecnológica, diplomática, ou mesmo retórico-oratória, dispunha Euclides quando montou aqueles que seriam seus últimos textos e cenários de um derradeiro livro precocemente póstumo. A ciência moderna também trafica com uma droga chamada ilusão. Grave no tom, dramático como sempre no narrar, apaixonado ao extremo no cultivo da escrita, Euclides deixa--nos perplexos diante dessa gigantesca ponte cósmica cujas cintilações, fulgurantes, mas precárias, apenas sugerem a imensidão do caos, a solidão negra e insondável desses "mundos extintos", de onde ainda teimam em radiar luzes fantasmáticas; essas estrelas vulneráveis, guias-finitas no incalculável infinito, em suas convulsões inacessíveis e órbitas desordenadas, lembrando-nos de que o chão comum da experiência humana – os conceitos de natureza e história – estava se rompendo no entremear dos séculos, na brusca aceleração de conflitos planetários e ruptura de valores, o Brasil na margem do mundo, a Amazônia na margem do Brasil, sofrendo a verdade de todas essas sombras, a verdade do desconhecido, restando somente pontos luminosos, estrelas que indecifráveis dão sinal de luz antes de expirar no firmamento nada firme, nada afirmativo nem categórico, o mundo na margem de um cosmos rigorosa e determinadamente caótico. É assim que as revelações nada evolutivas nem lineares do alto poeta de "Judas-Ahsverus" podem impressionar, não por algum catastrofismo espetacular, mas pela dúvida crescente, pelo mistério atualizado e acrescido da razão, pelo êxtase não dos antigos profetas, mas desses modernos capitães donatários da solidão, como sugere Nietzsche na epígrafe, testemunhos que vão se dando conta desse alargamento e transfiguração das noções clássicas de "realidade". Fiquemos com essas revelações, em que desponta o enigma dos astros volúveis, última passagem a atravessar, felizmente povoada de palavras luminosas, ilhas de sentido nos imensos espaços que a modernidade descortinou – amplos, ignotos e vazios:

> Como quer que seja, as nossas vistas cosmogônicas dilatam-se; e já não nos maravilha que a alma magnífica de Kepler passasse, com o mesmo entusiasmo fervoroso, do rigorismo impecável das suas linhas geométricas para os êxtases arrebatados dos crentes, consorciando, como nenhuma outra, o espírito científico, que nos desvenda o destino das coisas, ao espírito religioso, aviventado pela eterna e ansiosa curiosidade de desvendarmos o nosso próprio destino. E pensamos – maravilhados diante do crescer e do transfigurar-se da própria realidade, que, mesmo na esfera aparentemente seca do mais estreito racionalismo, se nos faz mister um ideal, ou uma crença, ou os brilhos norteadores de uma ilusão alevantada, embora eles não se expliquem, nem se demonstrem com os recursos da nossa consciência atual, como se não demonstram, nem se explicam, malgrado os recursos da mais perfeita das ciências, os astros

volúveis, que pelejam por momentos e morrem indecifráveis, como resplandeceu e se apagou a estrela radiosa, que norteou os Magos no deserto, e nenhum sábio ainda fixou na altura. (Cunha, 1966, p.384, v.I)

***

Fico pensando, já no final do trabalho, aflito pelo atraso e pelas justas cobranças do editor do volume: qual seria a chance de, num próximo aeroporto (qualquer um dos muitos que percorro como caixeiro-viajante da cultura), deparar com o volume I de *O princípio esperança*? Que esperanças posso ter? Nenhuma, é o que o afirmam os colegas teóricos do caos, baseados no teorema da "dependência hipersensível das condições iniciais". Ou seja: seria hipótese absurda, pois simétrica e harmônica demais, já que o encontro anterior resultou, em boa dose, de um "ruído determinista" – ocorrência de "oscilações irregulares de aparência aleatória", mas resultantes de causas determinadas. Em suma: nos "fenômenos caóticos, a ordem determinista cria, portanto, a desordem do acaso" (Ruelle, 1993, p.93). Atratores estranhos são avessos a padrões repetitivos. Posso tirar, pois, meu cavalo da chuva e jogar na loteria, em que teria matematicamente mais chances (não tenho comprado o primeiro volume porque os livreiros não vendem separado e dinheiro de professor é desprovido de qualquer "princípio esperança"). De qualquer jeito, a verdade acalma. Vou dormir mais sossegado, sonhando, nesta madrugada carnavalesca, com outros acasos bem determinados. Talvez, num desembarque futuro, não me apareça o tomo I, mas, sim, a própria Esperança, vestida de fada ou puta, pouco importa, melhor até fossem as duas numa mesma fantasia, afinal, "há diversas maneiras de honrar a beleza", aparição feminina noturna, só para embalar algum sonho, fazer os pesadelos parecerem elos, espíritos leves e aéreos, Eros de antes do meio-dia, a Esperança numa esteira rolante, o destino das coisas reunido ao meu próprio, toda a minha bagagem cultural extraviada, buscar apenas a filosofia nos turbilhões do mundo, ouvir a musa silente pela noite afora, ah, às vezes é tão bom esperar...

6
FANTASMAS DA NACIONALIDADE: SARMIENTO, ANCESTRAL DE EUCLIDES[1]

> *Je vous salue, ruines solitaires, tombeaux saints, murs silencieux! c'est vous que j'invoque; c'est à vous que j'adresse ma prière. Oui! Tandis que votre aspect repousse d'un secret effroi les regards du vulgaire, mon cœur trouve à vous contempler le charme des sentiments profonds et des hautes pensées. Combien d'utiles leçons, de réflexions touchantes ou fortes n'offrez-vous pas à l'esprit qui sait vous consulter!*[2]
>
> (Volney, *Les Ruines*, 1791)

---

[1] Este capítulo foi publicado inicialmente como posfácio à edição de *Facundo: ou civilização e barbárie*, de Domingo F. Sarmiento, sob o título "O fantasma da nacionalidade". Essa edição contou com tradução e notas de Sérgio Alcides, e prólogo de Ricardo Piglia. Fazia parte da coleção Prosa do Observatório, coordenada por Davi Arrigucci Jr. (2010, p.459-80).

[2] "Eu vos saúdo, ruínas solitárias, túmulos santos, muros silenciosos! É a vós que invoco; é a vós que dirijo minhas preces. Sim! Enquanto vossa aparência afasta com pavor secreto os olhares do vulgo, meu coração encontra, ao vos contemplar, o encanto de sentimentos profundos e altos pensamentos. Quantas úteis lições, reflexões tocantes ou fortes não ofereceis ao espírito que sabe vos interrogar!"

Este livro e suas sombras me perseguem. Tive-o numa edição de bolso em castelhano comprada na Calle Corrientes. Carregava-o para cá e para lá, já o havia introduzido num programa de curso da pós-graduação, fichava-o, fazendo par com Euclides. Numa noite do final de 1990, roubaram-no junto com minha maleta, na rodoviária do Tietê, em São Paulo. Estava às vésperas de um concurso de efetivação no Departamento de Teoria Literária da Unicamp, e um dos pontos da prova didática era em torno ao tema "Civilização e barbárie em *Facundo*, de Sarmiento". Fiquei passado. Poucos dias depois, nos achados & perdidos do metrô Sé, o milagre: de tudo o que carregava na maleta, haviam abandonado, num canto da estação Marechal Deodoro, apenas o livro, meu caderno de notas e minha identidade funcional, esta que permitiu a volta do tesouro às minhas mãos. Agradeci aos ladrões, tinham-me devolvido a oportunidade de fazer uma boa prova. Mas o ponto sorteado foi outro.

Em 2006, outra operação pedagógica arriscada. Adotei o *Facundo* num curso de primeiro ano da graduação, ao lado de *Diário de uma expedição* e *Os sertões*, de novo a dupla com Euclides. Foi uma experiência interessante como desafio à leitura de jovens em geral desinformados. Afora os pouquíssimos que transitavam por edições em castelhano, recorríamos à tradução brasileira do pioneiro Carlos Maul (São Paulo: Ed. Monteiro Lobato, 1923; Rio de Janeiro: Bibliotheca Militar; Imprensa Nacional, 1938) ou às mais recentes, de Jaime Clasen (Petrópolis: Vozes, 1996, prefácio de Maria Ligia Coelho Prado) e de Aldyr Garcia Schlee, escritor da fronteira gaúcho-uruguaia (Porto Alegre: UFRGS; PUCRS, 1996). Sei que houve traumas, sobretudo para aqueles que ainda pensavam em virar poetas e punham grande expectativa em passeios beletristas. Mas muitos alunos, depois, vinham me agradecer e pedir novos cursos, inclusive por temas e motivos da América Latina, cujo interesse só fez crescer nos últimos anos.

Isso tudo me convence de que a aposta em nova edição do *Facundo* para a coleção Prosa do Observatório, coordenada por Davi Arrigucci Jr., ora traduzido pelo historiador e poeta Sérgio Alcides, além desse bônus benfazejo que é a conferência-prólogo de

Ricardo Piglia, traduzida pelo historiador Júlio Pimentel Pinto, representa tiro certeiro na consolidação de uma biblioteca de "híbridos fundamentais" da literatura latino-americana entre nós. Sem ele, é como se a série permanecesse lacunar. Com ele, adquirimos um salvo-conduto privilegiado ao observatório de toda a prosa de "fundação" regional, nacional e continental.

Porque, acima de tudo, por mais que quiséssemos nos livrar do peso dessa sombra, ela persiste: o Tigre de Los Llanos também nos pertence, o fantasma de Facundo e de todas as nacionalidades espectrais do mundo moderno também nos é muito próximo, alojou-se afinal no mais íntimo de nossa vida pública, a violência de sua aparição e a monstruosidade de sua figura já se incorporaram, inadvertidas, ao nosso teatro civilizado mais tosco, às nossas palavras mais bruscas, ao chicote do vento no vazio de nossas piores tropelias. Facundo Quiroga morreu a cerca de sete quartéis de século: o seu vulto, no entanto, nos assombra, não tanto pela fama, mas sobretudo pelas infâmias, as mais grotescas, que nos retornam, replicadas, como filiações decerto familiares.

Há um quê de Quiroga, ou muito, se se quiser, em vários dos personagens mais inesquecíveis ou tenebrosos da política latino-americana. De Jânio a Zelaya, de Castro a Chávez, de Lampião a Collor, de Rosas e Sarmiento a Vargas, de Perón a Kirchner, os quês se sucedem. E as dificuldades, também. Que já nasciam, por assim dizer, na ambiguidade de sentimentos que marca o narrador desta obra-prima. Muitos já perceberam essa lenta impregnação de afetos díspares entre o narrador e seu personagem. Processo análogo, aliás, àquele que se observa na crescente identificação romântica entre o autor-narrador e Antônio Conselheiro nas páginas de *Os sertões*. Como se a barbárie não se contivesse nos limites das pampas ou dos sertões. Como se a civilização não resistisse na ilha utópica e citadina dessa *Argirópolis* sonhada por Sarmiento, ou na urbanidade litorânea desprezada por Euclides.

Mas é o autor do *Facundo* que, a propósito dessa contaminação irrefreável entre os dois polos de sua tese pretensamente disjuntiva (cidade civilizada *versus* pampa bárbaro), já ao fim da vida, nos oferece um depoimento pungente. Numa crônica de visita ao cemitério de La Recoleta, no dia dos mortos de 1885, quarenta anos distante da primeira publicação da obra, diante da tumba de Facundo, Sarmiento reabilita-o ao lado dos heróis gregos esculpidos à volta do sepulcro, longe, pois, dos dispositivos retóricos que forjaram outrora a figura do bárbaro, e o cronista encena então o diálogo com um suposto parente do primitivo caudilho, dizendo-lhe: "meu sangue corre agora confundido em seus filhos com o de Facundo, e não se repeliram seus corpúsculos vermelhos, porque eram afins". E arremata, no melhor estilo: "Quiroga passou à história e reveste-se das formas esculturais de Ajax e Aquiles".[3] O herói primitivo americano ganha, assim, lugar definitivo no panteão homérico. Processo semelhante e paralelo, por sua vez, ao que receberá o próprio Sarmiento após sua morte, em 1888, num dos funerais mais espetaculares da história argentina, só suplantado, talvez, em pompa e circunstância, pelo de Evita no século XX.

Não à toa, nesse passeio nada desinteressado pela necrópole portenha, o autor assinalava, na mesma passagem, a superioridade, por assim dizer, de sua arte literária sobre a história factual na construção do mito quiroguiano, do livro sobre "o punhal do tirano que o atravessou em Barranca-Yaco", no destino de Facundo "condenado a sobreviver a si próprio e aos seus, a quem o sangue não transmite responsabilidades".[4]

Será mesmo? Borges abre o magistral prólogo escrito para a edição de 1974 do *Facundo* (El Ateneo), depois reproduzido na edição de 1999 da Emecé, provocando o leitor à sua maneira, invocando Schopenhauer para duvidar do sentido unívoco da história, já que "os fatos de que se ocupa não são menos casuais do que as nuvens, nas quais nossa fantasia julga perceber configurações de baías ou de leões". Mas ao final, depois de percorrer uma extensíssima linhagem gauchesca que vai das pradarias do Oregon e do Texas aos

---
3 Sarmiento, "El Día de los Muertos", *El Debate*, 1885 apud Sarmiento, *Facundo*, ed. crítica de Alberto Palcos, 1938, p.464.
4 Ibidem.

campos do Rio Grande do Sul, e destes à pampa uruguaia e argentina, retorna ao livro e, evitando assumi-lo como "o livro fundador" da nacionalidade argentina, por arriscado, categórico e polêmico, conclui, no entanto, mais radicalmente ainda, "que se o houvéssemos canonizado como nosso livro exemplar, outra seria nossa história. E melhor".[5] Borges nega sentido preciso à história, mas volta a ela quase de modo imperioso. Autorizados, nós, leitores contemporâneos, pelo dilema borgiano, podemos inverter os termos e imaginar que sim, Sarmiento e sua criatura literária maior foram de há muito sagrados no altar da prosa literária argentina e latino-americana, e isso justamente porque, para além da elevada arte de sua construção narrativa, eles nos projetam de volta às imagens do fantasma de nossas identidades nacionais estilhaçadas.[6]

Essa, a nossa história, repleta de sombras e ruínas precoces; nela, Facundo é nosso fantasma exemplar, o melhor guia à viagem a esse vale deserto de tantos heróis e povos anônimos desaparecidos. Essa, a história de histórias trágicas, que nem se deixam narrar, de guerras esquecidas que, para imaginá-las melhor, teríamos que escrever outro livro, que soaria estética e historicamente falso, e certamente piores seriam tanto a história quanto o livro. Paradoxo semelhante ao que a cultura brasileira conheceu a partir de *Os sertões*. São narrativas que funcionam como "lugares de memória" de processos históricos violentos na imposição do modelo civilizatório capitalista e da constituição dos estados nacionais modernos. Com elas, no hibridismo desse gênero romântico que mistura ensaio, discurso político, biografia e autobiografia, dramaturgia, ficção romanesca, crônica jornalística, relatos de guerra e de viagem, dissertação científica, estatística, é claro que se falseiam e se omitem atores, movimentos, conflitos, na igual proporção em que

---

5 Borges, "Facundo", em *Prólogos – Com um prólogo dos prólogos*, 1985, p.157-63.
6 Apoio-me aqui nas obras de Benedict Anderson, que, embora focadas em processos coloniais e pós-coloniais do Sudeste Asiático, são igualmente inspiradoras para se pensar a América Latina. Mais recentemente, Pheng Cheah deu continuidade a essa linha investigativa em *Spectral Nationality: Passages of Freedom from Kant to Postcolonial Literatures of Liberation*, 2003.

se monumentalizam tramas e personagens. Mas, sem elas, muito provavelmente o esquecimento trilharia senda ainda mais larga e duradoura em nossas culturas, desde que passaram a se constituir, na trajetória secular de sua recepção e na ampla fortuna crítica que vieram colecionando, em fatores desencadeantes altamente eficazes de eventos e trabalhos da memória, antessala possível de histórias mais críticas e prosas mais consistentes.

Fala-se de sombras desde o início não por acaso. Elas sugerem algum deslocamento de cena geográfica ou histórica. As paisagens do *Facundo* são assim, por toda a narrativa, deliberadamente anacrônicas. Em boa chave romântica, sua arte literária sobrepõe à vastidão da pampa visões fantásticas do Oriente sob a lua cheia do deserto árabe e de "beduínos americanos" montados talvez em camelídeo transplantado. A apropriação empreendida por Sarmiento de imagens do ideólogo iluminista da Revolução Francesa Volney foi subestimada pela maior parte de seus comentadores, inclusive nas notas da edição da Biblioteca Ayacucho (1977). Entre os poucos que mencionaram sua dívida para com o autor de *Les Ruines* ou *Méditations sur les révolutions des empires* (1791), podemos lembrar do próprio Borges no prólogo referido, além de Ricardo Rojas, autor de uma "Notícia preliminar" para a edição argentina que serviu à tradução pioneira de Carlos Maul no Brasil, e de Leopoldo Lugones, em sua biografia apologética de Sarmiento.[7]

E foi o próprio autor quem reconheceu, em testemunho de 1887, a interpolação direta entre trechos de Volney e do *Facundo* na caracterização das silhuetas de vários de seus tipos pampianos. A começar da abertura da Introdução, evidente colagem intertextual da antológica "Invocation" de *Les Ruines*, além de ao menos seus primeiros quatro capítulos, que desenham a paisagem desolada das ruínas de Palmira, no deserto sírio, propícia à aparição de um gênio-fantasma que, da meditação sobre as civilizações desaparecidas,

---

7 Cf. Borges, "Facundo", em op. cit., p.12; Rojas, "Noticia preliminar", em Sarmiento, *Facundo*, trad. C. Maul, 1938 [1923], p.25-26; e Lugones, *Historia de Sarmiento*, 1945 [1911], p.164.

vem a iniciar o narrador na prosa necessariamente melancólica da história. Em Volney, o fantasma é o das ruínas cuja voz fala de um passado remoto da humanidade; em Sarmiento, o espectro evocado é o da "sombra terrível de Facundo", morto havia apenas dez anos, mas o único capaz de revelar, revolvendo o "pó ensanguentado que cobre tuas cinzas", os segredos das "convulsões internas que dilaceram as entranhas de um povo nobre!". Aqui, estamos ante a convocação dramática do fantasma da nacionalidade conflagrada, que já surge, de início, ruinosa, espectral. Embora, pois, variem protagonistas, cenários e amplitude espaçotemporal das fantasmagorias, as semelhanças de imagens, motivos, tonalidade das vozes narrativas e modo dramático do estilo, em sequência de frases exclamativas, não oferecem dúvida quanto à fonte inspiradora principal desse quadro de abertura do *Facundo*.[8]

Esse efeito de estranhamento, que desponta, portanto, como traço estruturante da composição da obra, não é só afeto ao "uso deslocado da ficção", como parece sugerir Ricardo Piglia, no ensaio que prefacia este volume. Pois o fictício e o dramático, em Sarmiento, parecem estar indelevelmente articulados a esse motivo geo-histórico anacrônico com que, de modo voluntário, desenlaça sua prosa. Lembrando-se também, a propósito, que todo exílio, como aquele do autor que produz e publica o *Facundo* no desterro chileno, é já um signo de anacronia. Sem dúvida é esse recurso retórico chave para se entender a estrutura quebradiça de suas narrativas em *Facundo*, *Viajes en Europa, África y América* (1849),[9] *Argirópolis*

---

8 Cf. Volney, *Les Ruines*, 1791, p.1-26. Sobre a recepção de Volney na literatura brasileira do século XIX e início do século XX, a partir do romantismo francês, ver Hardman, *A vingança da Hileia: Euclides da Cunha, a Amazônia e a literatura moderna*, 2009, em especial caps. 6, 7, 10 e 11. Entre autores claramente marcados pelas imagens de Volney, podem-se apontar, entre outros, visconde de Taunay, Euclides da Cunha e Augusto dos Anjos.

9 Obra magistral, inclusive como escritura, ao agregar, hibridamente, ao gênero do diário, o ensaio, a correspondência, a crônica e a reportagem. Cf. Sarmiento, *Viajes*, 1981. A Colección Archivos publicou uma edição crítica coordenada por Javier Fernández, em 1993.

(1850) ou em *Campaña en el Ejército Grande* (1852),[10] além de boa parte de sua infindável escrita jornalística,[11] que exibe, no fragmento da crônica ou do folhetim, essa prosa ao mesmo tempo cumulativa e descontínua.

E isso se manifesta igualmente no exemplo extraído por Piglia de *Recordações da província* (1850), a narrativa mais autobiográfica de Sarmiento. Relatando uma passagem de seu primeiro artigo jornalístico, "La pirámide", de 1839, nas páginas de *El Zonda*, folha que fundara em San Juan, sua terra natal, junto a um grupo de jovens literatos liberais românticos, o autor fala no uso inaugural de "fantásticas ficções da imaginação" para "encobrir as fúrias do coração". Piglia pergunta-se pelas outras vezes em que se verifica esse emprego deliberado do deslocamento ficcional. Mas, se invertêssemos a busca indiciária, poderíamos nos perguntar por sinais dessas "fúrias do coração". Não seriam elas, afinal, de natureza similar às de Quiroga ou Rosas, àquelas que nos aproximariam da violência cordial, tão conhecida no Brasil, desse patriarcalismo sertanejo tão avesso à *polis* e ao Estado de Direito? Por isso talvez a necessidade de encobri-las por quem se põe como arauto da civilização e combatente implacável da barbárie. No caso da passagem em pauta, tratava-se de uma pirâmide ou agulha construída para comemorar a chegada do exército libertador do Chile, na guerra de Independência. Mas seu aspecto já é, em 1839, o de "túmulo da revolução, morta na infância, já ruína aos trinta anos de erigida". Sua ponta se eleva "truncada em meio de um ermo tristonho". Mesmo

---

10 Em torno a essa obra de composição tão desigual, mas de importância histórico-política inegável, o historiador Tulio Halperín Donghi fez um ensaio exemplar, como análise literária e historiográfica, que serviu de prólogo à edição por ele anotada. Cf. Sarmiento, *Campaña en el Ejército Grande*, 1997, p.9-53.

11 Sarmiento mesmo é quem ressalta, em suas memórias de *Recordações da província*, a importância decisiva do jornalismo militante em sua formação intelectual e literária. Cf. Sarmiento, *Recordações da província*, 1952, p.268-71. Essa tradução brasileira, hoje meio esquecida, de uma obra que é posta, em valor literário, lado a lado com *Facundo*, é significativa também por integrar, como vol.9, uma Coleção Brasileira de Autores Argentinos que então o Itamaraty organizava.

em ruínas, permanecia, porém, como "lugar de memória" e desígnio da história. A revolta do articulista dá-se pela ameaça de iminente demolição pelo poder público para que a antiga família proprietária retomasse a posse do terreno. E assim Sarmiento arremata essa lembrança, esclarecendo nas memórias as "fúrias do coração" do publicista estreante: "Não a destruíram os bárbaros, ainda; seria preciso começar pela cúspide e eles não saberiam construir um andaime".[12]

Se nos delongamos aqui, é porque creio que esse modelo da memória que sublima melancolicamente o poder corrosivo do tempo, da natureza e da "guerra social" entre os homens para criar a ficção utópica de uma Argirópolis dominada pelos melhores ideais iluministas, tributária da França de Volney e da América de Washington e Jefferson, espraia-se por toda a prosa sarmientina. Sua ideologia do progresso não abre mão da herança helenista e judaico-cristã, e busca fontes no romantismo revolucionário ao mesmo tempo que repele sua vertente mais sentimental. E nas fantasmagorias das ruínas de Palmira retira as imagens fantásticas dessa pampa extrema e fictícia, mas real também na violência social e histórica que concentrou como paisagem humana desde os tempos coloniais, pampa que ele quer e pode transfigurar em Palestina, terra de sangue, dor e promissão. Se olharmos de perto, veremos que a imaginação criadora dessa paisagem fantasmal e forte literariamente para garantir a um só tempo boa parte de ensaístas e ficcionistas argentinos modernos, de Leopoldo Lugones a Martínez Estrada[13] e a Halperín Donghi, de Borges a contemporâneos como Piglia e Cesar Aira, para figurarem o Sul infinito do esquecimento e do enigma, continua presa das "fúrias do coração". A pampa que se fabrica aqui não é a da monotonia da estepe, mas a do bando, do punhal e da poeira ensanguentada, da barbárie selvagem que se repõe na barbárie civilizada da ditadura que se instala com Rosas em Buenos Aires, onde teima em reaparecer, a cada

---

12 Sarmiento, *Recordações da província*, 1952, p.55-6.
13 Em Ezequiel Martínez Estrada, um dos grandes intérpretes da Argentina em *Radiografia de la Pampa* (1933), vemos a continuidade da linhagem sarmientina não ficcional. Cf. Martínez Estrada, *Sarmiento; Meditaciones sarmientinas; Los invariantes históricos en el "Facundo"*, 2001.

pôr do sol, em cenário de lua cheia, nas águas do Prata, o fantasma, ora dialógico, ora truculento, da nacionalidade perdida.

Anacronismos: da paisagem, da história, da ficção. Mas não será esse processo de deslocamentos vários, afinal, o limite e a condição de sobrevivência da imagem, como memória e crítica da história, como instante sublime e experiência fugaz da arte, ou então como objeto passível de historicidade?[14] Se essa ambivalência garante o infinito trabalho de reconfigurações de sentidos no domínio da arte literária e sua duração no tempo, no campo das ações e lutas políticas esse trabalho de recepção expõe mais as diferenças e contradições ideológicas dos atores envolvidos ao longo de diversos processos e conjunturas históricas.

Só para ficarmos em dois exemplos interessantes:

1) Carlos M. Rama, irmão do crítico uruguaio Ángel Rama e estudioso pioneiro da história do movimento operário latino-americano, houve por bem incluir Sarmiento em sua antologia do utopismo socialista na América Latina do século XIX. O autor do *Facundo* ingressa nessa coletânea a partir dos relatos, entre simpáticos e críticos, que fez das teorias de Charles Fourier, extraídos de *Viajes*, já que é na travessia atlântica entre Valparaíso e Rouen, em 1846, que trava conhecimento e amizade com Tandonnet, importante militante fourierista. Rama incorpora, ademais, o importante literato e pensador Esteban Echeverría, adepto de Saint-Simon e de Mazzini, que, com seu *Dogma Socialista*, participou ativamente da chamada geração de 1837, a qual teve, entre seus membros, o próprio Sarmiento, Juan Bautista Alberdi, Bartolomé Mitre e o futuro ditador Rosas.[15]

---

14 Apoio-me aqui nos trabalhos de Georges Didi-Huberman. Cf. em especial *Devant le temps: histoire de l'art et anachronisme des images*, 2000.

15 Cf. Rama (Org.), *Utopismo socialista (1830-1893)*, 1977, p.89-137. Cf. Sarmiento, *Viajes*, 1981, p.81-108. É nesse mesmo contexto mental que aparecia, em 1855, no Recife, o livro O *socialismo*, do general bolivariano Abreu e Lima, futuro inspirador do presidente Hugo Chávez.

1) Já o historiador argentino León Pomer, na antologia de textos políticos de Sarmiento que fez no Brasil para a coleção Grandes Cientistas Sociais, coordenada por Florestan Fernandes, que inclui também excertos do *Facundo*, irá enfatizar muito mais o outro lado, a ação do homem de Estado, liberal--conservador, que chegou à presidência da República e que, na verdade, esteve muitas vezes vulnerável, em seu projeto de modernização progressista e civilizatório, aos interesses regionalistas mais retrógados dos poderes oligárquicos.[16]

A recepção do *Facundo* no Brasil, por outro lado, possui uma história antiga, mas descontínua, e quase sempre ligada à obra de Euclides da Cunha. Entre meados dos anos 1920 e 1970, saiu na grande imprensa ou em periódicos literários especializados cerca de uma dezena de artigos sobre as afinidades entre as obras-primas de Sarmiento e Euclides, a maior parte concentrada nos anos 1930-1940, e marcada pelo perfil nacionalista autoritário da era Vargas e do Estado Novo, na esteira da primeira tradução de *Facundo* por Carlos Maul, futuro militante do integralismo. A segunda edição dessa versão saída inicialmente em 1923 data de 1938, e dá início à Biblioteca Militar, depois Biblioteca do Exército. Essa época coincide plenamente com a recepção mais conservadora de Euclides, vinculada à perspectiva de um Estado orgânico, corporativista e modernizador. Pode-se dizer que, no geral, foi necessário um eclipse de algumas décadas para que, já nos anos 1990, aparecessem as novas traduções do *Facundo* (em 1996), indicando que alguma mudança no foco de interesse da obra de Sarmiento havia começado a se instalar no Brasil, ligado agora à questão das fronteiras culturais latino-americanas e às literaturas da identidade nacional (quando, em verdade, o desafio era justamente desconstruir esse processo de canonização e focalizar, ao revés, o caráter altamente problemático dessas identidades). Entre trabalhos acadêmicos que analisaram as homologias e diferenças entre Sarmiento e Euclides, nessa nova

---

16 Cf. Pomer (Org.), *D. F. Sarmiento: política*, 1983.

conjuntura, de modo inovador, podem-se mencionar os estudos de Leopoldo M. Bernucci (1995) e de Miriam V. Gárate (2001).[17]

Embora presente na estrutura composicional, na afinidade temática e no motivo da "poética das ruínas" de *Os sertões*, o *Facundo* está ausente de suas páginas, é um fantasma invisível. O esquema terra-homem-luta é comum aos dois monumentos literários sobre dramas distantes dos grandes centros urbanos. Sarmiento, que denomina modernamente "Guerra social" quatro dos capítulos de sua obra, ao qual se acrescenta o 13º, "Barranca-Yaco!!!", em que se narra o fim trágico de Facundo, privilegia justamente o conflito bélico entre diferentes grupos econômico-sociais como elo dominante da narrativa, o que cobre cerca de 30% desta. Idem Euclides, em seu "anfiteatro monstruoso" de "A luta", que perfaz 60% de toda a narrativa. As diferenças de ritmo narrativo entre ambos, porém, revelam-se por trás dessas cifras. Sarmiento é mais digressivo e analítico nas partes iniciais e acelera a intensidade do relato no momento das guerras. Euclides é mais concentrado, a seu modo, em "A terra" e "O homem", mas estende ao máximo o drama trágico da guerra de Canudos por mais de metade da narrativa. Mas, detalhe importante, enquanto Euclides conclui disfórico, reafirmando a denúncia do "crime da nacionalidade", Sarmiento se lança ao futuro, quase otimista, em dois capítulos finais, em que, anunciando o fim de uma época e a proximidade do progresso, esboça como que um programa político mínimo de reconstrução do país na era pós--ditadura de Rosas.

Durante muito tempo, essa presença fantasmática de uma narrativa na outra intrigou-me. A única citação literal de Sarmiento aparecia em outro livro de Euclides, *À margem da história*, publicado postumamente em 1909, mais precisamente num ensaio intitulado "Viação sul-americana": "El ferrocarril llegará en tiempo para

---

17 Bernucci, *A imitação dos sentidos: prógonos, contemporâneos e epígonos de Euclides da Cunha*, 1995. Cf. Gárate, *Civilização e barbárie n'Os sertões: entre Domingo Faustino Sarmiento e Euclides da Cunha*, 2001 (apresentada inicialmente como tese de doutorado no programa de Teoria e História Literária da Unicamp, em 1995).

estorbar que venga a reproducirse la lucha del desierto...".[18] A frase reaparece literal no modernista regionalista e político paraibano José Américo de Almeida, em *A Paraíba e seus problemas* (1926), em que sugere a modernização à custa das ferrovias como fundamental para suplantar a seca e, sobretudo, o cangaço. É ainda em *À margem da história*, no ensaio "Martín García", em que analisa obra do amigo e correspondente uruguaio Agustín de Vedia, *Martín García y la jurisdicción del Plata*, publicado em Buenos Aires em 1908, que Euclides faz algumas outras citações em castelhano de Sarmiento, em particular de *Argirópolis* (1850), certamente extraídas do texto que resenha.[19]

O mais curioso é que a frase direta de Sarmiento não se encontra nas edições modernas de *Facundo*. Como Euclides pontuava, no mesmo trecho, que "ao cerrar as páginas comovidas de *Civilización y barbarie*" o "desfecho da tremenda crise social de sua terra desvenda-se-lhe com esta evidência quase gráfica e singularmente prosaica ao fim da selvagem epopeia dos gaúchos", restava dúvida sobre a procedência da citação, que vinha em castelhano, entre

---

18 Cf. Cunha, *Á marjem da historia*, 1909, p.168. Tratei com vagar anteriormente desse tópico em Hardman, *Trem fantasma: a ferrovia Madeira-Mamoré e a modernidade na selva*, 2005, cap. 4, "Vertigem do vazio: poder & técnica na recriação do paraíso", p.128-9 e notas 19 a 21, p.282-3. A imagem da vertigem do vazio inspira-se no jornalista e ensaísta Natalio R. Botana, *La tradición republicana: Alberdi, Sarmiento y las ideas políticas de su tiempo*, 1984. Segundo Botana, p.279, para Alberdi e Sarmiento, "la barbarie es una teoría y una narración". E continua: "Como primera cosa la barbarie es, para Sarmiento, un contorno, el marco fantasmal de la extensión, receptáculo inevitable del despotismo".
19 Cf. Cunha, Martin Garcia, em Cunha, *Á marjem da historia*, 1909, p.195-232. Esse artigo saiu antes em duas partes, em 1908, no *Jornal do Commercio* do Rio de Janeiro. Vertido para o castelhano por Agustín de Vedia, é editado em Buenos Aires, junto com outras resenhas, em 1908, por Cori Hermanos, no volume *Martín García, juicios críticos*. Em tempos de "consciência sul--americana" crescente, como gostava de lembrar Euclides, o tema era polêmico e relevante, pois se tratava de discutir, entre Uruguai, Argentina e Brasil, a jurisdição sobre a ilha fluvial de Martín García, estratégica à navegação, em pleno estuário do Prata, que Sarmiento, quase sessenta anos antes, imaginara como cenário de uma utopia civilizatória portenha, em sua *Argirópolis*.

aspas e em itálico. Somente agora, ao retornar ao espectro volneyniano de *Facundo*, que me persegue há tanto, consegui localizar a frase, numa edição de 1889, que incorporava, afora os capítulos convencionados como pertinentes à narrativa do caudilho Quiroga, mais dois ensaios biográficos conexos, juntados em vida pelo próprio autor, o primeiro deles sobre o general-frade-caudilho Félix Aldao, terminado em desgraça (anexado desde a segunda edição, de 1851); e o segundo, intitulado: "Al Chacho. Último caudillo de la montonera de Los Llanos. Episodio de 1863" (anexado desde a edição de 1868), que narra, à maneira de epílogo, a história de um "sucessor" de Facundo na província de La Rioja, general Peñaloza, vulgo Chacho, assassinado, esquartejado e degolado pelas tropas do Estado nacional em formação, com participação ativa de Sarmiento, então governador da vizinha San Juan e chefe da guerra a esse levante dos "federais", cada vez mais definidos como "bandidos rurais".[20] É desse relato a frase citada por Euclides, o que sugere,

---

20 A violência do processo repressivo interno na Argentina dos anos 1860, com atuação não desprezível do próprio Sarmiento, só se compara ao período da ditadura de Rosas, nos anos 1840. Cf. Halperín Donghi, em *Sarmiento, Campaña en el Ejército Grande*, 1997, p.29, que afirma que a "energia" com que Sarmiento dirigiu a guerra contra El Chacho estava "cercana a veces a la ferocidad". Sobre o tema, cf. ainda, desse notável historiador, *Una nación para el desierto argentino*, 1982. Nora Siegrist de Gentile e Maria Haydée Martín, *Geopolítica, ciencia y técnica a traves de la Campaña del Desierto*, 1981, p.92-5, apresentam dados concretos sobre o empenho de Sarmiento na modernização das instituições militares, a começar de equipamentos, armas e ensino, tanto na sua missão diplomática nos Estados Unidos quanto na presidência da República [1865-1874]. Adriana Rodríguez Pérsico, no ensaio *Un huracán llamado progreso: utopia y autobiografía en Sarmiento y Alberdi*, 1993, analisa criticamente, em detalhe, com base em Foucault, o processo de criminalização crescente dos caudilhos gaúchos pelo Estado nacional, de cujo discurso formador participam essas três "biografias da barbárie" de Sarmiento: cf., em especial, p.98-117. Recentemente, Ariel De La Fuente aprofundou esse delicado tema – e nem nos referimos, aqui, ao massacre continuado de povos indígenas, outro capítulo cruel da consolidação do poder do Estado nacional, no qual também a presença de Sarmiento não é nada lisonjeira – no excelente estudo *Los hijos de Facundo: caudillos y montoneras en la província de La Rioja durante el proceso de formación del Estado nacional argentino (1853-1870)*, 2007

também, que para aquela geração o conjunto de anexos e apêndices funcionava de fato como uma unidade orgânica em torno do título original da história do *Facundo*, que não era seu nome, mas *Civilización y barbárie*.[21]

Se a democracia plena ainda é uma miragem na América Latina, como na maior parte do planeta, e se o caudilhismo não é fenômeno restrito à pampa argentina, mas generalizou-se na história moderna do continente, é claro que isso sustenta, por si só, a incômoda atualidade das páginas do *Facundo*. Mas, além disso, na melhor expressão de seu iluminismo romântico, que já anuncia a indefinição de gêneros e o hibridismo de modos discursivos e estilos literários, essa obra grandiosa e mista de narrativas da prosa latino-americana, se não chegou a fundar nenhuma nacionalidade, para além de suas próprias mitologias, veio a lançar, no entanto, bases pródigas e de longa duração para a experiência da literatura moderna entre nós.

São Paulo, janeiro/fevereiro de 2010.

(publicado originalmente em inglês pela Duke University Press, 2001); cf. em especial cap. 8, p.219-39.

21 Cf. Sarmiento, *Civilización y barbárie: vidas de Quiroga, Aldao y El Chacho*, 1889, p.376. Essa edição é idêntica à que integra o volume VII de suas *Obras*, também surgido em 1889, um ano após sua morte, em Assunção. Por alguma razão, talvez de ordem editorial, já que esses dois ensaios complementares perfaziam mais de um terço do conjunto, em algum momento entre o final do século XIX e 1938, quando surge a conhecida edição crítica de *Facundo* por Alberto Palcos, esses estudos foram novamente desmembrados. Mas quase certamente a edição compulsada por Euclides é essa de 1889. A passagem completa é a seguinte: "El ferrocarril llegará en tiempo a Córdova para estorbar que vuelva a reproducirse la łucha del desierto, ya que la pampa está surcada de rieles" (op. cit., p.374).

Parte II

Euclides, a história e a tragédia

7
PAI, FILHO: CALIGRAFIAS DO AFETO[1]

A tragédia foi se multiplicando. Após o crime da Piedade, em agosto de 1909, que resultou na morte de Euclides da Cunha, seus dois filhos mais velhos terão sorte semelhante. Solon da Cunha, o primogênito, delegado de polícia, morre em condições obscuras, numa diligência nos seringais do Acre, município de Tarauacá, em maio de 1916, num tiroteio envolvendo homens de barracões no rio Jarupari. No relatório policial, eivado de termos dramáticos nada protocolares, o escrivão narra que, depois de ferido à bala, temendo-se novo ataque, tratou-se

> logo da condução de Solon em uma rede, o que se fez, partindo-se, dali, às seis horas da tarde, e, assim, andamos em busca da barraca Revolta, por um varadouro horrível até às 9 horas da noite, hora em que o saudoso Delegado fez parar o pessoal e perguntou

---

1 Este capítulo, além de fazer parte, também, de minha tese de livre-docência, constitui trecho de uma exposição oral feita na Biblioteca Pública Municipal Mário de Andrade, no ciclo de palestras "Enlouquecidas letras", promovido em 1994 pela Secretaria Municipal de Cultura de São Paulo. No mesmo ano, apareceu em artigo no número 23 da *Revista USP*. Em 2009, esta versão deste ensaio foi publicada em Hardman, *A vingança da Hileia: Euclides da Cunha, a Amazônia e a literatura moderna*.

se estava com a fala mudada, dizendo estar quase cego, dando em seguida um longo suspiro e disse: ai meu pai! e faleceu o nobre e distinto brasileiro Solon da Cunha, no sagrado cumprimento de seus deveres. (Athayde, 1989, p.221)

O *Jornal do Commercio* de 5 de julho do mesmo ano, ao comentar o episódio, acrescenta-lhe maior grau de dramaticidade, afirmando que o referido relatório policial não viera, até então, à tona, porque "pessoas amigas dos filhos de Euclides da Cunha [...] temiam excitar ainda mais com ele o ânimo já excitadíssimo de Euclides da Cunha Filho" (idem, p. 219).

Mas, de fato, não se evitou o pior. Datado de 2 de julho de 1916, surge um texto assinado por Euclides Filho – Quidinho, na alcunha que o pai firmara, o segundo da linhagem do escritor, então com 22 anos –, intitulado "A verdade sobre a morte de meu pai", espécie de manifesto do desejo de morte e vingança, que inicia com:

Há muito tempo que, moído por um natural sentimento de ódio ao assassino de meu malogrado pai, dr. Euclides da Cunha, desejei expor ao público a verdade nua e crua sobre o covarde assassinato cometido pelo consumado bandido Dilermando de Assis. Não o fiz devido a ter que envolver nesse lamentável acontecimento a pessoa de minha mãe.[2]

E termina, edipiana e irremediavelmente enredado, assim: "A justiça não procedeu como devia! Quem deverá castigar semelhante crime! O futuro dirá!" (Cunha Filho, 1916, p.1).[3]

---

2 Nas próximas notas, indicarei e explicarei as fontes das referências das cartas dos filhos de Euclides, já que fiz um cotejo entre artigos, revistas e manuscritos também pesquisados na Biblioteca Nacional.

3 Cunha Filho, "A verdade sobre a morte de meu pae Euclydes da Cunha", *Revista do Gremio Euclydes da Cunha*, 1916. Republicado também pelas revistas *Euclydes*, Rio de Janeiro, 1 (11), p.171, 1 fev. 1940; 1 (12), p.184, 15 fev. 1940; 2 (1), p.12, 1 mar. 1940; 2 (2), p.26, 15 mar. 1940; e *Dom Casmurro*, Rio de Janeiro, 10 (439/40), p.60-1, maio 1946.

Não houve futuro. Dois dias depois desse presuntivo juramento de vingança, a 4 de julho, Euclides Filho é morto pelo matador do pai, depois de tentar alvejá-lo, na porta de um cartório, no Rio de Janeiro.

Restou muito pouco da memória dessas tragédias complementares: universais, por um lado, tipicamente nacionais, por outro, reveladoras da dialética perversa entre violência e afeto nos fundamentos societários da família brasileira, profundamente enraizada entre nós, assunto de já tanta história e literatura. A Seção de Manuscritos da Biblioteca Nacional conserva, a propósito, fragmento de apenas uma folha do texto atribuído a Euclides Filho, com sinais visíveis de que terá sido queimado todo o restante, isto é, sua quase totalidade.[4]

Na mitologia euclidiana, muito se falou sobre o cérebro do genial criador de *Os sertões*, guardado em formol no Museu Histórico Nacional para futuros estudos e averiguações, e transportado, com pompa solene e mórbida, bem conforme ao messianismo brasileiro, em setembro de 1983, para seu município natal, Cantagalo, convertida a casa em que nascera num pequeno museu.[5]

Mas, certamente, desde Afrânio Peixoto, médico-escritor amigo de Euclides, então chefe dos Serviços Médicos Legais da Polícia, e Roquette Pinto, diretor do Museu Histórico Nacional, os que se aventurassem no temerário caminho de promover ciência devassando aquele encéfalo esbarrariam nos limites da própria razão. Por trás do foco pretendido com as luzes cefálicas, ocultam-se motivos de coração, estes sim historicamente determinados e cientificamente determinantes. Românticos por excelência, como aliás o foram em grande parte a concepção de mundo e expressão literária euclidianas, tais motivos e mistérios insinuam-se delicada e fugidiamente nas caligrafias que o afeto desenha, por exemplo, em cartas familiares que surgem, assim, como "vestígios do dia", afeto que se contém nas barras da autoridade imposta e do superego

---

4 Cf. Biblioteca Nacional, MS: I-4, 18, 21.
5 Cf. Athayde, *Atualidade de Euclides*, 1989, p.211-8.

cristalizado; afeto que quase nunca é dito como tal, inscrevendo-se, porém, caligráfica e cartograficamente em folhas de papel que certa deusa das lembranças, feminina e acolhedora, capaz de aplacar, por algum século, a fúria destrutiva de Zeus, nos restitui agora.

Afeto que desapareceu nas malhas da civilização. Civilização que se selou a pólvora e sangue. Cujo ciclo vingador deixa sinais, por toda parte, da enorme fragilidade do processo. Curto-circuitado, este, pelo afeto não resolvido, explosivo. Afeto que permaneceu como resíduo, entretanto, na grafia feita com tinta, pena e papel, em folhas e cartões. Que os correios timbraram e expediram, muitas vezes estimulando, na sua volta, respostas, ora breves ora longas, ora no mais do tempo para sempre extraviadas. Correspondência que a memória, ela também deusa manuscrita, reteve para nós. Vestígios à espera de serem ressignificados. Vestígios do dia antes da morte do patriarca e suas criaturas. Fragmentos mínimos, sabemos, de um discurso amoroso. Que, portanto, esperava; não a vingança, mas o encontro pai-filho, a identidade reconstituída e mutuamente reconhecida. Mas todas essas paixões estão desaparecidas no firmamento da grande história, sepultadas por narrativa fúnebre, na crônica ritual dos obituários, debaixo da realidade mais inacessível da vida privada. Ante a morte que iguala valentes, convém perguntar pelo destino de alguma bala perdida que nos leve para trás, *flashback* embaçado em que se divisa, para além da linha do fogo cruzado, o peso possível e real das palavras, a esperança singular, irrepetível, que só o tempo postal, materializado na intimidade manuscrita de poucos papéis restantes, é capaz de evocar. A história, aqui, nada mais é do que esse correio imaginário, essa posta-restante sempre transitória, mas único albergue viável para esses pequenos vazamentos de corações solitários, pai-filho unidos no nome e na carne, na nervura sanguínea da escrita ocasional, bala perdida no folhetim da vida, caligramas do amor que precedem a morte, ai meu pai, o futuro dirá?

Deixemos, pois, os índices racionais da tragédia, o inapelável fim do escritor e seus herdeiros, para nos aproximarmos, minimamente, dos signos caligráficos do afeto.[6] Quem sabe ainda haja tempo e espaço. Corações também se grafam em manuscritos. Haverá quem duvide?

***

A palavra pesa, não tanto quando está presente, mas sobretudo na falta, nas lacunas de silêncio que o tempo foi abrindo nas configurações humanas.[7] As ligações afetivas entrevistas na correspondência aqui selecionada referem-se a um núcleo documental rarefeito de cerca de quinze cartas, "bilhetes postais" e cartões concentrados nos anos 1907-1908, cerca de um ano antes da morte de Euclides, num período de adolescência dos filhos.

Ovelha desgarrada, surge uma carta de agosto de 1905, endereçada por Solon da Cunha, de São Paulo, ao pai, então em viagem pela Amazônia. Os filhos estavam, naquele momento, cursando, na capital paulista, o Ginásio Anglo-Brasileiro, depois de experiência frustrante numa escola jesuíta de Itu. Essa carta destaca-se por sua raridade contextual. O primogênito hesita na concordância verbal, mas concorda na identidade corpórea:

> Eu vou indo bem de saúde, e já estame (*sic*) acostumando com o clima de S. Paulo.

---

6 A correspondência entre Euclides e filhos encontra-se arquivada na Seção de Manuscritos da Biblioteca Nacional, entre os códices MS: I-4, 18, 3 e MS: I-4, 18, 26. Um cartão-postal de EC a Quidinho, de 23 set. 1908, localiza-se, avulso, em MS: Cofre 49 (*Álbum de correspondência passiva*). Na próxima seção, salvo nota específica, estaremos sempre nos referindo a esse acervo. Boa parte dessa correspondência foi editada pela *Revista do Livro*, Rio de Janeiro, IV (15), p.80-94, set. 1959. A edição mais completa da *Correspondência de Euclides da Cunha* (ativa), 1997, foi organizada por Walnice N. Galvão e Oswaldo Galotti.

7 "O conceito de configuração serve, portanto, de simples instrumento conceptual que tem em vista afrouxar o constrangimento social de falarmos e pensarmos como se o 'indivíduo' e a 'sociedade' fossem antagônicos e diferentes." Cf. Elias, *Introdução à sociologia*, 1980, p.141. Nessa direção, Elias reavalia o lugar das ligações afetivas nas interdependências humanas.

Eu estou forte e de corpo bem regular.
Peço-lhe que me escreva o mais breve possível. [...]
Desejo saber como vai o sr. de saúde. Mande-me dizer eu lhe peço.
Adeus!

Pois Euclides estava no Alto Purus, mal de saúde e bem de alma, lá pela região da fronteira do Acre com o Peru, onde, onze anos mais tarde, Solon se extraviaria para sempre, mal de corpo e alma. Retornando para Manaus de sua expedição oficial, Euclides teria esboçado a redação de um manuscrito sobre a ocupação violenta dos territórios amazônicos pela civilização colonizadora. Intitulava-se "Brutalidade antiga", primeira parte do que seria sua "segunda vingança contra o deserto". Esse possível manuscrito permanece perdido: em sua obra póstuma, À margem da história (1909), que trata em grande parte dos sertões amazônicos, não aparece mais nenhuma menção àquele texto augural, pelo menos na forma primitivamente arquitetada.

Mas, aqui, permanecemos nas encruzilhadas abertas por manuscritos restantes, pelas formas verbais expressivas mais elementariamente desveladoras do forjamento dessas identidades primárias, que pesam ainda mais em sua dimensão significativa quando confrontadas com as maiores ausências: pai desbravador na selva do grande rio; ensaio manuscrito sobre a conquista do vazio que desapareceu na terceira margem da cultura.

Antes de chegar ao núcleo principal de cartas, convém assinalar essa primazia da experiência escolar como mediadora básica do afeto que aqui circula na configuração pai-filhos-pai. Toda a correspondência de que estamos tratando tem na escola um lugar central. As do período 1907-1908 são remetidas sempre ao (ou do) Colégio Anchieta, em Nova Friburgo, estado do Rio, nova incursão no mundo da educação jesuítica. Vale, pois, mencionar o interregno de dois meses, lá por volta de 1906, em que os filhos de Euclides passam – numa vida escolar irregular e atribulada, resultado da itinerância e inquietude paternas – pelo Colégio Latino Americano, em Copacabana, fundado e dirigido pelo líder anarquista e poeta parnasiano José Oiticica, nos melhores princípios libertários da "escola ativa", aliás *ativíssima*, como ele gostava de sublinhar. Dele recolhemos o seguinte depoimento:

> Dois meses depois [de matriculados] apareceu-me Euclides da Cunha. Recebi-o no patamar da escada. Ele foi-me abrindo os braços e exclamando:
> – Venho dar-lhe um abraço. Meus filhos já aprenderam, no seu colégio, em dois meses, mais do que em três anos com os padres [*ressalve-se o anticlericalismo visceral de J. Oiticica* – nota FFH].
> – Como assim?, perguntei-lhe.
> Euclides explicou-me que, no último domingo, perguntara aos meninos que estavam estudando. Responderam-lhe agrimensura, física, química, cosmografia, zoologia, botânica, etc. Espantado, indagou Euclides que sabiam eles de cosmografia. Respondeu-lhe Quidinho haverem estudado, nos dois meses, os movimentos da Terra, as fases da Lua e de Vênus, a precessão dos equinócios, etc.
> – Precessão dos equinócios? Você sabe o que é isso, Quidinho?
> – Sei, sim senhor.

Radiante com a "instrução viva" recebida pelos filhos, "em sua sã compreensão de engenheiro prático", Oiticica afirma ter ficado surpreso com a brusca retirada dos mesmos de sua escola, num cartãozinho enviado por Euclides:

> Guardei por muito tempo esse cartão, único documento de nossas relações, além de um exemplar, com dedicatória, de sua conferência sobre Castro Alves. Perdi ambos numa das múltiplas refregas da minha agitada vida [*leia-se: fugas e prisões* – nota FFH].

Recuperamos esses fragmentos memorialísticos porque se inscrevem num mesmo contexto histórico-afetivo, tendo como pano de fundo a vida escolar e o interesse do pai pelo aprendizado de dois pré-adolescentes. Ressalta-se, também, o elo perdido do cartão-postal de Euclides para Oiticica. Este último reafirma a valência afetiva, cultural e política daquela relação, sua impossibilidade histórica e a melancolia de sua perda. E assim conclui sua "Lembrança de Euclydes":

> Meu colégio não podia vingar no Brasil. Faltou-lhe, de todo, a compreensão dos pais. Tive que fechá-lo.
> Um ano depois, fui para Santa Catarina dirigir o colégio municipal de Laguna. Lá, soube da tragédia de Euclides.
> Não poderia, entretanto, prever jamais as tragédias de Solon e Quidinho.[8]

Muito antes disso, e talvez até da carta de Solon, existe um cartão solitário de Euclides para o primogênito, provavelmente datado do período compreendido entre janeiro e setembro de 1904, quando o escritor fixou residência no Guarujá, litoral paulista. É possível que o filho estivesse interno no colégio de padres em Itu. Interessante, não só pela raridade da época de sua escritura, mas pelo afeto que se move no leva-e-traz acidental do correio, na caligrafia nômade do engenheiro, no tráfico infantil fundamental de figurinhas, no cultivo paterno do coração:

> Solon,
> Recebi o teu cartãozinho. Estimei saber que estás bem. Há seis dias te escrevi. Vejo que se perdeu a carta. Todos em casa vão bem. O Quidinho gostou muito da figurinha dele que colaste na tua carta. Escrevo-te de Santos, onde estou em serviço, apesar de ser domingo. Voltarei logo à tarde para Guarujá e levarei o teu cartão.
> Estuda sempre, meu filhinho! Quero te ver breve bem adiantado. Cultiva também o teu coração, porque ele vale mais do que a cabeça. Sede sempre bom, digno e forte.

---

8 Os trechos citados correspondem a Oiticica, *Lembranças de Euclydes*, 1940, p.184-6.

E não te esqueças de escrever-me sempre. Marca, para isto, um dia certo da semana: a quinta-feira, por ex.: para eu esperar as tuas cartas.

Mas nem a regularidade escolar do internato, nem a disciplina férrea do engenheiro conseguiram controlar os sopros aéreos e imprevisíveis de Mercúrio. Essa correspondência escassa atesta as dificuldades de encontro, as incertezas do futuro profissional e familiar, a dispersão da afetividade por cartas nunca recebidas, as distâncias geográficas aprofundadas pelo trabalho itinerante e pelo estudo em regime interno. Por isso, o tema da saudade vai se alojando com força. Quando Euclides Filho, já por volta de 1907, orgulhoso de seu número de matrícula – "N. B. O meu número é 373. Não repare a letra porque foi escrito com muita pressa" –, interno do Colégio Anchieta, em Nova Friburgo, escreve:

> Querido pai
> saudações
> Com os olhos em lágrimas, escrevo-lhe esta carta que creio que vai encontrar o sr. gozando de boa saúde e felicida (*sic*).
> Não choro por cintir (*sic*) que o colégio seja ruim; é de saudades; a saudade e que me matam (*sic*).

– é porque algo de grave ocorre no imperscrutável domínio dos sentimentos; felicidade interrompida no meio da escrita, no fim de uma frase, entre choro e balbucio, cintilações de soluços; algo de sério cultivado do interior para o exterior, segredo que não deve ser dito, mistério da alma que ainda não encontrou sua forma: "Quero que o sr. e mamãe tenham uma grande surpresa em São João a qual vou aprontá-la como o marimbondo apronta a sua moradia".

Em meio à caligrafia claudicante, à escrita penosa, ao adeus que não se afirma, mas interroga, vêm estas notas sobre artes musicais e marciais, o pedido da aula extraordinária, a queixa sobre a falta do objeto ordinário:

Principiei a estudar violino só me falta é aprender florete, creio que o padre reitor não sabe que eu tenho ordem e é preciso o sr. escrever para ele dizendo para mim entrar na aula de esgrima. Eu não tenho caneca para pôr água para escovar os dentes e tenho passado muitos dias sem escovar os dentes.

E, na mesma sequência, após a confissão do desleixo, a enunciação do desejo maior, o convite amoroso, a utopia da vida saudável, a saudade chorosa que se refaz na vontade enorme de reunião, de proximidade física, de romper o círculo fechado do internamento com a visita do personagem principal:

O senhor precisa chegar até aqui o mais breve possível para o colégio e passar uns dias aqui em Friburgo, não só para me satisfazer como para a saúde do sr. pois o sr. escreve tanto e está muito magro e é capaz de ficar muito doente e eu como filho estimado não quero que o sr. fique doente.

Talvez resida aqui o núcleo central do desejo, Eros que quer afastar Tânatos, menino que deseja o pai escritor, que ensaia argumentação na lógica da retórica adulta, que se esforça ao máximo, por trás de pontuação falha e sintaxe rude, em disfarçar a falta que lhe faz aquele visitante improvável nas noites frias da serra fluminense, aquele homem tão raramente visto e tão fortemente amado.

Mas ter pai não é dádiva fácil. Muito do afeto de Euclides esconde-se na máscara modelar da severidade professoral. A 19 de março de 1908, início de novo ano letivo, a preleção epistolar reitera os temas correlatos do juízo e do coração e, talvez por isso mesmo, novamente a caligrafia entra em jogo:

Achei a tua letra peior [sic] do que no ano [1907]. Vê, por aí, o que são dous meses de vadiação. Eu espero, porém, que doravante terás mais juízo, para tua e nossa felicidade. Já deves estar convencido que nenhum lucro há em ser-se mau ou descuidado nos deveres. E como és inteligente, trata de ser bom, aplicado e limpo para seres verdadeiramente feliz.

– Confiamos todos no teu coração certo [sic] de que não nos fará sofrer e que cumprirás a tua promessa de um ano mais bem aproveitado. Assim também terás férias melhores e mais alegres.

Inteligência, bondade, aplicação e limpeza: eis aí os componentes da felicidade verdadeira, nesse caso, mais estoica do que "amiga feroz".[9] E, na carta do dia seguinte, datada de 20 de março, Euclides prossegue na linha de "educação dos sentidos", introduzindo a questão da necessidade de método e insistindo na mesma tecla: "Precisas fazer mais exercício de caligrafia".

Cumprido o ano escolar com abnegação, lealdade e disciplina – "Um *pouco* por dia quer dizer *muitíssimo* por ano" –, Quidinho candidata-se a entrar no mundo dos homens e a receber o pai como prêmio maior: "Assim serás um homem, e terás sempre ao teu lado como maior amigo o teu pai Euclides da Cunha".

Mas será esse filho homônimo, que já subscreve como "Euclides n. 373", em maio de 1908, vacilante na ortografia e determinado no afã de conquistar o pai – "Creio te dar gosto dizendo que vou tirar postos de honra não é verdade?" –, que pede roupas porque está "crecendo (sic) muito, pois até vais achar diferença em mim"; é esse filho claramente preferido – querido Quidinho – que pede ao pai mais selos para sua coleção, transporte lúdico e onírico fundamental, elo decisivo na passagem da infância à história, iniciação mágica aos panoramas vastos dos viajantes: "Quantos selos já tendes para me mandar? A minha coleção está muito boa".[10]

Se esta fosse uma narrativa fictícia, se este fosse um enredo romanesco, diria que aqui desponta a inflexão do sublime a interferir na cadência da prosa, que já incursiona, qual ave escapista, pelos territórios da poesia, e que a resposta para os espaços em branco

---

9 Cf. o interessante conjunto de ensaios de Lins, *Nossa amiga feroz: breve história da felicidade na expressão contemporânea*, 1993.
10 Numa interessante passagem de *O Ateneu*, de Raul Pompeia, o aluno-cronista enumera caoticamente o que seria esse aprendizado primitivo e mágico do mundo das nações pelo mundo dos selos, suas imagens remetendo ao delirante exotismo de países desconhecidos.

da coleção de selos pode se expressar assim, numa carta do pai, de 12 de junho: "Diz-me se recebeste dous livros de Júlio Verne (que só deves ler no recreio). Responde logo, e recebe um abraço do teu pai e amigo".

Avançaríamos mais, com pouca margem de erro, ao concluir que os livros em questão seriam *Viagem ao centro da Terra* e *Cinco semanas em balão*, ou *20 mil léguas submarinas*, périplos subterrâneo, aéreo e marítimo, a circunferência do mundo por dentro e por fora, há algum outro dom de verdadeiramente maior grandeza que um pai possa oferecer?

Num cartão seguinte, com carimbo de 26 de junho, Euclides pai adota, no endereçamento, o "Aluno n. 373", a precisão da ordem numérica revelando, ao mesmo tempo, respeito à instituição escolar e acatamento da postura do filho, cioso de seus algarismos. E aí Euclides, coisa tão rara, claudica na expressão:

> Recebi a tua cartinha, ficando satisfeifeito (*sic*) com as boas resoluções, que revelas, de fazer os maiores esforços para conseguir situação vantajosa nos estudos. Que a isto se alie o respeito e a veneração aos mestres.

O filho esforçava-se. Em setembro de 1907, por exemplo, o padre reitor enviara ao pai cartão impresso do Colégio Anchieta com a menção de que: "Nos certames literários [...] o Sr. Euclides da Cunha Junior obteve em Francês o posto de 1º Coronel".

É de supor que tenha agradado, ao progenitor, por várias outras de suas manifestações, essa condição de honra a um só tempo hierárquico-militarista e letrada da premiação em pauta. Na mesma carta em que anuncia os livros de Júlio Verne, a 12 de junho de 1908, Euclides assim admoestava o filho:

> Infelizmente ainda não tenho boas informações a teu respeito. Mas confio na tua nobreza de sentir, convencido de que farás tudo quanto puderes para não me dares desgostos.

Notei que não estás na lista dos que obtiveram o banco de honra. Não importa! Continua a estudar com vontade e constância que obterás o prêmio merecido.

Um ano depois, a 23 de setembro de 1908, tem-se a última correspondência dessa série. Euclides pai envia-lhe um *bilhete postal*, cartão em impresso próprio dos correios, pré-franqueado ao preço de cinquenta réis, estampado nas bordas de uma rica gravura em fundo azul, tendo como motivo o centenário da Abertura dos Portos, evento cuja comemoração, naquele ano, ensejara a Exposição Nacional. O tema da mensagem é recorrente: maior aplicação nos estudos acarretará férias felizes e tranquilas. Um mês antes, em agosto, Euclides enviava um desses bilhetes postais a Quidinho, contendo, na frente, bela litogravura em tom verde, que celebrava a própria Exposição Nacional de 1908, seus pavilhões erguidos na Urca e o Pão de Açúcar bem ao fundo, a deusa do Progresso no primeiro plano com o ramo de oliveira erguido, recostada entre o globo terrestre e uma roda dentada de engrenagem, ali no que seria a praia de Botafogo, janela para todos os escapismos da era de Verne, viagens fantásticas prometidas ao "Aluno n. 373": "Podes vir para ir à Exposição. Previne-me do dia da partida. Abraço-te. Responsabilizo-me".

Poderíamos fixar esse instante como a mais sublime representação de um encontro ideal, imaginando o que teria sido (não se sabe se, com efeito, ocorreu) essa viagem pelos pavilhões feéricos do delírio tecnológico modernista, o adolescente saindo da reclusão do internato para o "infinito artificial" de um passeio enciclopédico e ciclópico, conduzido pelas mãos do pai-engenheiro-escritor, às voltas, então, ele também, com o caos do universo e os dramas insolúveis da existência, com os impasses da modernidade brasileira e o vazio da burocracia de Estado – e com o deserto da ordem familiar.[11] De que ele próprio não conseguiria jamais se

---

11 Reporto-me, aqui, a outro artigo anterior, deste mesmo volume, que fiz em torno das relações de Euclides com os temas da margem, infinito, desordem

libertar. Sina que seus filhos seguiriam cegamente, presos nas malhas de afeto cativante ao extremo de cativeiro e tragédia.

Por isso o devaneio do encontro, da viagem de Júlio Verne ao vivo, é tão fugidio. No mesmo mês, em carta de 13 de agosto, restaura-se a hierarquia e a ideia de "resignação superior". Curiosamente, no momento em que a assimetria é reposta sob o signo da obediência sagrada, Euclides pai dirige-se não mais a Quidinho, mas simplesmente a "Euclides", igualdade aparente só nos nomes; identidade, porém, suficientemente forte para tornar seus portadores em personagens marcados para matar ou morrer:

> Quero que respeites mais aos teus mestres – porque eles, aí, me representam; de sorte que não tens de envergonhar-te das repreensões que eles te dirijam. É um engano imaginares que a insubmissão seja própria de um homem verdadeiramente altivo. O homem verdadeiramente altivo é o que evita ver-se na posição de merecer uma censura. É o que deves não esquecer. E, dada a infelicidade de um erro, de que não estás livre, mesmo em virtude da tua idade, deves submeter-te às suas consequências. Sem esta resignação superior nunca serás um homem útil. Mas eu sei que és bastante inteligente para veres e avaliares o valor do que estou dizendo-te; e que farás o que em ti couber para satisfazer a minha vontade.

Os fios do desejo fluem pelas caligrafias que o tempo ainda não apagou. Por certo, havia vários Euclides por trás da retórica da submissão, dialética da autoridade em que se entrevia, em alguns momentos, o homem solitário, exaurido, agoniado. Vontade aparentemente férrea de um ego frágil na emoção: cabeça incapaz de controlar os acessos aos labirintos do coração, de fazer essa viagem e retornar sã e salva. Na armadilha do subúrbio, um corpo tomba sem

---

e mistério: cf. "Estrelas indecifráveis ou: um sonhador quer sempre mais".
Sobre o *tópos* da viagem, ver Rouanet, *A razão nômade: Walter Benjamin e outros viajantes*, 1993. Sobre o "infinito artificial" e demais componentes de uma estética do sublime, baseio-me em Burke, *Uma investigação filosófica sobre a origem de nossas idéias do sublime e do belo*, 1993.

piedade. E, com ele, uma das consciências mais agônicas da tragédia maior que se desenrolara no país em quatrocentos anos de história. A crônica policial da periferia do Rio condensava um mito. E os filhos também lá estavam.

Hoje, folheando essa correspondência singela e tocante na sua integridade amorosa, fragmentos de paixão e promessa na Seção de Manuscritos da Biblioteca Nacional, choca-nos ainda mais, após tantos sonhos de dedicação e bondade, de firmeza e saudade, de encontro e lealdade, esta página semiqueimada, solta, codificada em MS: I-4, 18, 21, atribuída a Quidinho, resto do manifesto-vingança que se datou em 2 de julho de 1916, onde se lê, em letra apressada:

> [...] horas da madrugada e retirando-me em seguida para o quarto de Dinorah, passei a noite em claro.
> Na manhã de 15 agosto [1909] achava-me no quintal, enquanto os outros tomavam café.
> Repentinamente ouço uma forte detonação seguida de duas mais fracas. Pensei que fosse brincadeira [*a palavra brinquedo riscada abaixo* – nota FFH] dos irmãos Assis.
> Vendo, porém, que continuavam corri em direção das detonações.
> Ao chegar no meio do corredor que dá, da sala de jantar para a de visitas, ouço o Dinorah dizer: "Pega o outro revólver, Dilermando, acabe com ele".
> Vendo que matavam alguém corri, sem saber que fosse papai, para defendê-lo. Precipitei-me de revólver em punho contra Dilermando.
> Senti ao mesmo tempo um murro
> – continua –

O drama continuou, sim, mas não nessa folha de papel, em que o acaso vulnerável do manuscrito torna difícil suportar sua interrupção. Na vida real, para além do relato bruscamente suspenso, o drama durou pelo menos mais sete anos, com uma das mais impressionantes repetições do desfecho.

Em nossa investigação, porém, não se trata de regravar a cena policial, nem de reconstituir os crimes. Se possível fosse, gostaria de apenas tomar a correspondência pai-filho, sobretudo as cartas, cartões e bilhetes postais sobreviventes do período 1907-1908, como o território caligráfico de sonhos a serem restaurados. Assim posto, esse inquérito seria antes onírico: selos a serem descobertos, Verne a ser lido num recreio sem fim, Verne a ser visto e revisto nos panoramas mágicos da Exposição Nacional, pequena surpresa para a festa de São João, marimbondos que aprontam sua moradia, violinos e floretes lado a lado, pai e filho juntos, palavras trocadas com afeto, letras escritas com afinco, havendo, para aquém do fim absurdo e da separação sem retorno, essa breve e cintilante história postal, que não deu em quase nada, pessoas e promessas esvaídas em sangue, história postal e minúscula cuja condição memorável os correios nacionais propiciaram, caligrafias inquietas, aéreas, pequenas manias manuscritas, vestígios insensatos, desenhos incertos de tais homens "verdadeiramente altivos e felizes".

8
BRUTALIDADE ANTIGA:
SOBRE HISTÓRIA E RUÍNA EM EUCLIDES[1]

As ideias que as ruínas me despertam são grandes. Tudo se aniquila, tudo perece, tudo passa. Só fica o mundo. Somente o tempo perdura. Como é velho este mundo! Caminho entre duas eternidades. De qualquer parte para onde lanço o olhar, os objetos que me rodeiam me anunciam um fim e me resignam àquele que me espera. Que é minha existência efêmera, comparada à deste rochedo que se alui, à deste vale que se cava,

---

1 Este capítulo, que inicialmente nucleou minha tese de livre-docência, tendo inspirado, inclusive, o título de seu primeiro volume (*Brutalidade antiga e outras passagens*, 1994), foi publicado, em 1996, no n.26 da revista *Estudos Avançados*, com base no seminário oferecido no grupo de estudos História Cultural do IEA-USP, ao qual me associei entre 1993-1994. Em 1995, foi objeto de seminário na Universidade de Paris IV (Sorbonne), vindo daí a sair, em francês, no livro que Kátia de Queirós Mattoso organizou, em 1996, pela editora daquela universidade: *Littérature/Histoire: regards croisés*. Outra versão ainda foi apresentada, em espanhol, no III Congresso Latino-Americano do Centro de Estudos Latino-Americanos (Cesla) da Universidade de Varsóvia, em 1995. A presente versão valeu-se, também, do diálogo com Paulo Roberto Pereira, quando de sua revisão e atualização para ser incorporada à fortuna crítica da nova edição da *Obra completa* de Euclides da Cunha, por ele organizada (2009, v.1). Em 2009, esta versão deste ensaio foi publicada em Hardman, *A vingança da Hileia: Euclides da Cunha, a Amazônia e a literatura moderna*.

> *desta floresta que flutua, dessas massas suspensas acima de minha cabeça e que se abalam?* [...] *Uma torrente arrasta as nações umas sobre as outras para o fundo de um abismo comum; eu, eu só, pretendo parar na margem e atravessar a corrente que corre a meus lados!*
>
> (Denis Diderot, Salons, 1767)

> *Atlântida! Atlântida! Onde estão agora as florestas, as torrentes caudais, as cidades, os reinos? Onde os homens, os rebanhos, as feras? Monumentos, grandeza, poderio, exércitos, ciências, e as gloriosas artes? Onde jaz sepultado o gênio humano, fertilizador das regiões desaparecidas? Que é feito das próprias ruínas? Como foram consumidos os venerandos restos da arquitetura – fustes truncados, capitéis caídos? E os túmulos? As ossadas dispersas, que vão ficando das gerações no roteiro dos séculos? A própria morte morreu. E as montanhas, que suspeitávamos eternas, na audaciosa majestade da pedra, familiares entre a águia e o raio, como Júpiter-Deus?!*
>
> (Raul Pompeia, Os continentes, em Canções sem metro, 1900)

> *Anoiteceu: as ruínas de Gizé estenderam-se, severas, para o crepúsculo sem aurora; sim, sim; tudo nelas é expandido: tudo que vem delas – expande-se; e na poeira suspensa, agora acendem-se luzes marrom-escuras; e – está abafado. E ele se encostou, pensativo, no lado morto de uma pirâmide; ele próprio – é uma pirâmide, o cume de uma cultura que – vai ruir.*
>
> (Andrei Biéli, Petersburgo, 1916)

Em geral, os estudiosos têm ressaltado muito a ideologia do progresso na formação e na obra de Euclides da Cunha. Engenheiro e oficial do Exército formado pela Escola Militar, era natural a impregnação de seu pensamento por ideias que perpassavam grandes movimentos político-culturais da época – último quartel do século XIX –, em especial, no Brasil: positivismo, evolucionismo, cientificismo, monismo materialista, socialismo reformista, republicanismo. Correlata dessa tendência, encontra-se a crença na missão civilizadora da ciência e da técnica, sob os auspícios do Estado nacional.

Não desenvolverei aqui essa questão já por demais analisada.[2] Desejo, ao contrário, enfatizar, em oposição a esse quase lugar-comum com respeito ao autor de *Os sertões*, uma outra polaridade que marca profundamente, a meu ver, toda a sua obra: trata-se de um romantismo de base, de matriz hugoniana, que provoca em sua prosa e poesia uma interessante combinação entre estética do sublime, dramatização da natureza e da história e discurso socialmente empenhado. Matriz essa que não foi propriamente apanágio de Euclides, mas terá penetrado, com amplo espectro, boa parte da produção de nossos primeiros modernos ou "antigos modernistas".[3] Mesmo em sua forma mais exuberante, o fundo do texto euclidiano permanece eivado do sentimento trágico da solidão humana no mundo e em sociedade. A história, nele, como indicaremos, constitui essencialmente uma construção de ruínas; a obra civilizatória, dado o eterno drama do choque de temporalidades culturais, significa, também, um processo irrefreável de fabricação de desertos. A história desenha-se, afinal, nesse suceder de ruínas precoces, como narrativa materialmente dramática de brutalidades, o homem ainda não tendo se separado de todo dos intempestivos movimentos de certa *desordem natural*, do movimento caótico e formidável dos elementos primitivos. Romântico realista, talvez, mais do que *realista romântico*,[4]

---

2 Checar, entre outros, Galvão, Euclides, elite modernizadora e enquadramento, em *Euclides da Cunha*, 1984, p.7-37.
3 Tenho insistido sobre a necessidade de se reavaliarem as raízes e as convenções do modernismo no Brasil, inclusive a ambígua categoria de "pré-modernismo". Vide, a propósito, "Antigos modernistas", em Hardman, *A vingança de Hileia: Euclides da Cunha, a Amazônia e a literatura moderna*, 2009, p.167-86.
4 A expressão, aqui, é tomada de empréstimo a Fausto Cunha, no seu magnífico ensaio *O romantismo no Brasil: de Castro Alves a Sousândrade*, 1971.

na obra de Euclides localizam-se vários traços dessa unidade dramática em que o tema da ruína – eterno retorno da natureza caótica e violenta sobre o tempo histórico dos empreendimentos civilizados da humanidade – aponta, assim, para a condenação desses últimos ao jogo *tumultuário* e *bruto* dos elementos, ao choque babélico entre culturas descompassadas em suas paisagens e épocas[5] e ao encadear trágico de fracassos e incompletudes. Nossas pistas, aqui, remeterão para textos afora *Os sertões*, anteriores e posteriores à obra-prima euclidiana, em função de terem sido, até hoje, um tanto ofuscados pelo livro-emblema de 1902 e, relativamente à trajetória de sua enorme fortuna crítica, algo menosprezados. É claro, porém, que a representação desse Apocalipse invertido que é Canudos, destruída pelo fogo ateado desde o aparelho de Estado, desse sertanejo secular, *um forte*, que se consome antes de se formar plenamente do ponto de vista étnico-cultural, a desolação, enfim, dessa paisagem seca, retorcida e violenta, todos esses elementos de uma *cólera durável*, dessa Mênis vingativa e inapelável,[6] permitiriam, em larga medida, que se buscassem igualmente na obra maior de Euclides os sinais dessa história nada *progressiva* ou edificante, mas, antes, anfiteatro inacabado e trágico, narrativa de corrosões arcaicas e atuais, história como coleção de *ruinarias*.[7]

---

5 No léxico de *Os sertões*, organizado por Pedro A. Pinto, nota-se a recorrência dos termos "atraso", "retardatário", "tardio" e "seródio" para referir-se aos três séculos de descompasso histórico que separam tragicamente o mundo sertanejo da civilização metropolitana. Cf. Pinto, *Os sertões de Euclides da Cunha: vocabulário e notas lexicológicas*, 1930. Entre trabalhos que trataram pioneiramente dessa importante questão em Euclides, ver Omegna, "Euclides da Cunha e a demora cultural", em *Arcádia*, 1945, p.23-32. Mas o inventário mais completo do vocabulário na obra-prima euclidiana foi elaborado por Manif Zacharias em *A lexicologia de "Os sertões": o vocabulário de Euclides da Cunha*, 2001.

6 Esta representação foi trabalhada no belo artigo de Galvão, "*Os sertões*, o canto de uma cólera", *Nossa América*, 1990, p.88-103.

7 "Ruinaria", "ruína", "ruiniforme", "restos", "destroços", "decaído", "destruição" são algumas das ocorrências léxicas mais presentes no texto de *Os sertões* para designar essa atmosfera geral de desgaste e desolação. Cf. Pinto, op. cit; Zacharias, op. cit.

Pois, se o fogo calcina os místicos de Belo Monte, terra gasta e apta a ser cenário da pólvora devastadora, no outro deserto que fascinou Euclides a partir de uma missão geopolítica nas fronteiras do Alto Purus, em 1905 – a Amazônia –, são as grandes massas hídricas, em perpétua turbulência, responsáveis pela dispersão dos esforços povoadores e pela impressão geral de *paraíso perdido*, de inacabamento da paisagem ainda *à margem da história*, ou mesmo *sem história*. Ali, o seringueiro solitário esculpe Judas à sua imagem e semelhança para ser tragado na correnteza do rio. Palácios demarcatórios do poder colonial são taperas arruinadas. Tapuios na cidade viram párias. E, na selva, os sinais do extrativismo predatório e nômade são aqueles deixados por esses bandos de *construtores de ruínas*. Nenhuma civilização, a rigor, lá se fixa. As cidades amazônicas, como os homens, são *errantes*.[8]

Quando em Manaus, Euclides idealizara projeto literário ambicioso em torno dos sertões amazônicos, que seria, segundo ele próprio, sua "segunda vingança contra o deserto". Em carta a Coelho Neto, de março de 1905, afirma:

> Nada te direi da terra e da gente. Depois, aí, e num livro: *Um paraíso perdido*, onde procurarei vingar a *Hylaea maravilhosa* de todas as brutalidades que a maculam desde o século XVII. Que tarefa e que ideal! Decididamente nasci para Jeremias destes tempos. Faltam-me apenas umas longas barbas brancas, emaranhadas e trágicas. (Cunha, 1997, p.266)

Tragédia não só por esse messianismo de causas perdidas, mas que se entremeia com o drama pessoal do autor nos últimos anos de

---

8 "Construtores de ruínas" e "cidades errantes" são expressões euclidianas nos ensaios amazônicos que compõem a parte "Terra sem história" de seu último livro, *À margem da história*, 1909. Inspirei-me nessas imagens para montar o capítulo "Vertigem do vazio" (cap. 4), em *Trem fantasma: a modernidade na selva* (2005). Conferir também meu artigo "Os sertões amazônicos de Euclides" (*Amazonas em Tempo*, 1992), baseado em conferência dada na Semana Euclidiana de 1989.

vida, premido entre a crise familiar, a burocracia estatal e os dilemas da política diplomática sul-americana. Tragédia das brutalidades contemporâneas que se faziam nos pontos extremos do território, em nome do progresso e da fixação dos marcos do poder do Estado nacional. Por isso, sua visão do seringueiro, embora não tenha forjado a segunda obra-prima imaginada, é bem mais aguda do ponto de vista da questão social. De todo modo, ao retornar do Purus, ainda em Manaus, esboçava um manuscrito que, segundo depoimentos de amigos, depois se perderia em seu projeto original. A julgar, ao menos, pelos sete ensaios sobre temas amazônicos que constituem a primeira parte de *À margem da história*, bem como por outros textos avulsos que publicou sobre a região, o escrito primitivo que ensaiara também se desfez no curso da obra e dos acontecimentos, também a história de seu *Um paraíso perdido* arruinava-se como prosa literária acabada e como manifesto social de intervenção na opinião pública, na trilha de *Os sertões*. Numa palavra, tratava-se de um discurso interrompido. Firmo Dutra, por exemplo, em artigo-testemunho sobre essas reminiscências amazônicas, registra:

> A morte trágica não lhe permitiu rever sua última obra, resultado da observação profunda e da admiração quase explosiva, tão de seu temperamento, pela *Hylaea* prodigiosa. Daí, ao certo, a razão de não se encontrar no livro um capítulo, que foi esboçado, que se intitulava – *Brutalidade antiga* – e era a pintura, com as fortes tintas de que sabia usar Euclides, da entrada dos povoadores para os altos rios, deixando atrás de si a devastação dos cauchais e o sulco sangrento das caçadas aos índios. (Dutra, 1986, p.275-6)

A história produtora de ruínas, no entanto, está disseminada pelo conjunto da obra euclidiana. Sua matriz estético-literária está bem longínqua, remetendo, entre outros autores, às obras de Burke e Volney,[9] no século XVIII, que terão repercussões por todo o alto

---

9 Cf. Volney, *Voyage en Egypte et en Sirie*, 1822 [1787]; e *Les Ruines, ou méditation sur les révolutions des empires*, 1791. Vide: Burke, *A Philosophical Inquiry*

romantismo do XIX, chegando até Hugo, com fortes ressonâncias no Brasil,[10] alimentando imaginários americanos tão díspares quanto Poe ou Sarmiento, ou rebatendo com ímpeto na obra do visconde de Taunay, leitor direto de Volney.[11] Seja pela lateralidade quase mitológica entre Vesúvio e Pompeia, seja pelo tema remoto

---

into the Origin of our Ideas of the Sublime and Beautiful, 2014 [1757-1759].
Sobre arte, ruína e solidão, ver: Klingender, *Arte y revolución industrial*, 1983; e Subirats, *Paisagens da solidão*, 1986.

10 Sobre a repercussão de Volney no século XIX, de resto intensa, ver: Mortier, *La poétique des ruines en France: ses origines, ses variations de la Renaissance à Victor Hugo*, 1974. Sobre a presença significativa desse filósofo francês na obra de Hegel, embora não assumida – em particular no tocante ao tema central da prosa da história se constituindo a partir da reflexão sobre as ruínas –, ver os interessantes comentários de Jacques D'Hondt, *Hegel secret*, 1986, p.83-113. Quanto ao hugoanismo no Brasil, cf. Carneiro Leão, *Victor Hugo no Brasil*, 1960. Esse autor recupera o seguinte poema de Euclides da Cunha publicado no jornal *Quinzenal*, Rio de Janeiro, 9 jun. 1885, a propósito da morte de Victor Hugo:
"*O Mestre*
Não choremo-lo não... se essas dores supremas
Geram sombria noite em nosso ser magoado
Em nossa alma se arqueia
Cada folha imortal de seus imensos poemas
Como um céu constelado
Desses eternos sóis: o canto, a estrofe e a ideia." (Op. cit, p.180).
Esse poema, de resto importante na configuração do romantismo euclidiano, não foi incorporado à *Obra completa* editada pela Aguilar em 1966. Ainda sobre V. Hugo no Brasil, cf. a interessante coletânea de Múcio Teixeira, *Hugonianas: poesias de Victor Hugo traduzidas por poetas brasileiros*, 2003.

11 Sobre a recepção de *Les Ruines* nos Estados Unidos da virada do século XVIII para o XIX, cf. Chinard, *Volney et l'Amérique*, 1923. Domingo Sarmiento, em *Facundo o civilización y barbarie* (1845), constrói uma paisagem arruinada e oriental em torno das pampas, inspirada diretamente em Volney. Taunay cita Volney no elenco de suas leituras. Este e outros aspectos da relação entre história, memorialismo e ficção na obra do autor de *Inocência* foram pesquisados por Maretti em *O visconde de Taunay e os fios da memória*, 2006. Se em *A retirada da Laguna* há traços evidentes do binômio história-ruína, na sua narrativa histórica *A cidade do ouro e das ruínas*, cuja primeira edição data de 1891, contando o episódio da morte do pintor e tio Adrien Taunay no rio Guaporé, numa Vila Bela já decadente do ciclo aurífero, durante a malfadada expedição Langsdorff, as afinidades com a linhagem de Volney são profundas.

da iminente vingança da natureza contra as criações humanas, o fato é que se tem associado, com frequência, vulcanismos geológicos ou revolucionários com imagens de ruínas. Mesmo em Volney, a visão das ruínas da Antiguidade oriental figuradas no Egito e na Síria servem de tela de fundo para uma meditação sobre a *revolução dos impérios*, à luz dos acontecimentos cruciais na França de 1789. E o historiador inglês Buckle, tão lido e citado por Euclides, também terá se inspirado no orientalismo de Volney, em suas representações de paisagens exóticas e materialmente ruinosas, a geografia dos grandes ambientes naturais entrando como componente básico nas transformações históricas.[12] Metáforas vulcânicas aparecem, entre nós, por exemplo, em textos menos conhecidos de Raul Pompeia e Gonzaga Duque; e, pouco mais tarde, em Alberto Rangel.[13] Já o republicano radical Silva Jardim levou seu vulcanismo até os limites trágicos da experiência, atraído irresistivelmente pelos segredos do centro da Terra.[14] Interessante notar, a propósito, que, no caso de Euclides, tanto Oliveira Lima quanto Araripe Júnior utilizam-se de imagens vulcânicas quando dele se recordam após sua morte.[15] Essas descargas caóticas de gigantescas massas de materiais

---

12 "Como Volney e Chateaubriand, Buckle dirigiu-se ao Oriente, atraído pela esfinge que ali guarda o segredo do passado da humanidade. As ruínas majestosas das cidades destruídas, as tradições arquisseculares dos impérios extintos e das religiões que se transformaram, a sublimidade do deserto só comparável à sublimidade do oceano, as descobertas arqueológicas, recompondo os povos, os costumes, as guerras, as civilizações enfim, adormecidas, sob o peso dos séculos, tudo isso fascinava o espírito melancólico e insaciável de Buckle, com o encanto empolgador do desconhecido..." Cf. Ribeiro, Henrique Thomaz Buckle, em Buckle, *Historia da civilisação na Inglaterra*, 1900, p.CXXXIV.
13 Cf. Raul Pompeia, "Vulcão extinto", em *Canções sem metro*, 1900. Ver também: Gonzaga Duque, *Revoluções brasileiras (resumos históricos)*, 1898. Cf. também Alberto Rangel, "Pitoresco e estafa" (crônica inédita de viagem a Nápoles e ao Vesúvio, 1908), Arquivo Nacional, AP/54; publicado em Hardman, *Duas viagens a Nápoles*, 1998.
14 Ver Silva Jardim. *Memórias e viagens: I – campanha de um propagandista (1887-1890)*, 1891.
15 Vide Oliveira Lima, Recordações pessoais, em *Por protesto e adoração*, 1919. Cf. Araripe Jr., "Dois vulcões extintos" (sobre as mortes de Raul Pompeia e Euclides), em *Obra crítica* (v.IV, 1901-1909), 1966, p.291-9.

A VINGANÇA DA HILEIA 169

elementares, base de representações agônicas – rodamoinhos, erupções, incêndios enormes, maremotos e naufrágios, impulsos e tempestades, raios e furacões, pântanos e correntezas –, mal disfarçando sua filiação às figurações românticas da instabilidade e do desequilíbrio, chão movediço do pânico que funda o sublime, remetem a uma natureza perigosa e vingativa, *vampiro da razão*, no movimento de eterno retorno de um princípio destrutivo de toda história racional.[16]

Vale anotar, de passagem, alguns textos sugestivos da sedutora vinculação de Euclides à estética das ruínas. Em sua prosa, para além de *Os sertões*, no qual o vínculo é bastante evidente, há muitos exemplos, mas sublinharei os seguintes textos:

• Do livro *Contrastes e confrontos* (1907), duas crônicas reportam-se ao ambiente das "cidades mortas", região decadente do vale do Paraíba, após a passagem vertiginosa do ciclo do café: "Fazedores de desertos" e "Entre as ruínas", em que uma espécie de crítica ecológica bem fundamentada a respeito do caráter predatório da cafeicultura faz contraponto ao desenho da paisagem natural e humana arruinada, com índices de abandono, desolação e melancolia. São textos da virada do século e Brito Broca sugeriu a possível forte influência que teriam tido sobre o imaginário de Monteiro Lobato e Godofredo Rangel, em obras posteriores (respectivamente, *Cidades mortas*, 1919, e *Vida ociosa*, 1920) ambientadas no mesmo clima e cenário.

---

16 Baseio-me na interessante discussão sobre as tradições marxista e geopolítica no entendimento da dialética natureza x história proposta por Richard James Blackburn em *O vampiro da razão: um ensaio de filosofia da história*, 1992. Sobre a presença do caos e do acaso no pensamento estético-científico de Euclides, remeto a outro artigo deste mesmo volume: "Estrelas indecifráveis ou: um sonhador quer sempre mais". "Tumulto", "tumultuar", "tumultuariamente" e "tumultuário" estão entre os signos preferidos de Euclides para designar cenários instáveis e realidades indeterminadas, "à margem da história". Cf. Pinto, op. cit.; e Zacharias, op. cit.

- Do livro À *margem da história* (1909), conforme temos referido, pelo menos toda a primeira parte, que reúne os escritos amazônicos sob o título "Terra sem história". A esse conjunto devem ser agregados: o prefácio para o livro de contos de Alberto Rangel, *Inferno verde* (1908); o ensaio "Entre os seringais", publicado na revista *Kosmos*, em 1906, um dos mais radicais textos de denúncia do trabalho alienado dos seringueiros, não por acaso, depois retomado pela imprensa operária como material de combate; o relatório da missão no Purus, também editado em 1906.

- Na marcha dos vulcanismos, embora de modo menos evidente, nos dois textos de Euclides dedicados a poetas – a conferência sobre Castro Alves e o prefácio ao livro *Poemas e canções* de Vicente de Carvalho, ambos de 1907 – encontrar-se-ão traços dessa atração pela fúria "milenária e geotetônica" dos elementos primevos, de uma realidade mostrada "vivamente monstruosa", de um "mar perseguidor" e de uma "terra prófuga", de um "chão que tumultua, e corre, e foge, e se crispa, e cai, e se alevanta",[17] brutalidades de todas as maneiras arruinadoras.

- Na marcha de uma história nacional fantasmática, o conto--crônica "Numa volta do passado", publicado na revista *Kosmos*, em 1908, faz da ruína de um velho sítio na região das "cidades mortas" o cenário de uma narrativa em retrospectiva da passagem fugaz da comitiva de d. Pedro, oitenta anos antes, após o grito do Ipiranga. O arruinamento da paisagem real e a ilusão de um relato-sonho são marcados, no conto, pelas batidas martelantes e melancólicas de um monjolo, "pêndulo invertido" a marcar "todos os segundos atrasados de um século desaparecido".[18] Esse é o texto talvez mais belo e visível de Euclides a propósito da fusão entre história e ruína, reportando-se a um "pessimismo patriótico-nacional" de base que

---

17 E. Cunha, "Antes dos versos", em *Obra completa*, 2009, v.I, p.442-3. Vide nota anterior.
18 Ibidem, p.453-6.

recordará, sob diferentes registros, autores tão expressivos e distintos como Raul Pompeia, Gonzaga Duque, Machado de Assis, Lima Barreto e Capistrano de Abreu (no caso deste último, acorrem-me, sobretudo, as derradeiras páginas de *Capítulos de história colonial*, 1907, em que uma população dispersa vagueia sem rumo e arruinada, na busca de identidade histórico-cultural improvável).

• Complementariamente, vale lembrar ainda os textos dos relatórios sobre as ilhas de Búzios e Vitória (1902), em que desponta, mais uma vez, o tema da desolação da paisagem natural e humana; e sobre os reparos nas duas fortalezas de Bertioga (1904), em que o tema central é o da ruína do próprio empreendimento militar-colonial.[19]

• Finalmente, fica o registro de sua crônica ainda colegial "Em viagem (folhetim)", de 1884, seu primeiro texto em prosa documentado, no qual o narrador, descrevendo "impressões fugitivas das multicores e variegadas telas de uma natureza esplêndida que o *tramway* me deixa presenciar de relance quase", diante de imagens da expansão primaveril dos elementos, interrompe seu discurso com a adversativa que instaura, a partir dali, por toda a sua literatura, a nosso ver, traço romântico permanente e contraponto pesado a qualquer iluminismo civilizatório linear ou euforia quanto ao progresso técnico:

> contudo uma ideia triste nubla-me este quadro grandioso – lançando para a frente o olhar, avisto ali, curva sinistra,

---

19 Ibidem, p.465-80. Sobre a viagem às ilhas de Búzios e Vitória, Vicente de Carvalho, que acompanhou Euclides, narra seu caráter acidentado, em meio a uma tempestade e quase-naufrágio. Cf. "Euclides da Cunha", *Revista da Academia Brasileira de Letras*, 1929, p.428-30. Quando a caminho do Amazonas, em fins de 1904, numa escala nordestina, Euclides da Cunha visitou os portos de Recife e Cabedelo, tendo, neste último, se impressionado com as ruínas da fortaleza de Santa Catarina. Cf. Vidal, "Euclydes em Recife e Cabedelo", em *Dom Casmurro*, 1946, p.56.

> entre o claro azul da floresta, a linha da locomotiva, como uma ruga fatal na fronte da natureza...
> Uma ruga, sim!... Ah! Tachem-me muito embora de antiprogressista e anticivilizador; mas clamarei sempre e sempre: – o progresso envelhece a natureza, cada linha do trem de ferro é uma ruga e longe não vem o tempo em que ela, sem seiva, minada, morrerá! E a humanidade [sic] não será dos céus que há de partir o grande "Basta" (botem b grande) que ponha fim a essa comédia lacrimosa a que chamam vida; mas sim de Londres; não finar-se-á o mundo ao rolar a última lágrima e sim ao queimar-se o último pedaço de carvão de pedra...
> Tudo isto me revolta, me revolta vendo a cidade dominar a floresta, a sarjeta dominar a flor! (Cunha, 1966, p.517, v.I)

De modo por certo ingênuo, desenha-se, nessa escritura adolescente, matriz que depois iria se desdobrar sob figurações mais complexas, considerando-se não só a civilização técnica e seus aparelhos materiais e ideológicos como agentes arruinadores – incluindo-se, dentre eles, o próprio Estado e a instituição militar –, mas, de forma combinada, as forças brutas desencadeadas dos movimentos cósmicos e da evolução natural.

***

É meu intuito, porém, apontar, nestas notas, imagens da ruína dos mundos que se inscrevem, além da prosa euclidiana, na sua irregular e episódica produção de poesia, quase toda ela datada do século XIX, e feita entre os 17 e os 31 anos de idade. Manuel Bandeira, que selecionou dois sonetos de Euclides para a antologia de poetas brasileiros bissextos que organizou, em 1947, comenta, a esse respeito, que o autor mesmo "teria cedo reconhecido que o verso não seria nunca o seu apto instrumento de expressão literária". E arremata, considerando que, no inventor de *Os sertões*, "o poder transfigurador poético está é na sua prosa máscula, um tanto bárbara, às vezes, mas sempre magnífica" (Cunha, 1966, p.629, v.I).

Talvez, para contrapor-se a uma prosa dita bárbara, só mesmo um "poema rude". Para contextualizar um pouco mais nossa entrada no terreno desigual dessa poesia meio sem crédito, bem como nos meandros do referido poema comentado ao final deste ensaio e ainda inédito em livro, esquecido numa página do jornal *Monitor Sul-Mineiro*, da cidade de Campanha, sul de Minas, em 1895, e que localizei em pesquisa na arquidiocese local, em 1993,[20] convém assinalar outros poemas em que o tema da caducidade precoce da experiência se insinua com mais força. Insisto em percorrer escritos tidos como menores por duas razões: para sugerir que o tema aqui abordado espraia-se de modo generalizado por toda a obra de Euclides; e para reverter o argumento da "linguagem bárbara", de certa maneira um tanto recorrente na crítica euclidiana, a favor da hipótese norteadora de nosso trabalho: os barbarismos, rudezas e anfractuosidades em excesso do texto de Euclides indicam, por um lado, sua linhagem expressionista (a sugestão pioneira nesse rumo é de Gilberto Freyre) – constituindo, ao mesmo tempo, produto literário e invenção de estilo que traduzem, no plano da escrita, as brutalidades sem data, antigas e de agora; as ruínas à margem da história e as históricas; a permanente invasão da cultura pelos vampiros da razão; a ilusão de um mundo ordenado e inteiramente cognoscível; a realidade caótica do cosmos, sublime enquanto terrível e inapelavelmente precária.

Assim é que no poema "A cruz da estrada", de 1884, assinala-se o lugar desse símbolo sinistro,

Em meio das soidões...
[...]
Nos gélidos lugares
Em que ela se ergue, nunca o raio estala,

---

20 "Poema rude", em *Monitor Sul-Mineiro* (1895), p.2. Transcrevi pela primeira vez esse poema no artigo Hardman, "Euclides em Campanha". *Jornal do Brasil*, 1994, p.11.

> Nem pragueja o tufão... Hás de encontrá-la
> Se acaso um dia nos sertões vagares... (Cunha, 1966, p.637, v.I)[21]

E, em "Último canto", da mesma época, manifesto poético contra a metrificação clássica, contra Castilho e Boileau, declara-se o amor a Musset e Hugo:

> Parar – é sublevar –
> Medir – é deformar!
> [...]
> Esse arquiteto audaz do pensamento – Hugo –
> Jamais sói refrear o seu verso terrível
> Veloce como a luz, como o raio, incoercível!

Para, no mesmo poema, o eu lírico apresentar-se como jovem-velho, imagem que depois retornará:

> Não tenho ainda vinte anos
> E sou um velho poeta... a dor e os desenganos
> Sangraram-me mui cedo, a minha juventude
> É como uma manhã de Londres – fria e rude...
> (Ibidem, p.639-40)

Rudeza, nesse caso, civilizada, recuperada numa variante de 1888 do mesmo poema, intitulada "Fazendo versos" – em que a brutalidade do verso é assumida programaticamente:

> Que a crítica burguesa e honesta me perdoe:
> Bem sei que isso faz mal – sei bem que isto lhe dói:
> Que ela estigmatize a fronte e em raiva ingente
> Arroje sobre mim a pecha: decadente!... (Ibidem)

---

21 Cf. também p.531-2, nas quais, num fragmento de um caderno de notas de Lorena, 1902, reaparece o tema das "santas cruzes" numa estrada precária rumo a São Luís do Paraitinga.

E vêde-me calcar do Pindo as áureas trilhas...
Colega!... hão de ser sempre essas canções estranhas
Umas selvagens filhas
Das miragens, dos céus, da luz e das montanhas!
(Idem, 1966, p.642-3)

Configuração que se refaz, de modo mais condensado e expressivo, no soneto "Mundos extintos", de 1886, um dos elencados por Bandeira, em que se esboça aliança clara e bela entre os mistérios da ciência e a verdade da poesia, questão sobre a qual Euclides se debruçaria nos últimos escritos de sua vida, vinte anos após, propugnando uma nova linguagem capaz de realizar essa difícil síntese:

> São tão remotas as estrelas que, apesar
> da vertiginosa velocidade da luz, elas se apagam,
> e continuam a brilhar durante séculos.

Morrem os mundos... Silenciosa e escura,
Eterna noite cinge-os. Mudas, frias,
Nas luminosas solidões da altura
Erguem-se, assim, necrópoles sombrias...

Mas pra nós, di-lo a ciência, além perdura
A vida, e expande as rútilas magias...
Pelos séculos em fora a luz fulgura
Traçando-lhes as órbitas vazias.

Meus ideais! extinta claridade –
Mortos, rompei, fantásticos e insanos
Da minh'alma a revolta imensidade...

E sois ainda todos os enganos
E toda a luz, e toda a mocidade
Desta velhice trágica aos vinte anos... (Ibidem, p.650)

O eu lírico, que insiste em cantar seu envelhecimento precoce, demite-se de vez da possibilidade de prosseguir sua poética em versos e anuncia seu afastamento da forma-poema, depois de regressar da expedição silenciadora de Canudos. Por isso, o título de "Página vazia" a este soneto de 1897, em que confessa:

> Quem volta da região assustadora
> De onde eu venho, revendo, inda na mente,
> Muitas cenas do drama comovente
> De guerra despiedada e aterradora.
>
> Certo não pode ter uma sonora
> Estrofe ou canto ou ditirambo ardente
> Que possa figurar dignamente
> Em vosso álbum gentil, minha senhora.
> [...]
> Que quem mais tarde, nesta folha lesse
> Perguntaria: "Que autor é esse
> De uns versos tão mal feitos e tão tristes?" (Ibidem, p.656)

Desnecessário será aqui enfatizar a modernidade do tema enfocado, que toca no empobrecimento da experiência e na função da arte num mundo belicamente convulso. De todo modo, temos aqui a significativa passagem do plano da assimetria dos tempos siderais e psicológicos para a contradição entre história e linguagem. O "Poema rude" pertence, acredito, a esse segundo plano, a essa vertente poético-dramática. Isso fica mais claro, de início, se lembrarmos que, na verdade, esse poema inédito forma um par historiográfico-literário, por si só prenhe de significados, com o famoso poema "As catas", igualmente datado de 1895 e também escrito quando de sua estadia na cidade de Campanha (e, posteriormente, dedicado a Coelho Neto). Em "As catas", cantam-se as ruínas do ciclo colonial da mineração, a paisagem desolada das vilas em abandono, a memória de riquezas perdidas, "O fantasma de um povo que morreu".

Em vão, o eu lírico procura, no presente, "Cidades que se ocultam majestosas/ Na tristeza solene do sertão".

E, meditando sobre as ruínas da história colonial, sobre seu brilho efêmero que reaproxima a antiguidade do Oriente dos sertões mineiros, aconselha:

Viajantes que rápidos passais
Pelas serras de Minas
Vindos de fulgurantes capitais,
Evitai as necrópoles sagradas,
Passai longe das ruínas,
Passai longe das *Catas* desoladas
Cheias de sombra, de tristeza e paz... (Cunha, 1966, p.652-3. v.I)[22]

Para encerrar esse contraponto, desejo tão somente fixar duas imagens que me ocorreram na leitura desse "Poema rude". Na preparação do motivo da tempestade, a paisagem embrutecida e

---

22 O original da versão dedicada a Coelho Neto, em 1903, encontra-se no Setor de Manuscritos da Biblioteca Nacional. A primeira versão impressa desse belo poema, salvo engano, apareceu na *Revista da Academia Brazileira de Letras*, II (5), 1911, p.56-8. O texto publicado na antiga edição da *Obra completa* (1966) possui vários erros evidentes, quando em cotejo com o manuscrito ou a referida edição. Esse constitui, talvez, o texto mais modelar de Euclides com vista ao binômio história-ruína. Ecos de Volney (mediados por Sarmiento?) despontam claramente nas imagens de "Babilônias, Bagdás pagãs", "muçulmano austero ou de um templário/ Diante de Meca ou de Jerusalém", "Amplas mesquitas, vastos mausoléus". Enfim, deserto sublime de cujas miragens ruinosas pode erguer-se a meditação histórico-legendária sobre "A coorte febril dos Bandeirantes". Rudeza anônima e arcaica, produtora de heroicidade:
Nas construções amplíssimas,
Que as contemplando eu penso na rudeza
De uma raça já morta de titãs.
E abandonadas... no entretanto, quem
As observa, no extremo
Dos horizontes afastados, tem
O religioso espanto e o extraordinário
Êxtase supremo.

tomada pelo tumulto e violência dos elementos, figura-se um cenário, assim:

> E a noite desce pavorosa... o assomo
> Dos haustos da procela – rudes, maus.
> Agrupa as nuvens em desordem, como
> – A miniatura trágica do caos! (Cunha, 1895, p.2)

Esse derradeiro verso, dez anos depois, reaparecerá numa carta que Euclides escreverá de Manaus, no início de 1905, para Arthur Lemos, em Belém; e, igualmente retomada, surgirá de novo no texto do prefácio que ele fará ao livro *Inferno verde*, de Alberto Rangel, editado em Gênova no ano de 1908. Nesses casos, será a própria paisagem amazônica, como um todo, que aparecerá imaginada como uma "miniatura trágica do caos". Retornamos à brutalidade pré-histórica dos elementos originários do universo.

De outra parte, chama a atenção, no poema, a figura do índio. Já é um índio acaboclado, camponês miserável de volta a seu "casebre branco", "choupana", "pobre lar honesto". A história nacional – afora o "imenso cataclismo" figurado na tempestade – já construíra, previamente, essa ruína. Romântico realista, na pena do poeta de ocasião e futuro prosador-símbolo, parece que aqui, nessa "canção estranha", "selvagem filha das miragens", várias rudezas e barbáries confluem: a da natureza cega e bruta; a do índio-camponês roubado em sua integridade cultural e no seu afeto; a do poeta, incapaz, diante da proximidade de tanta tragédia, de lapidar seus versos.

Nunca saberemos, afinal, que forma possuiria o manuscrito de "Brutalidade antiga" se Euclides levasse seu projeto a um termo, a uma solução literária mais acabada. Mas quis a história, ainda, deixar em aberto muitas portas para a tragédia. Se o manuscrito não pode ser decifrado em sua versão primitiva, descobrimos, ao menos, nessa página menor de um "poema rude" e, até aqui, mergulhado no esquecimento, palavras que, se repetem certo esquema convencional, antecipam algo de "Página vazia". Ao lado das Catas desoladas, antes da guerra final de Canudos, "Poema rude" expressa a agudeza dessa voz vibrátil e hipnótica que já delineava, desde sempre, paisagens e dramas como verdadeiras "miniaturas trágicas do caos". Seu verbo poderoso assim representava o real de um país ilusório. Do sertão mineiro ao baiano, e deste ao amazônico, eram histórias de solidões seculares que se forjavam. Seu futuro e principal narrador tinha sido também poeta passageiro. Mas não esquecera que a história, no mais das vezes, se construía como *epos* brutal. E sabia, acima de tudo, que as criações humanas – inclusive e, em especial, o processo civilizatório – são por demais frágeis e de muito fácil destruição. Por isso, velho aos vinte anos, meditava tanto sobre as ruínas. Pois eram essas, enfim, as principais testemunhas do confronto natureza *versus* cultura e dos choques culturais humanos. Na abertura de "Poema rude", retomando *leitmotiv* tão caro ao modo trágico-romântico, figura-se a imagem da natureza convulsionada:

> Que tarde feia... sob um céu nubloso
> O sol descamba – e rútilo, silente
> Se embuça a pouco e pouco, vagaroso,
> Na púrpura vastíssima do poente.

> A terra toda apavorada treme,
> Sentindo a convulsão que além se externa
> No espaço, – aonde a tempestade freme
> – Como um leão num antro de caverna...

> Que tarde feia... imenso cataclismo
> Imprime em tudo um rígido desmaio:
> – Desce dos céus estranho hipnotismo
> Nas vibrações elétricas do raio!

> Em tumulto, violentos, abalando
> A terra, os ventos passam pelos ares...
> Um *Dies irae* aterrador entoando
> Nas harpas majestosas dos palmares.

E a noite desce pavorosa... o assomo
Dos haustos da procela – rudes, maus.
Agrupa as nuvens em desordem, como
– A miniatura trágica do caos!

Nessa paisagem rural em tormenta surge um índio que volta para seu casebre depois da caça (na verdade, tem-se aqui um caboclo sertanejo) e que canta na expectativa de rever em breve a filha. Mas a tempestade arrasta tudo, e com ela a esperança, tornada em fúria:

Ele então para – a contemplar, tremente,
A convulsão estranha do infinito...
Depois fita a choupana...
Asp'ro, fremente,
Em sua boca brônzea estala um grito!

Um raio ali tombara... mui mais lesto
Do que o tufão que nas quebradas freme
Chega ao local do pobre lar honesto
Mas ao chegar – apavorado – treme!

Jaz tudo em cinzas... que cruel desgraça!
Naquele peito quanta dor se ceva!
E sua filha? Uma lufada passa
E tudo que ele adora em frente leva...

Uma lágrima então – sangrenta e fria –
Extingue a luz do seu olhar sem calma:
– última estrela – estrela que fugia
Da noite despovoada da sua alma...

E se empertiga heroico – da vingança
Empanam-lhe a razão os frios véus,
O arco sopesa, para o largo avança:
"Tu vais morrer, Tupã!"
E frecha os céus... (Cunha, 1885, p.2)

Haveria que exprimir todo esse movimento numa língua "áspera e fremente". Penso que Euclides foi, entre raros autores, quem mais o logrou. As ruínas que representa, aqui expostas com a escavação desse elo perdido, assim o sinalizam.

9
OS SERTÕES COMO POÉTICA DAS RUÍNAS[1]

Por toda a obra de Euclides da Cunha, em vários gêneros de prosa e poesia, está presente o que chamo de poética das ruínas. Não a barroca, alegórica como emblema monumental da morte, nem a do século XVIII, iluminista e marcada pelo sublime como ideal de representação elevada, mas, sim, a da modernidade romântica do século XIX, que teve na poesia dramática de Victor Hugo um de seus grandes veios disseminadores no Brasil. Além disso, deve-se assinalar a presença da historiografia de Buckle e da fenomenologia da história de Hegel, disciplina cuja prosa nascia necessariamente melancólica da contemplação das ruínas. E, também, a presença fundamental de Humboldt, para quem a viagem significa,

---

1 Este capítulo teve como base inicial uma comunicação apresentada no Seminário Internacional "Reflecting on 100 Years of *Os Sertões*: Critical Methods and New Directions", realizado na Universidade do Texas-Austin, em 2003. Versão modificada foi apresentada no Congresso Internacional "Ciência e Técnica na Utopia e na Distopia", na Universidade de Florença, em 2007, saindo, em seguida, no número 4 da revista *Morus*, em italiano. Foi publicado finalmente no livro *Discurso, ciência e controvérsia em Euclides da Cunha* (2008), organizado por Leopoldo Bernucci. Em 2009, esta versão deste ensaio foi publicada em Hardman, *A vingança da Hileia: Euclides da Cunha, a Amazônia e a literatura moderna*.

a um só tempo, método de pesquisa estética, arqueológica, antropológica, histórica, humana e ambiental.

Romantismo não eufórico nem grandiloquente, pois o eventual excesso verbal em Euclides é antes resultado de um hibridismo desconfortável em relação às convenções herdadas do neoclassicismo, do cânone gramatical e retórico "lusitanizante" que ainda prevalecia nas elites letradas brasileiras dos Oitocentos; é também resultado de colagem entre vários fragmentos e fontes genéricas ou discursivas, por exemplo, a tensão não resolvida entre o núcleo ensaístico-dissertativo-explicativo de *Os sertões* e o acervo de imagens literárias comuns a vários escritores românticos brasileiros que lhe foram antecessores (como Castro Alves, Gonçalves Dias, Fagundes Varela, Afonso D'Escragnolle Taunay, dito visconde, José de Alencar, este último sobretudo na fixação do sertanejo como *persona*); ou, então, que lhe foram coevos (por exemplo, Raul Pompeia, Coelho Neto e Augusto dos Anjos, cujos estilos prolíficos se aproximam do que José Paulo Paes sugeriu como indicadores de uma literatura *art nouveau* no Brasil da passagem do século XIX para o XX).

Há duas matrizes distantes, nessa trilha, que remetem à segunda metade do XVIII, mas que foram de certo modo filtradas e "traduzidas" em sucessivas incorporações pelo XIX: Volney, *Les Ruines* (1791), e Edward Gibbon, *The Decline and Fall of Roman Empire* (1776-1788), que circularam largamente entre historiadores como Buckle, ideólogos como Chateaubriand, poetas como Byron, Wordsworth, Victor Hugo, este último inteiramente tomado, em sua prosa e também em sua poesia, pelo que Roland Mortier chamou "fantasmagorias da ruína".[2] Todas essas representações chegaram, ao longo do século XIX, direta ou difusamente, até os românticos brasileiros.

Em William Wordsworth, outro aspecto não desprezível, a ruína incorpora-se às paisagens visitadas em seu *O prelúdio*, ou mesmo nesse emblema já antimonumental e fragmentário que é seu "The

---

2 Cf. Roland Mortier, *La Poétique des ruines en France*, 1974.

Ruined Cottage" ("O casebre arruinado", 1795-1796). Há em Wordsworth uma geologia poética marcada pelo signo da dissipação do tempo visto nas camadas fraturadas da paisagem natural ou humana.[3] De outra parte, lembra-nos o cuidadoso estudo de Laurence Goldstein, *Ruins and Empire* (1977), que "o irmão da Ruína, segundo Thomas Walton, em *The Pleasures of Melancholy*, é o Horror".[4] Estamos em pleno território de constituição da estética do sublime, que se firmará na cultura pré-romântica do final do século XVIII e, sobretudo, no romantismo do século XIX. Parece que Euclides da Cunha filiava-se a essa mesma perspectiva poética, ao valer-se exaustivamente de um mundo e de uma história representados como ruínas em *Os sertões*.

Mas, antes de entrarmos nesse "hiato inexistente" chamado Canudos (a expressão é de Euclides), convém que façamos um rápido sumário da presença do imaginário das ruínas em toda a obra dispersa de Euclides da Cunha, tanto antes quanto depois de *Os sertões*. Aqui devemos igualmente atentar para a importância da obra historiográfico-memorialística do visconde de Taunay na configuração de um imaginário distópico *fin-de-siècle* que depois iria ressoar em historiadores ideologicamente tão díspares quanto, por exemplo, o progressista Capistrano de Abreu e o conservador Alberto Rangel, este último um dos incentivadores pioneiros do culto euclidianista.

No caso de Taunay, não se pode absolutamente ignorar o peso que tiveram suas obras, como *La retraite de Laguna* (escrita e editada originalmente em francês, em 1871, e traduzida como *A retirada*

---

3 Baseio-me aqui amplamente no percuciente e belo estudo de John Wyatt, *Wordsworth and the Geologists*, 1995. Cf. também Wordsworth, *Selected Poems*, 1994.
4 Cf. Goldstein, *Ruins and Empire*, 1977. Trata-se de um poema de meados do século XVIII – cf. Walton, *The Pleasures of Melancholy. A Poem*, 1747. O trecho em questão é o seguinte: "Here columns heap'd on prostrate columns, torn/ From their firm base, increase the mould' ring mass./ Far as the sight can pierce, appear the spoils/ Of sunk magnificence: a blended scene/ Of moles, fanes, arches, domes, and palaces/ *Where, with his brother Horror, Ruins fits*" (cf. op. cit., p.21 – itálicos nossos).

da Laguna, em 1874), que narra, em primeira pessoa, episódio disfórico e desastroso das tropas brasileiras na fase inicial da Guerra do Paraguai e vários outros artigos melancólicos sobre as paisagens arruinadas de Mato Grosso, publicados nas páginas da *Revista do Instituto Histórico e Geográfico Brasileiro* (IHGB), entre eles, em 1891, a primeira versão de seu belo ensaio *a cidade do ouro e das ruínas*, sobre a decadência de Vila Bela, antiga capital dos sertões mais remotos do Centro-Oeste, às margens do rio Guaporé.

Euclides da Cunha, mesmo muitos anos antes de ingressar no IHGB (1904), foi um leitor ávido de sua revista, como demonstram inúmeras notas do autor ao longo de *Os sertões*. Embora já em seus textos amazônicos, de 1905-1906, Euclides se revele mais próximo do socialismo reformista da II Internacional, permaneceria, também aí, nos escritos que nos chegaram desse projeto inacabado de *Um paraíso perdido*, sua visão das ruínas da história que, em meio a uma paisagem ainda por se completar, tornam-se tão mais apocalípticas.

Como estou convencido de que há não só dominância, mas permanência dessa poética em toda a obra do escritor (o restante de sua obra sempre relegado a certo olvido dado o efeito ofuscante e encantatório de sua obra-prima – problema ao que parece geral das obras-primas), farei um exercício de confronto, diálogo intertextual e busca de afinidades eletivas entre passagens escolhidas de *Os sertões* e poemas de seu caderno juvenil de poesia, ainda inédito, *Ondas* (1883-1884), bem como dos chamados *Poemas dispersos* (1885-1909).

"Luiza Michel" (1884) é um soneto inédito sobre a grande líder *comunnarde* de 1871, presa e deportada para a Nova Caledônia, e anistiada em 1882, quando volta à França como grande heroína. Nele, lemos, nos dois tercetos finais:

> E nessa insânia – à qual – nada há que dome ou quebre
> Enlameada e nua a populaça em volta
> Bebendo-lhe no olhar os incêndios da febre!...

Devia ser grandiosa – ela – entre a glória e o crime
Erguendo ao lábio murcho os cantos da revolta
Pálida, magra, feia, hedionda, hirta... sublime!...

Essas imagens ressoam evidentemente na figuração de Antônio Conselheiro: hediondo, terribilíssimo antagonista, "famigerado e bárbaro" agitador na parte final de *Os sertões*, mas também sublime no seu pietismo louco e maldito, criminoso e demente que agora já não rivalizava, nem por sonho, com as imputáveis e não classificáveis "loucuras e crimes da nacionalidade". Mas também resvalam na cena das prisioneiras mulheres, crianças e velhos, quando "a vitória tão longamente apetecida decaía de súbito". Ou ainda na "velha mais hedionda talvez desses sertões" que carregava "a criação mais monstruosa da campanha" (a menina de meia face arrancada por um estilhaço de granada, riso de um lado, vácuo de outro). Ou mesmo na figura daquele "negro puro", "primor de estatuária modelado em lama", "velha estátua de titã, soterrada havia quatro séculos e aflorando, denegrida e mutilada, naquela imensa ruinaria de Canudos. Era uma inversão de papéis. Uma antinomia vergonhosa...".[5]

Certas imagens do belíssimo poema épico-dramático "As Catas", escrito por Euclides da Cunha quando de sua estadia na cidade sul-mineira de Campanha, em 1895 (dois anos antes, portanto, de sua viagem a Canudos, e sete, da edição de *Os sertões*), que evoca melancolicamente a decadência do antigo ciclo da mineração (século XVIII) e seu rastro de sucessivas ruínas, de todo modo contempladas como lugar do mais sublime, numa escritura da história brasileira como signo de solidões, reaparecem, segundo pude verificar, pelo menos em seis diferentes passagens disseminadas

---

5 Todas essas expressões extraídas do texto de *Os sertões*, bem como as que virão a seguir, baseiam-se na edição crítica organizada por Walnice Nogueira Galvão. Cf. Cunha, *Os sertões*, 1985, p.536-72. Outra edição, comentada e mais recente de *Os sertões* e que pode ser confrontada, é a que organizou Leopoldo M. Bernucci. Cf. Cunha, *Os sertões*: *campanha de Canudos*, 2002.

nas páginas de *Os sertões*, onde, claro, transmudam-se do interior mineiro para o baiano, e das cidades mortas de Minas Gerais (figuradas, também, poucos anos adiante, nas cidades mortas do ciclo do café no vale do Paraíba fluminense e paulista) para essa outra imensa e fantástica "necrópole antiga e vazia" chamada Canudos:

> Que outros adorem vastas capitais
>   Aonde, deslumbrantes,
> Da Indústria e da Ciência as triunfais
> Vozes, se erguem em mágico concerto;
>   Eu, não; eu prefiro antes
> As Catas desoladas do deserto,
> – Cheias de sombra, de silêncio e paz...
>   [...]
>
> Não invejo, porém, os que se vão
>   Buscando, mar em fora,
> De outras terras a esplêndida visão...
> Fazem-me mal as multidões ruidosas
>   E eu procuro, nesta hora,
> Cidades que se ocultam majestosas
> Na tristeza solene do sertão. (Cunha, 1895, Ms)

Na clara repercussão intertextual desse poema de dez estrofes e setenta versos em *Os sertões*, lembremos aquela passagem em que a serra do Cambaio é descrita como "montanha em ruínas", e os morros "semelham [...] grandes cidades mortas", ao modo de "necrópoles vastas". Já bem adiante, em outro trecho, "se lobrigava, indistinto, sob o aspecto tristonho de enorme cata abandonada, Canudos...". Já depois de destruída, Canudos, "aquela Babilônia de casebres", recordava "uma necrópole antiga ou então, confundidos todos aqueles tetos e paredes no mesmo esboroamento, – uma cata enterroada e enorme, roída de erosões, abrindo-se em voçorocas e pregueando-se em algares". No poema, o eu lírico aconselha que se passe longe dessas "catas abandonadas"; em *Os sertões*, o narrador, num dos momentos cruciais do massacre, passa-se por "visitante atônito" ao percorrer "quase todo o arraial" de Canudos completamente em ruínas, que dava a impressão de "uma entrada em velha necrópole". A enumeração seguinte, caótica e trágica, da sucessão de cadáveres de mortos em batalha, de objetos espalhados nos casebres, de adereços rudimentares e artigos de fé, constitui uma das passagens mais pungentes do livro.[6]

Em outro poema adolescente do caderno *Ondas*, "A igreja abandonada", de que restaram apenas alguns fragmentos e uma nota de clara inspiração em Victor Hugo (e longínqua em Wordsworth), locado na ilha das Salinas, provavelmente fruto de algum passeio pelo litoral fluminense, em 1884, mas hoje paisagem de difícil identificação, devido a vários topônimos idênticos, surpreendemos imagens que depois recrudescem em *Os sertões*, assumindo então proporções trágicas, como na passagem das "duas igrejas derruídas" de Canudos, a mais antiga delas quase inteiramente destruída, evocando ainda seu "fantástico sineiro"; ou então no trecho em que se refere ao "templo monstruoso dos jagunços", isso para não falar dos dois croquis dessas capelas desenhados a lápis por Euclides da Cunha, *in locu*, em 1897, em sua famosa *Caderneta de campanha*.[7]

Por fim, no conhecido soneto "Página vazia", escrito em Salvador e datado de 14 de outubro de 1897, cerca de duas semanas depois de seu retorno do teatro da guerra em Canudos (é, a rigor, salvo eventuais registros não descobertos, o primeiro texto que escreveu depois dos últimos telegramas enviados ainda como correspondente de guerra ao jornal *O Estado de S. Paulo*), já encontramos, inteiramente prefigurada, a visão distópica daquele conflito e, por extensão, de toda a história brasileira, postura deceptiva que depois iria marcar em definitivo sua obra maior. Transcrevamo-lo por inteiro, este que considero um dos mais belos poemas de Euclides:

---

[6] Op. cit., todos os trechos citados encontram-se entre as p.300-548.
[7] Cf. Caderno *Ondas*, *ms.cit.*; cf. *Os sertões*, op. cit., p.514-51; cf. *Caderneta de campanha*, Ms., 1897, Rio de Janeiro, IHGB.

Quem volta da região assustadora
De onde eu venho, revendo inda na mente
Muitas cenas do drama comovente
Da Guerra despiedada e aterradora,

Certo não pode ter uma sonora
Estrofe, ou canto ou ditirambo ardente,
Que possa figurar dignamente
Em vosso Álbum gentil, minha Senhora.

E quando, com fidalga gentileza,
Cedestes-me esta página, a nobreza
Da vossa alma iludiu-vos, não previstes

Que quem mais tarde nesta folha lesse
Perguntaria: "Que autor é esse
De uns versos tão mal feitos e tão tristes?! (Cunha, 1897, Ms)

Como não perceber os ecos desse poema feito "no calor da hora", com as imagens que se sucedem no desfecho dramático de "A luta", parte final de *Os sertões*, escritos e reescritos entre 1898-1902? Por exemplo:

– "A História não iria até ali";
– "Canudos [...] Era um parêntese, hiato, vácuo";
– "*esta página sem brilhos...*" (Cunha, 1985, p.538, itálicos nossos)

Como escrever essa história, como representar a catástrofe sem apagá-la? Euclides da Cunha encarou conscientemente esse desafio. Interessou-se pela caligrafia manca e literatura bronca nas paredes da capela da cidade de Queimadas, ponto terminal da estrada de ferro e portal dos sertões, ou por aqueles "cronistas rudes", soldados anônimos, em seus "libelos brutos", rabiscando seus "protestos infernais", "a riscos de carvão", nos casebres de taipa dos caminhos. Eram "letras tumultuárias", "versos cambeteantes":

E a empresa perdia repentinamente a feição heroica, sem brilho, sem altitude. Os narradores futuros tentariam em vão velá-la em descrições gloriosas. Teriam em cada página, indestrutíveis, aqueles palimpsestos ultrajantes. (Cunha, 1985, p.496-502)

Mas o narrador não as transcreve. Este é o seu limite. Ficam também apagadas nas ruínas dessa "ficção geográfica" que é Queimadas, desse "hiato inexistente" que é Canudos, como aqueles sinais perdidos da paisagem: "é que se enterroaram há muito os fundos das cacimbas, e os leitos endurecidos das ipueiras mostram, feito enormes carimbos, em moldes, os rastros velhos das boiadas; e o sertão de todo se impropriou à vida" (Cunha, 1985, p.122).

Ou um *quadro*, um *telão*, uma *cena real* vista como uma *"ficção estupenda"* naquele *"palco revolto"*, na *"imprimadura, sem relevos, do fumo"*, deste *"monstruoso anfiteatro"*, no *"resplendor sinistro de uma gambiarra de incêndios"*. Era Canudos na fumaça dos combates que antecederam seu fim. Não havia registro estável, nem representação acabada. O próprio real abalava-se e rompia-se. E nesses *"intervalos desaparecia o arraial. Desaparecia completamente a casaria"*. E o fogo imperava (ibidem, p.525, itálicos nossos). E a utopia secular de uma nação sertaneja, esquecida pela história moderna, revertia-se no seu contrário – em crime maior da nacionalidade, em genocídio perpetrado pelo Estado nacional, monárquico ou republicano, pouco importa, porque já convertido em Estado-máquina e, portanto, a rigor, em Estado de exceção.

10
TROIA DE TAIPA: CANUDOS E OS IRRACIONAIS[1]

> – *Canudos já patenteia o aspecto entristecedor de uma cidade em ruínas: ... Há dois dias que lavra em seu seio o incêndio... – surdamente – desapiedadamente, lançando sobre o arraial maldito a fumarada intensa como uma mortalha enorme.*
> *[...]*
> *Não teremos outra noite.*
> *[...]*
> *Incompreensível e bárbaro inimigo!*
> (Euclides da Cunha, Canudos: diário de uma expedição, fragmentos de 27-28 de setembro de 1897)

> *Aqui quem fala é mais um sobrevivente.*
> *[...]*
> *Periferia é periferia (em qualquer lugar).*
> (Racionais MC'S, do CD Sobrevivendo no inferno, 1997)

---

1 Este capítulo surgiu, inicialmente, em 1997, numa versão sintética e bem distinta, que denominei "Troia de taipa: de como Canudos queima aqui", em Abdalla e Alexandre, *Canudos: palavra de Deus, sonho da terra*, 1997. No presente volume, mantenho a versão revista e ampliada que está no livro por mim organizado, *Morte e progresso: cultura como apagamento de rastros*, 1998. Esta versão deste ensaio foi também publicada em Hardman, *A vingança da Hileia: Euclides da Cunha, a Amazônia e a literatura moderna*.

Em 1898, o crítico de arte e romancista simbolista Gonzaga Duque publica um curioso livro didático: *Revoluções brasileiras*.[2] Bastante radical no gênero, reconstrói os "resumos históricos" de movimentos políticos violentos em nossa história, a partir de uma perspectiva republicana jacobinista, desde o Quilombo dos Palmares, enfeixando o percurso justamente com a proclamação da República. Com laivos social-democratas em várias passagens, a narrativa deve silenciar, porém, diante do acontecimento mais brutal e impressionante dos inícios do novo regime: a guerra de Canudos. Como considerá-lo um movimento revolucionário, sendo o autor, ao mesmo tempo, militante republicano ardoroso e partidário da nova ordem, fundada sob as mesmas forças políticas e militares responsáveis pela tese conspiratória da subversão dos "fanáticos de Conselheiro" e pelo seu massacre impiedoso em nome da razão de Estado? Gonzaga Duque não reconhece, portanto, a "terra ignota" de Canudos, aquela multidão dos degolados que se negaram ao brado de adesão: "– Viva a República!".

Era como um presságio de atitude-padrão que se consolidou na sociedade brasileira nesses cem anos. Precisamos nos esquecer de milhões se quisermos continuar encenando a farsa de nossa precária civilização. Os "irracionais" de todas as tribos, culturas e regiões devem ser ignorados. Nossa retórica fingida deve praticar o "como se" de sua morte precoce. Mesmo que ainda não tenham morrido de fato. Diante de multidões sem face, sem palavra e sem nome, vamo-nos tornando mais e mais indiferentes.

Na construção de uma cultura brasileira unitária, apagam-se rastros da violência sob forma de massacre, batismo silenciador ou incorporação dos tiranos ancestrais da sujeição voluntária. Topônimos guardam indícios pouco claros de guerras passadas. Referindo-se ao início da colonização, Capistrano de Abreu assinala:

> A história desses primitivos tempos embuça-se em legendas obscuras, conservadas em roteiros e mapas coevos, que picam a

---

2 Duque, *Revoluções brasileiras: resumos históricos*, 1998.

curiosidade e soltam a fantasia: rio dos Reféns, baía dos Inocentes, angra dos Negros, terra dos Fumos, baía da Traição etc. Que inocentes? Que negros? Que traição? Que fumos? (Abreu, 1976, p.210)

Vinculada estreitamente ao tema da dispersão e do embaralhamento dos sentidos, aparece a questão da presença da irracionalidade na formação cultural nacional. Muitos pensadores e políticos têm tratado disso, de Euclides da Cunha e Oliveira Lima a Oliveira Viana e Paulo Prado. Igualmente Capistrano, citando escritor pernambucano do início do século XIX, faz o seguinte comentário sobre "a situação antes ridícula que tétrica" desencadeada pela criação do Diretório dos Índios, no período pombalino, que veio substituir a administração jesuítica das aldeias, vigorando entre 1757 e 1798:

> Os Índios têm vilas, e câmeras; e são nelas juízes, sem saberem nem ler, nem escrever, nem discorrer! tudo supre o escrivão; o qual, não passando muitas vezes de um mulato sapateiro, ou alfaiate, dirige a seu arbítrio aquelas câmeras de irracionais quase... (Idem, 1982, p.164)

Atribuições como essa florescem em representantes das elites durante todo o processo civilizatório, até como modo de justificar a violência que acompanha a integração cultural da nação. Ilustração bem mais recente dessa concepção secular foi a famosa fala "*in off*" do ministro Ricupero, em setembro de 1994, em plena campanha presidencial: "Eu faço um clima, diversão. Faço essas coisas um pouco por instinto. Armo uma confusão. Não tenha dúvida, esse não é um país racional".[3]

Mas quem são, afinal, os irracionais? A massa carnavalizada, famélica, fissurada por imagens e que se arrasta, secularmente nômade, em busca de identidades perdidas, sempre à disposição da

---

3 Cf. *Veja*, 7 set. 1994, p.32.

grande máquina de fazer cabeças? Seria próprio dos irracionais a condição de manipuláveis?

Os irracionais são os índios rebeldes ao "resgate da cidadania". São os herdeiros de Canudos, os milhões e milhões de pré-letrados vagando: os sem-terra, os sem-teto. Ou irracionais são as tribos de jovens urbanos cara-pintadas que derrotaram, nas ruas, em 1992, a camarilha de Collor. Irracionais são, quase sempre, os orçamentos e as estatísticas sobre saúde, educação, infância, segurança, direitos humanos enfim. Nossas minorias amplamente majoritárias que clamam pelo fim *desta* política. Irracionais os meninos da Candelária, os mortos de Corumbiara e Eldorado dos Carajás, os milhares de presos do Carandiru, as meninas-putas de qualquer localidade brasileira. Irracional, enfim, a voz do morro, "a voz rouca das ruas", ora apropriada como voz da nação por seu autoproclamado intérprete, ora como barulho excessivo e "baderna" segundo o mesmo tradutor.

Forçoso reconhecer: esse discurso não enunciou propriamente nenhuma novidade. Já aprendemos a ver nossa irracionalidade de cada dia como virtude ou defeito, a depender de quem a pratica. O que espantou mais foi o lugar de onde vieram aquelas palavras, a tonalidade verdadeiramente arrogante do poder que se supunha senhor da situação, depois reafirmada à farta nesses anos de era FHC; discurso que é dono da arte e dos meios de iludir, podendo ali, no bastidor que se julgava livre de qualquer testemunho, imune a qualquer registro parabólico, falar coisa com coisa, ser sincero com seu próprio cinismo, descarar-se narcisicamente fazendo que cada palavra (ou voto) significasse a coisa mesma, fala translúcida na obscuridade de câmeras ou gravadores; discurso enquadrado por inteiro nesse grande impropério que é a visão alucinadamente racional de um Estado sem limites, rostos imperiais para sempre no ar, textos sem contexto, no fatura-esconde que não tem passado nem futuro, só esse imenso presente chamado vale-tudo – e algumas vezes também, por vício e alcunha, Brasil, o "nosso país".

Mentiras sinceras são, afinal, racionais? A domesticação do messianismo na aliança positivista entre as leis do mercado, as armas do

Estado e as imagens da mídia garantiria, enfim, a conclusão de nosso processo civilizatório? Mas a história humana tem sugerido, até exaustivamente, que tal iluminismo acachapante reintroduz a loucura e a barbárie ali onde eram menos esperadas. Contrato dos mais perversos esse, em que os donos da pretensa razão modernizadora e progressista podem eleger a grande fábrica de mentiras como única patente confiável para se governar os irracionais. Mentiras assim: espontâneas, cometidas por instinto de racionalidade ou por razão de Estado. Talvez por excesso de camaradagem aos aliados ou patrões. Por apego à sociedade dos homens razoáveis. À loucura da normalidade e ao jogo paranoico do poder. Pequenos assassinatos inconfessáveis da memória: racionalmente mentirosos.

Porque, de fato, os irracionais avançam e é necessário detê-los a todo custo. Na santa aliança do Estado-razão, há lugar para ACMs e Amazoninos, Serjões e Ronivons, uns mais modernos, outros mais retardatários, partidos e arremedos, planos reais e fictícios, reformas continuístas, moedas sólidas e voláteis, papéis pintados e esquecidos, canalhas convictos e outros nem tanto, bruxos e tesoureiros, comunicadores e assessores de *marketing*, pesquisas científicas totalmente racionais, abraços amigos e ursos amestrados, espaço na TV e TV no espaço.[4]

***

Mas a história, sabemos, não é linear. É mais bem parabólica.

Talvez acordássemos do pesadelo acordado e da insensibilidade de sonâmbulos se víssemos algumas caras, recordássemos alguns nomes. O destino das crianças e mulheres de Canudos teima em atormentar as noites de nossa historiografia positiva. Responda rápido: quantas Canudos são massacradas por ano nas favelas, delegacias, ruas e ermos desse Brasil?

---

4 Uma das melhores análises políticas da conjuntura nacional e da aliança de poder no Brasil ao final do século XX encontra-se no artigo de Maria Sylvia Carvalho Franco, "Ordem e Progresso", *Folha de S. Paulo*, 1997, p.5/9-5/10.

Falar de Canudos cem anos depois de seu massacre é falar de algumas permanências na história do Brasil, antes e depois da curta vida daquela cidadela. Primeiramente, fato insólito nas lutas sociais do país, Canudos marca um feito raro na memória nacional: o poder da lembrança e da rememoração dos condenados da terra contra o poder do Estado e das efemérides oficiais instituídas pelo regime republicano. Parece que, nesse caso, a metamorfose da guerra civil não declarada – porque aos sertanejos a sociedade política nacional jamais concedera a condição de cidadania – em narrativa épico--dramática canônica da literatura brasileira, pelas mãos de Euclides da Cunha nas páginas grandiosas de *Os sertões*, terá sido elemento fundamental na constituição dessa memória, que mistura, a um só tempo, mito e história.[5]

Fatos bélicos semelhantes em grau de devastação, à falta de um autor-narrador à altura da prosa poética de Euclides, não conheceram repercussão equivalente. É o caso da guerra do Contestado, movimento social-religioso na fronteira entre Paraná e Santa Catarina que também enfrentou pelas armas o poder do Estado, cerca de quinze anos depois de Canudos, e que envolveu população rural e número total de mortos numa escala próxima à ocorrida no sertão baiano.

Fatos religiosos similares, por outro lado, tiveram forte repercussão literária, dentro de tradição messiânica tão arraigada nas culturas populares brasileiras – embora certos pesquisadores, como Ataliba Nogueira,[6] contestem o propalado messianismo de Canudos, a partir do exame das prédicas manuscritas deixadas por Antônio Conselheiro; mas sua presença como processo memorável das

---

5 Cf. Cunha, *Os sertões*, 1985. Ver, ainda, do autor: *Canudos: diário de uma expedição*, 1939; e *Caderneta de campo*, 1975. Entre as contribuições recentes inovadoras sobre esse conflito e sua principal narrativa, cf. Bernucci, *A imitação dos sentidos: prógonos, contemporâneos e epígonos de Euclides da Cunha*, 1995; Fontes, *O Treme-Terra: Moreira César, a República e Canudos*, 1995; Galvão e Galotti (Orgs.), *Correspondência de Euclides da Cunha*, 1997; Costa Lima, *Terra ignota: a construção de* Os sertões, 1997; Villa, *Canudos: o povo da terra*, 1995.

6 Cf. Ataliba Nogueira, *António Conselheiro e Canudos: revisão histórica*, 1978.

lutas sociais é muito inferior aos efeitos desencadeados pela obra de Euclides. Refiro-me, como exemplo comparativo, ao movimento da "pedra encantada" nos sertões pernambucanos, na década de 1830, posteriormente romanceado, em diferentes gêneros e estilos de escrita, por Araripe Jr., José Lins do Rego e Ariano Suassuna.[7]

Se a "crônica sebastianista" de Araripe Jr., na linha de um romance histórico regional, caiu quase no esquecimento como obra de juventude do futuro crítico literário do fim do século, *Pedra Bonita*, de José Lins do Rego, e sobretudo *A Pedra do Reino*, de Suassuna, são narrativas ficcionais vigorosas, valorizadas como tal. No entanto, os episódios histórico-religiosos que as inspiraram não ingressaram no imaginário da memória nacional. Talvez porque faltasse a eles, também, a dimensão trágico-dramática da guerra de Canudos, que, contra o esquecimento, recebeu a marca de força expressiva própria e duradoura, por meio da criação literária de Euclides.

Outro traço atroz de permanência é o da violência preponderante nas relações sociais, em particular nas relações do Estado com os despossuídos. De vários ângulos irrompe a história cruenta desse processo civilizatório. O que já nos adianta para uma constatação irrecusável: para além da dicotomia que opunha, desde o período colonial e especialmente a partir do século das Luzes, como polaridades separadas e irreconciliáveis, "civilização" *versus* "barbárie", verifica-se que a barbárie é aspecto constitutivo inerente à vida civilizada moderna. Barbárie civilizada (pelas leis e aparelhos policial--militares do Estado) é o que se tem como prática social cotidiana e secular. Qualquer ilusão de progresso, nesse plano, pode ser fatal.

A violência em Canudos pode ser percebida em várias dimensões:

a) a profunda "exclusão social", para usar de expressão atualmente em voga, dos habitantes da comunidade sertaneja

---

7 Cf. Araripe Júnior, *O reino encantado*, 1878; Rego, *Pedra Bonita*, 1986 [1938]; Suassuna, *Romance d'A Pedra do Reino e o Príncipe do Sangue do Vai-e-Volta*, 1971.

liderada por Conselheiro: pobreza material absoluta, desapropriação da terra e demais meios de produção – essas são as características básicas da multidão de vencidos de Canudos;
b) a enorme desigualdade de poderio bélico entre os sertanejos e o Exército nacional, principal esteio do novo regime republicano e armado com os melhores instrumentos e estratégias da indústria e da engenharia militar;
c) a brutal adversidade da paisagem semiárida do sertão, acarretando, por si só, escassez de gêneros, falta de objetos e meios para o trabalho de subsistência, abrigos e habitações precárias, obstáculos quase intransponíveis de comunicação etc.;
d) o aspecto "insular" da vida em Canudos, o relativo isolamento dessa sociedade camponesa aliado à própria desolação da paisagem, formam um dos lados da condição trágica de todo o movimento, que conduziria ao desfecho terrível da guerra e à destruição completa daquele arraial;
e) de outra parte, a civilização do litoral urbanizado, europeizado, branco e "modernizador", constitui esse outro polo do grande choque de culturas, esse processo cumulativo de enganos, preconceitos, medo e desejo de eliminação do inteiramente diverso: "– *Incompreensível e bárbaro inimigo!*".

Cem anos passados, aquele destino trágico, que confrontou algozes e vítimas no maior "crime da nacionalidade" perpetrado, parece ter-se alastrado, como maldição, para todo o território do país. O incêndio de Canudos espalhou-se por todo o campo e cidades. O vento levou as cinzas para muito longe, fora de qualquer controle. O grande desencontro de tempos dá-se hoje, simultaneamente, em muitos espaços. Essa a grande herança dos modernos. As muitas figuras em que se multiplicam e dispersam os condenados de Canudos, em plena era de globalização, continuam a vagar sem nome, sem terra, sem história: são quase 60 milhões de pobres, párias e miseráveis esquecidos do Brasil (quem é este gigante que dorme, enquanto seus filhos – os mais novos e os mais antigos – agonizam nas ruas e estradas?).

Canudos revive na miséria rural absoluta dos sem-terra, mas revive também, e sobretudo, na miséria urbana, suburbana e metropolitana das imensas cidades que concentram mais de 70% da população total do país. Nada mais emblemático, a esse propósito, do que a incrível migração do termo "favela", inicialmente um topônimo que designava o *Morro da Favela*, em Canudos, onde se amontoavam labirinticamente as habitações precaríssimas dos sertanejos e, hoje, convertido num vocábulo de significado genérico para as moradias miseráveis nos maiores aglomerados urbanos.

A memória de Canudos condensa, também, no imaginário coletivo, a esperança de salvação aqui na Terra, disso advindas diversas representações de fundo mais ou menos messiânico. As matrizes mais antigas remontam ao utopismo romântico como recusa radical dos valores de troca do capitalismo. Há, pois, aí, na base, um forte sentimento anticapitalista e de crítica não racionalizada ao espírito da modernidade.

Tal linhagem, no Brasil, possui vários antecessores. É o caso, já lembrado, de movimentos como o da "pedra encantada", no sertão de Pernambuco; ou mesmo de movimentos não religiosos, mas simbolicamente engajados numa negativa romântica do Estado nacional e do mundo burguês, como a Cabanagem, na Amazônia, também nos anos 1830, ou as revoltas dos Quebra-Quilos, em várias províncias do Nordeste, na década de 1870.

E possui, por outro lado, parceiros contemporâneos de Canudos, bem como sucessores remotos que, em que pese a mudança profunda de ritos, instituições, discursos e personagens, carregam as marcas desse messianismo difuso. Seja em comunidades anarquistas como a Colônia Cecília, nos sertões do Paraná, ao raiar da República; seja na Coluna Prestes, durante a década de 1920; seja bem posteriormente, com as comunidades eclesiais de base, alicerçadas na chamada Teologia da Libertação, uma das bases sociais na origem do Partido dos Trabalhadores; seja, mais recentemente, com o vigoroso e espraiado MST (Movimento dos Trabalhadores Rurais Sem Terra), que praticamente inaugurou um novo substantivo – os "sem-terra" –, quer parecer algo inegável, em todos esses exemplos, a continuidade de uma esperança que se desdobra em marchas, em rezas, em mitos, em lutas, em derrotas, em dispersões e em novos movimentos.

Mesmo em movimentos revolucionários de extração marxista, como os que propugnaram pela organização de guerrilhas rurais, projetando o ideal da "longa marcha" maoísta – representação de fundo romântico que vislumbra o novo a partir do campo, cercando e virando de ponta-cabeça a ordem citadina –, ou mesmo no guevarismo em todas as suas múltiplas traduções, reencenam-se, no Brasil moderno, os arquétipos de tantas Canudos bravias e intrépidas. Não me sai da memória, sobre isso, a cena do filme *Lamarca*, de Sérgio Rezende, quando o líder guerrilheiro, acuado em pleno sertão da Bahia, delirando de febres no sonho do levante camponês, carrega, junto às vestes rotas, um exemplar bem maltratado pelo sol do livro *Guerra e paz*, de Tolstói. O comunismo cristão primitivo dos utopistas ácratas russos, ainda como variante de construção romântica, reencontra, assim, às vésperas de mais uma matança trágica, esse estranho não lugar. O indivíduo não faz a história. Ele apenas carrega seus livros.

No entanto, em todas essas representações, o sertão é central, é um ponto no interior do país, assim como Canudos estava próxima do coração da Bahia. O Brasil, país tão marítimo, foi ter na imagem dos sertões algo de sua identidade mais antiga e perdida, interiorizada entre selvas, cerrados e caatingas, antes da colonização europeia e do início da história escrita. Essa valorização prendeu-se à vontade política tão empenhada que o modernismo paulista, e depois o carioca, irão consagrar ao vetor sertanejo da genuinidade nacional. No caso da arquitetura modernista, Brasília, a partir de 1960, materializa a penetração do projeto civilizador *à la* Euclides ou Rondon.

Na literatura, houve vozes que ironizaram essa obsessão pelo desconhecido e pelo "lugar central" do processo de identidade. Ocorrem-me dois exemplos significativos: o de *Macunaíma* (1928), de Mário de Andrade, esse "herói sem nenhum caráter", cujas andanças pela Amazônia acabam em tristeza abissal de fundo trágico; e o de *Quarup*, romance de Antonio Callado (1967). Neste último, surge uma expedição rumo ao centro geográfico do Brasil, em pleno Centro-Oeste. Lá chegando, descobre-se o essencial: o centro é um vazio, somente formigas ferozes ocupam seu lugar.[8] O desconhecido não é só promessa de revelação. Pode ser, igualmente, porta para o desencanto, reminiscência de guerras civilizadoras perdidas, de esclarecimentos obscuros, da voragem dos rios, florestas ou desertos. O sertão central fica sendo, assim, o ponto de passagem para as ruínas da natureza, sinais de vulcões extintos, restos de culturas indecifráveis, vestígios desse "inimigo incompreensível" em sua perigosa e atraente barbárie. Mas note-se, a propósito, que o próprio Callado, em *Esqueleto na Lagoa Verde: um ensaio sobre a vida e o sumiço do coronel Fawcett* (1953), retomava, com ênfase, o projeto nacionalista civilizatório e integrador das populações indígenas, tão caro ao Estado republicano, na condição de trabalhadores produtivos e cordatos.[9]

***

Mas agora Canudos arde aqui, na minha alma, "como se fosse uma mão, fisicamente". Galdino Pataxó Hã-Hã-Hãe também viera do coração da Bahia para a ilha da fantasia republicana enfrentar pacificamente os poderes do Estado nacional que roubara sua terra e sua gente. Galdino também fez esse salto mortal para entender o jogo da civilização brasileira. Suas aventuras seriam trágicas. Galdino não sabia direito o que se queria dizer com a frase proverbial: "este é o país das brincadeiras". Não pôde reingressar na Pensão Vera. Suas "veredas de pé posto" de povo andarilho desconhecem os meandros artificiosos do asfalto das superquadras modernistas. Tinha só o abrigo de um ponto de ônibus que jamais passaria.

Não adianta: os assassinos de todas as Canudos continuarão alegando, sempre, a inocência plana dessa barbárie civilizada. Por isso, quando essa tocha humana iluminou a noite do Planalto Central,

---

8 Cf. Callado, *Quarup*, 1978, p.307-10.
9 Cf. Callado, *Esqueleto na Lagoa Verde: um ensaio sobre a vida e o sumiço do coronel Fawcett*, 1953, p.75-84.

nenhum canto guerreiro pagaria a pena. Cairia no silêncio. No silêncio estúpido dos assassinos civilizados. Que cursam faculdades. Que colecionam carros. Que pagam advogados caros. Que detestam mendigos sujos nas ruas da capital federal.

    Durmam tranquilos, senhores letrados! Canudos não passará!

    Meu Deus, como tudo é claro nessas labaredas! E, entretanto, tão obscuro, bárbaro, incompreensível!

    Os grandes desastres da história não passam, no fundo, de alguns tantos e determinados mal-entendidos. Ou, como escreveria Elias Canetti num de seus aforismos: "Aprender com a história que nada se pode aprender com ela" (Canetti, 1994, p.134). Numa atualização trágica dessa ideia de uma história nada didática, o líder indígena txucarramãe Kaka Werá escreveu, logo após o assassinato de Galdino:

> O que é um índio pataxó dormindo dentro da noite aberta no ponto de ônibus da capital do país? O que dormia ali? Dormia uma história. Dentro da noite fria de Brasília repousava por um instante quinhentos anos de lutas com o governo geral desta capitania hereditária.[10]

    Na foto estampada na primeira página, já não se viu mais o rosto de Galdino. Apenas seu corpo inteiro envolto em bandagem, como uma múmia egípcia, como uma verdadeira ruína antiga.

    Talvez, quem sabe, um dia, Brasília amanheça como Canudos, patenteando "o aspecto entristecedor de uma cidade em ruínas". E seu último habitante se lembrará de todas essas "cidades que se ocultam majestosas/ na tristeza solene do sertão" (Cunha, 1966, p.653, v.I). Os incêndios terão cessado. Talvez por falta de ar. E aí nenhuma palavra poderá ser proferida. E nenhuma guerra valerá ser declarada. Não haverá tampouco memória de Canudos. E a praça ao lado da parada de ônibus onde Galdino foi queimado por cinco jovens filhos da República que massacrara Canudos... bem, nenhum fragmento de mapa remanescente será capaz de localizar.

---

10   Kaka Werá, "Índio, gente, indigente", *Folha de S. Paulo*, 1997.

11
O 1900 DE EUCLIDES E ESCOBAR:
AFINIDADES SOCIALISTAS[1]

Na pequena e efervescente São José do Rio Pardo, a virada do século XIX não passava despercebida, entre outros, a dois cronistas especiais: Euclides da Cunha e Francisco Escobar. O primeiro, às voltas com duas obras magistrais de construção: a ponte de ferro sobre o rio Pardo e o ensaio épico-dramático sobre Canudos. O segundo, intelectual socialista e bibliófilo abnegado, amigo e interlocutor privilegiado do autor de *Os sertões*.

O jornal local, *O Rio Pardo*, publicava, em 3 de maio de 1900, uma edição especialmente dedicada às celebrações do quarto centenário do descobrimento do Brasil. E entre os articulistas com textos estampados na primeira página, estavam Euclides – assinando E. C. –, que publicava a crônica de abertura intitulada "4º Centenário do Descobrimento do Brasil", e Escobar – subscrevendo "Fra D'Esco" –, que escrevia a matéria subsequente,

---

[1] Versão anterior deste capítulo, reduzida, integrou a minha tese de livre-docência e, depois, em 1993, o número 13 da revista *Remate de Males*, publicada pelo Departamento de Teoria Literária do Instituto de Estudo da Linguagem da Unicamp. Cf. Hardman, "O 1900 de Euclides e Escobar: duas crônicas esquecidas", 1993, p.7-11. Em 2009, esta versão deste ensaio foi publicada em Hardman, *A vingança da Hileia: Euclides da Cunha, a Amazônia e a literatura moderna*.

chamada "400 anos". São esses os documentos reproduzidos mais adiante, na íntegra, apenas atualizando a ortografia e revendo erros tipográficos evidentes.

O texto de Euclides, aqui recuperado, permaneceu até o presente momento relativamente esquecido. Não consta, afinal, da edição de sua *Obra completa* em dois volumes, pela editora Aguilar (1966). Foi transcrito com falhas e lacunas no livro *Euclides da Cunha e o socialismo*, de José Aleixo Irmão (1960, p.63-5). Esses erros de transcrição reproduziram-se depois na edição de *Canudos e inéditos de Euclides da Cunha* (1967, p.146-7), organizada por Olympio de Souza Andrade. A obra de Irmão, promotor que atuou na cidade, foi escrita com o intuito de contestar a apregoada militância socialista de Euclides em São José do Rio Pardo, durante sua estadia ali, entre 1898 e 1901. Tendo pesquisado, para tal, fontes primárias locais relevantes, como as atas do Clube Democrático Internacional Filhos do Trabalho e o jornal *O Proletário*, Aleixo Irmão põe em dúvida, inclusive, a participação direta de Euclides na redação de manifestos alusivos ao Primeiro de Maio de 1901 em Rio Pardo (e até hoje incorporados na *Obra completa*). De todo modo, se não houve militância orgânica formal, é certo que tenha havido, ao menos, simpatia e adesão ao ideário, aspecto que se vai cristalizando ao correr dos anos seguintes; e, nesse caso, a amizade intelectual com Francisco Escobar foi elo dos mais decisivos.

Trabalhadores do mundo

Lamentavelmente, os exemplares remanescentes de *O Proletário* (1899-1906), tanto na hemeroteca do Museu Histórico Rio-Pardense quanto na Biblioteca Nacional (fundo Plínio Doyle), constituem hoje raros números avulsos, restritos ao ano de 1902. Se a coleção tivesse sido preservada, talvez ajudasse a esclarecer, a polêmica atribuição da autoria de Euclides da Cunha a um programa socialista e a um manifesto de Primeiro de Maio, ambos de 1901, e estampados, respectivamente, nas edições de 29 de janeiro e 1º de maio daquela folha operária, segundo depoimento ulterior, décadas depois, do seu editor-militante Pascoal Artese (cf. *Resenha*, 30 abr. 1951, p.1).

O programa intitulava-se "A nossa meta", inspirado num Partido Socialista Universal. Minha convicção é de que, possivelmente, Euclides da Cunha tenha ajudado Francisco Escobar a escrevê-lo. Tratar-se-ia, pois, de parceria, de coautoria. Nenhuma outra evidência documental ou biográfica indica a autoria isolada de Euclides, e isso vale também para o "Manifesto" (segundo Artese) ou "Mensagem" (segundo a edição da *Obra completa*, 1966, v.I). Transcrevo-o, a seguir, de acordo com a mais detalhada reminiscência de Artese:

O MANIFESTO – COMEMORAÇÃO DO DIA 1º DE MAIO DE 1901

A data de 1º de maio foi adotada para a comemoração do trabalho pelo Congresso Internacional Socialista em Paris, no ano de 1889 e confirmada pelos Congressos de Bruxelas e Zurique em 1891 e 1898.

Festa exclusivamente popular, ela se destina a preparar o advento da mais nobre e fecunda das aspirações humanas, a reabilitação do proletário, pela exata distribuição de justiça, cuja fórmula suprema consiste em *dar a cada um o que cada um merece*. Daí a abolição dos privilégios derivados quer do nascimento, quer da fortuna, quer da força.

Para esse fim é mister promover a solidariedade entre todos os que formam a imensa maioria dos oprimidos, sobre quem pesam as grandes injustiças das instituições e preconceitos sociais da atualidade, destinados a desaparecer para que reine a paz e a felicidade entre os povos civilizados.

Promovendo entre nós a comemoração de uma data tão notável, o Club "Os Filhos do Trabalho" procura a vulgarização dos princípios essenciais do programa socialista, empenhando-se em difundi-los entre todas as classes sociais. (Artese, 1935, p.1; 1951, p.1)[2]

Já a transcrição do programa socialista na *Obra completa*, quando cotejada com os textos republicados em *Resenha*, entre os anos 1930 e 1950, revela algumas curiosidades. Em primeiro lugar, o item XXI, o derradeiro desse programa reformista tipicamente social-democrata, que se denominaria "A nossa meta", identificado ao horizonte da II Internacional Socialista e chamado na edição da José Aguilar de "Programa de *O Proletário*", é simplesmente suprimido nas sucessivas reproduções de *Resenha*: "XXI. Reivindicação dos bens do clero para a comunhão social" (Cunha, 1966, I, p.528, grifo nosso; cf. supressão em Artese, 1951, p.1).

Como se sabe, tanto a Igreja Católica quanto a maçonaria eram partes relevantes do poder local (como de resto em muitas das cidades do interior), tendência talvez reforçada durante os anos autoritários da era Vargas. Seria, pois, possível imaginar uma autocensura de Pascoal Artese? Diante de sua personalidade militante e polêmica, durante toda a sua vida em São José do Rio Pardo, essa hipótese soa pouco verossímil. Falha de transcrição justamente no item final? Sempre possível, mas de todo modo estranho, até pelo caráter radical da proposta, embora plenamente afinada, é bom que se diga, ao conhecido anticlericalismo de Euclides e Escobar. Só mesmo a checagem da fonte primária original poderia contribuir para esclarecer esse ponto.

---

2 Há vários erros na transcrição em *Obra completa*, 1966, v.I, p.529, inclusive com referência à data de publicação original do documento, como se fosse a edição de 1º de maio de 1899 de *O Proletário*. Não há nenhuma evidência nesse sentido, nem tampouco da autoria isolada de Euclides. Nem sequer o Club Filhos do Trabalho havia sido fundado. Além de outras falhas, todo o primeiro parágrafo foi suprimido. Já a transcrição do programa socialista, op. cit., p.528, embora com mesma incorreção de data, corresponde mais aos textos que reapareceriam, a partir de 1935, no jornal *Resenha*, de São José do Rio Pardo, editado pelo próprio Pascoal Artese. Nas pesquisas desse periódico, contei com o apoio inestimável de Maria Olívia Garcia de Ribeiro Arruda.

No caso do item III do programa, de redação a mais extensa e quase narrativa, entrevê-se algo do estilo euclidiano, seja pelo tom dramático, seja pelo léxico raro. E o sentido mostra-se, também, conforme à sua crítica à filantropia:

> III. Estabelecimentos apropriados para recolher os inválidos do trabalho, pobres, velhos e defeituosos, dando-lhes com abundância – roupa, comida, médico, farmácia, etc., para não irem morrer nas enxergas dos hospitais e nos adros das igrejas, ou na calçada das ruas, implorando aviltadora caridade, ministrada pelos ricos e arremediados. (Artese, 1951, p.1)[3]

Nem tanto ao mar, nem tanto à terra. Os laços de Euclides com o movimento operário e com o socialismo local não pareciam nem tão regulares e sólidos como sugere Artese, tampouco, porém, inexistentes e distantes, como insiste Irmão. Desde o início dos anos 1890, nas páginas de crônica ao Primeiro de Maio, Euclides revelava acompanhar com interesse a questão social, indicando conhecer, inclusive, a obra de Marx. Do jacobinismo inicial da geração republicana, era comum essa transição ao campo do socialismo reformista, quando não a certo anarquismo metafísico.[4] E seu famoso artigo "Um velho problema", de 1904, seria mais que simpático ao campo das reformas de inspiração marxista, na ótica da ideologia do progresso. Idem para seu "Entre os seringais", de 1906, publicado em *Kosmos*. Assim, poderia soar plausível a imputação, feita por Artese, da autoria de Euclides para um possível preâmbulo ao programa

---

[3] No caso da *Obra completa*, 1966, p.528, a palavra "arremediados" foi trocada erroneamente por "remédios".

[4] Ainda está para se estudar o pensamento social entre alguns literatos do fim de século, entre eles, por exemplo, Raul Pompeia, Gonzaga Duque, Elysio de Carvalho ou José Veríssimo, em que professam confiança no advento do socialismo no século por vir. Não se trata de revolução cruenta, nos moldes anarquistas então plenamente atuantes. O gradualismo reformista da II Internacional ganhava mais adeptos entre alguns escritores do que se supôs à primeira vista.

"A nossa meta", saído em *O Proletário* de 29 de janeiro de 1901 e, depois, jamais republicado, que se punha nos seguintes termos:

> [...] O nosso programa, porém, é a parte que exige reformas realizáveis na sociedade atual, como meio de luta para chegar-se ao ideal da sociedade futura, pela transformação lenta, científica, metodizada, sem causar grandes choques e abalos, como aconselha a filosofia *socialista contemporânea* [...]. (Artese, 1951, p.1)

Fé inabalável no progresso, a mesma que levava alguém, num adendo a uma ata do Club Internacional, dirigindo-se ao "amigo Loyola", a se solidarizar com a deliberação de se enviar moção de felicitações a Santos Dumont "pela descoberta da direção dos balões, como de consequências incalculáveis para o advento do socialismo" (Irmão, 1960, p.133-4; imagem entre p.208-9). Segundo Irmão, eram alguns militantes da entidade; segundo Artese, era o próprio Euclides da Cunha (Artese, 1946, p.1). Para complicar a novela, na reprodução fac-similada desse documento primário em Irmão, o desenho gráfico do texto manuscrito parece-me bem compatível com a caligrafia de Euclides.

Sem dúvida, se encontramos os nomes de Francisco Escobar, José Honório de Silos e outros nas atas do Club Internacional, o nome de Euclides permanece ausente. Precaução do engenheiro civil em missão delegada pelo governo estadual, na pequena cidade? Por isso, de todos os variados e às vezes aparentemente imprecisos relatos de Pascoal Artese, o que mais descreve, com verossimilhança, a redação daquele manifesto de Primeiro de Maio, é o que indica um escrito trabalhado a dois, a partir do pedido de Escobar a Euclides, após uma reunião da entidade, para que colaborasse na feitura do texto. E este aceitou a incumbência, e repassou, na noite seguinte, ao próprio Artese, duas tiras de papel com os dizeres da celebração, sob o olhar algo decepcionado do jovem militante, que esperava, no ardor do ideal, um "manifesto colosso para poder organizar um jornal", bem mais longo que o que veio a sair em *O Proletário* de 1º de maio de 1901: "com admiração disse-lhe: 'Só!' – Respondeu: 'Vai. Aí tem tudo'" (Artese, 1935, p.1).

Cidadãos do Brasil

Voltando à celebração do descobrimento do Brasil, é interessante acompanhar o contraste social e ideológico entre ela e as festas e manifestações do Primeiro de Maio. A esse propósito, o jornal *O Rio Pardo* sugere significativo paralelismo. O Primeiro de Maio de 1900 foi comemorado majoritariamente por imigrantes italianos – artesãos, operários e intelectuais – com as bandas de música, os estandartes, alguns oradores que "discorreram na maviosa língua de Dante", culminando o processo com a fundação do Clube Democrático Internacional Filhos do Trabalho, de tendência socialista e mantendo laços com o Grupo Avanti!, de São Paulo.[5] Já no dia 3 de maio, é a vez de celebração mais oficial e solene, pela passagem dos quatrocentos anos da descoberta do Brasil, com "préstito... de perto de 2 mil pessoas", em que participam autoridades políticas, militares, comerciantes, representantes da lavoura e o próprio redator-proprietário de *O Rio Pardo*. Após missa e passeata, os discursos em frente à Câmara Municipal, registrando-se a presença do "dr. Euclides da Cunha que em eloquentíssimas frases saudou as três nações: Portugal, Itália e Brasil" (cf. *O Rio Pardo*, 6 maio 1900, p.1; e 3 maio 1900, p.2).

Não se tratava de celebração localizada ou casual. Naquele mesmo ano, organizara-se no Rio de Janeiro a Associação do

---

5 De fato, o jornal *Avanti!*, principal órgão socialista do movimento operário do Brasil no período, anunciava, em 22-23 jun. 1901, na seção "Nostre Corrispondenze", carta de Artese solicitando laços mais orgânicos do Clube Internacional Filhos do Trabalho com o grupo. No número anterior, de 15-16 jun. 1901, há uma lista de "subscrições populares" em favor de um colono preso em Rio Claro, com a adesão do Clube de São José do Rio Pardo, mas sem menção a Escobar ou Euclides. Pouco antes, em 20-21 abr. 1901, o jornal de São Paulo anunciava que o Clube Internacional deliberou "federar-se" ao Circolo Socialista Avanti! Nos remanescentes números de *O Proletário*, de 1902, parece que se continuava a debater, entre as duas publicações, o caráter e acerto dessa filiação. Algum exemplar de *Avanti!* que ainda restava na hemeroteca do Museu Histórico Rio-Pardense, endereçado a Artese, indica que houve, no mínimo, alguma correspondência real.

Quarto Centenário do Descobrimento do Brasil, que reunia diversos segmentos sociais e algumas das figuras mais conhecidas da intelectualidade nacional. Ramiz Galvão historiou, em obra monumental,[6] os trabalhos dessa associação, que incluíram: criação de hino e monumento comemorativos; programa intenso de festejos populares, religiosos e navais que mobilizaram milhares de pessoas nas ruas; erguimento de um pavilhão provisório na praça da Glória, ao estilo das grandes exposições internacionais do século XIX; realização paralela de congressos jurídico, de medicina e cirurgia, e de engenharia e indústria; inauguração de instalações para asilo de crianças desvalidas, clube naval e associação de empregados no comércio; e – ritual imagético obrigatório – montagem de um panorama do descobrimento do Brasil, no centro do Rio, com telas pintadas por Vítor Meireles, a começar do célebre quadro da primeira missa. E seria também naquele 3 de maio de 1900 que o historiador Capistrano de Abreu publicava, ainda na capital federal, nas páginas do *Jornal do Commercio*, seu ensaio *O descobrimento do Brasil pelos portuguezes*, logo ampliado e saído em livro pela casa Laemmert.

O fato de que a referida crônica de Euclides tenha estado oculta, até mesmo por sua vontade deliberada, que não a selecionou, entre vários textos de imprensa escritos à época, na linha do ensaísmo histórico-político, seja para a edição do livro *Contrastes e confrontos* (1907), seja para a obra ulterior, *À margem da história* (1909), aumenta ainda mais, a meu ver, o seu interesse: quer do ponto de

---

6 Associação do Quarto Centenário do Descobrimento do Brasil, *Livro do Centenario (1500-1900)*, 1900-1910, 4v. Vide, em especial, v.IV. Agradeço por essa referência ao prof. Moisés Kuhlmann Jr. Em seus quatro volumes, esse grandioso painel reuniu dezessete memórias inventariantes de temas gerais da formação do Estado e sociedade, que vão desde a organização militar, relações internacionais, religiões católica e acatólicas, ciências médico-farmacêuticas e jurídicas, engenharia, mineração e lavoura, até o descobrimento do Brasil (Capistrano de Abreu, Oliveira Lima: v.I), literatura (Silvio Romero, v.I), instrução e imprensa (José Veríssimo, v.I) e belas-artes (Coelho Neto, v.II).

vista de sua biografia literário-intelectual, quer do ponto de vista do estudo de seu estilo (até pela contiguidade extrema com a escritura de *Os sertões*), quer, igualmente, para o estabelecimento definitivo de sua obra dispersa, ou mesmo para um exame atento e contrastivo da presença forte do gênero crônica nessa literatura finissecular, tentando afirmar-se com traços próprios nos desvãos do discurso jornalístico e do ensaio histórico, esse pequeno texto esquecido de Euclides, inconfundível na expressão, merece leitura atenta. Quando não, como amostra notável do debate em torno da identidade nacional, e de seu caráter altamente complexo, que mobilizava parte considerável dos intelectuais naquela virada de século: diante das perplexidades postas para o presente, o retorno a 1500 como "mito da origem", na busca de fundamentos singulares, deslocados e problemáticos da história do Brasil, não é mesmo fortuito. O tema subjacente é, a rigor, muito próximo do que se elabora em *Os sertões* e que reaparecerá, com força alegórica, no expressivo conto-crônica "Numa volta do passado", a propósito do mito da Independência de 1822, escrito a partir de episódio relatado em 1902 (e divulgado inicialmente na revista *Kosmos*, em 1908).

A crônica de Francisco Escobar amplia o quadro mental desse debate: numa eloquência também veemente, seu tom é menos épico-dramático, menos literário (no sentido de uma edificação simbólica intencional) e muito mais cáustico, cético e polêmico. Sua publicação me pareceu necessária, não apenas como documento lateral e complementar ao texto euclidiano, mas como sinal raro de uma atuação política e cultural que deixou muitos testemunhos e poucos rastros materiais, quase nenhum deles escrito. Aqui, talvez, surjam imagens comparativas das semelhanças e diferenças entre o socialismo de Escobar e o de Euclides, dando e, ao mesmo tempo, retirando razão aos argumentos de Aleixo Irmão. Além de oferecer pistas indiretas, mas originais, ao estudo de uma das afinidades eletivas mais significativas – e ainda envolta em grande mistério – de nossa história cultural, como bem enfatizou, várias vezes, Brito Broca: a amizade Euclides-Escobar.

4º CENTENÁRIO DO DESCOBRIMENTO DO BRASIL
EUCLIDES DA CUNHA

No século XVI a Humanidade dilatou o cenário da história. Despeada do tumulto medieval voltou-se para o passado, atraída pelo fulgor da antiguidade clássica, reatando pela cultura humanista, os elos da continuidade social partidos desde a irrupção dos bárbaros. E à medida que por tal forma o espírito humano renascia, crescendo na ordem intelectual, como que se lhe impôs, indispensável ampliar também, na ordem física, o palco desmedido em que apareceriam as sociedades transfiguradas.

De sorte que, logicamente, a Renascença coincide com a época dos grandes descobrimentos geográficos – que longe de traduzirem feituras do acaso favorecido pela audácia de alguns marinheiros temerários, foram um resultado imediato da reorganização geral.

Colombo meditativo diante da *Imago mundi* de Petrus Alliacus[7] ou deletreando as cartas de Paolo Toscanelli, ligava-se através dos séculos a Strabo; Bartolomeu Dias, rumando impávido para o *mar immoto* do Atlântico Sul, singrava na esteira secular do périplo de Hannon...

Os países futuros iriam surgir indicados pelo passado.[8]

Além disto, a atração irreprimível do Oriente opulentíssimo por um lado, e de outro o anelo de atingir as terras misteriosas do

---

7 No caso de nomes próprios de personagens históricos ou personalidades políticas e culturais, resolvi manter a grafia original, isto nas duas crônicas aqui reproduzidas. Devo agradecer, por fim, aos amigos euclidianistas de São José do Rio Pardo a possibilidade de recuperação desses importantes textos, em particular ao Museu Histórico Rio-Pardense, na pessoa de seu diretor, Benê Trevisan, bem como de seus dedicados funcionários. E em especial à professora e pesquisadora Maria Olívia Garcia Ribeiro de Arruda, pela colaboração permanente.

8 A folha do jornal está rasgada neste trecho, identificando-se apenas os seguintes fragmentos: "Os paíz[...] futur[...] surgir indi[...]os[...]do". Reproduzo aqui a frase transcrita por J. A. Irmão (1960), que parece estar correta e fazer sentido.

Ocidente onde demorava a *Atlantide* fantástica dos Gregos, eram estímulos poderosos às gentes europeias.

Norteados por tais desígnios os barinéis ligeiros, as galés e as naves majestosas, e as caravelas atrevidas fizeram-se aos mares desconhecidos, velejando de Palos e Lisboa. Procurando com Vasco da Gama as altas latitudes do hemisfério sul e contornando a África ou com Vicente Pinson endireitando ponteiros para oeste, visando *el levante por el poente*, demandavam todos, variando na rota, um objetivo único – alcançar a Índia portentosa.

O descobrimento da nossa terra realizou-se, então, como um incidente inesperado, mas não inteiramente fortuito, dessa tentativa fascinadora.

Pedro Álvares Cabral zarpara a 9 de março de 1500, de Lisboa, para a Índia onde ia suceder ao Gama e este, mais experimentado daqueles mares, recomendando-lhe que se alongasse o mais possível para o ocidente, amarando da costa africana de modo a evitar as calmarias do golfo de Guiné, tinha, talvez, o secreto intuito de ver realizada uma travessia nas paragens ignotas cujas terras, ainda não descobertas, pertenciam, pelo recente tratado de Tordesilhas, à coroa portuguesa.

Partiu o feliz navegador e inesperadamente, a 22 de abril (data inutilmente transposta pelo calendário gregoriano para 3 de maio) deparou com lugares nunca vistos naqueles mares, nunca dantes navegados.

***

Foi há quatrocentos anos…

Em geral os nossos historiadores dão ao acontecimento um aspecto dramático: doze caravelas desarvoradas – mastros desaparelhados e velames rotos, sacudidos[9] violentamente pelo Atlântico,

---
9 "Sacudidas", no original: pela sequência, nota-se discrepância de gênero. Preferi optar pelo masculino, não só pela proximidade de "mastros" e "velames", mas pelo sentido de particularização da frase intercalada entre travessões.

arrebatados nas lufadas fortes dos ventos desencadeados – e arribando à enseada salvadora de "Vera Cruz".
Estava descoberto o Brasil.

E como aqueles rudes lidadores, que haviam deslocado para o oceano tormentoso a bravura romanesca da cavalaria medieva, não dilatavam somente o *império* mas também a fé, dias depois, a 1º de maio, diante do gentio deslumbrado, realizaram a primeira missa.
E partiram. Reataram a rota aproando outra vez para as Índias, deixando em terra, alteada sobre um monte, avultando nas solidões do novo continente e dominando o mar, uma cruz de madeira.
Estava cravado o primeiro marco da nossa história.

O belo símbolo cristão ali ficou; e muito alto, projetando-se nos céus entre as fulgurações do Cruzeiro, braços largamente abertos para os mares, braços abertos para a Europa, era como um apelo ansioso, o primeiro reclamo da terra ainda virgem à Civilização afastada....

/ E. C. /

400 ANOS
FRANCISCO ESCOBAR

Sempre que um filisteu qualquer festeja seu aniversário, dá-me gana de indagar dele os motivos de seu júbilo: Que lucrou a humanidade com mais um ano de sua existência? Escreveu algum livro notável? Pintou alguma tela extraordinária? Compôs alguma ópera magnífica? Inventou algum processo industrial novo? Descobriu a direção dos balões?

Nada. Caminhou apenas mais 365 dias monótonos e vãos de uma existência chata e desenxabida.

Agora que veio certo entusiasmo no comemorar-se o 4º centenário do descobrimento do Brasil, aquela mesma gana irrita-me malignamente os nervos e não sei como contê-la que não pergunte aos meus caros patrícios: – Em que é que consumimos quatro séculos da nossa história? Quais as nossas contribuições para o progresso geral da humanidade? Quais os produtos da nossa civilização de mestiços? Onde a nossa ciência, a nossa arte e a nossa indústria?

Não se diga que somos um país novo, pois que carregamos às costas a respeitável antiguidade de *papai* Portugal, cujas tradições formam como que um patrimônio comum à nossa gente.

Demais, quatrocentos anos de existência de um povo são um vasto e lento espaço em que sua atividade e o seu gênio podem atingir os mais elevados graus de desenvolvimento.

Em trinta anos o Japão surpreende o mundo com a sua arte, a sua indústria, a sua política e o seu poder militar.

A Alemanha devastada e minada pelo célebre bandido corso, em menos de cem anos, galgou a vanguarda das potências que dominam o globo pelo prestígio da ciência e da força.

No princípio de século, a Itália, retalhada pelos austríacos e franceses, estava no auge da miséria e da decadência; setenta anos depois, unida e forte, reconquista no mapa da Europa o seu posto de nação respeitada e dirigente.

Há menos de duzentos anos talvez, a Rússia saiu da barbaria pelo braço de Pedro, o Grande, e hoje o seu poder, as suas letras, artes e ciências impressionam o mundo todo.

Causam-nos assombro o poderio e a civilização da Inglaterra, que no tempo de Carlos I, há trezentos anos, não era mais que uma mísera nação, fraca, pobre e pequenina.

E nós... que fizemos depois que o Sr. Pedro Álvares Cabral aqui fincou, em terra, a Santa Cruz d'El-Rei Cristianíssimo?

Devastamos a terra, plantamos café, fabricamos rapaduras e tecemos jacás de taquara.

Produzimos nas letras Arthures Gaularts e Jaguaribes, na ciência Sylvios Roméros, na política Bernardinos.

Fizemos uma independência em 1822, uma guerra em 1865; tivemos escravos até 1888 e arranjamos uma República em 1889.

Em 1900, somos uma multidão rastejante, sem ideias nem aspirações, governados por um advogado medíocre e um homeopata ousado.

Não temos crédito, não temos força.

Não sabemos que será, no dia de amanhã, desta malsinada terra, perdida para sempre nas mãos dos desonestos e dos incompetentes! Eis em que desbaratamos quatrocentos anos! E vale a pena festejarmos o 4º centenário do nosso descobrimento?

Vale, sim, mas há de ser com o maxixe e com o engrossamento, produtos genuínos da nossa civilização, no fim de quatro séculos!

/ FRA D'ESCO/

Excurso: elogio póstumo do engenheiro-escritor por um cidadão do mundo

Dúvida não há de que Francisco Escobar, socialista reformista militante, terá sido dos amigos que maior influência intelectual exerceu sobre Euclides. Na correspondência entre ambos, anos depois da estadia do escritor em São José do Rio Pardo, permanece o elo e a nostalgia daquele momento singular da passagem do século que propiciara o encontro de ambos. Mas o elo mais interessante desse círculo da amizade socialista será quando da viagem, uma década mais tarde, em 1911, à América do Sul, do grande líder de esquerda francês Jean Jaurès. Além de Buenos Aires e Montevidéu, visita Rio de Janeiro e São Paulo, sempre dando conferências de propaganda social-democrata e sobretudo pacifista, ele que além de orador que marcou época no Parlamento da França, intervindo com firmeza no caso Dreyfus, passou a militar contra a guerra que já se anunciava nos horizontes sombrios da Europa, sendo assassinado, por conta de suas posições, às vésperas da eclosão da Primeira Guerra Mundial. Mas, antes que o mito em torno de sua figura se cristalizasse, tivemos essa presença notável no Brasil. E, para espanto de muitos, ele faria, tanto em São Paulo quanto no Rio de Janeiro, elogios incontidos à obra de Euclides da Cunha, inserindo-a naturalmente nos quadros do pensamento socialista, não só *Os sertões*, porém especialmente *Contrastes e confrontos,* que, é bom lembrar, contém, entre outros, o supracitado ensaio "Um velho problema". Ora, naquele momento, nenhuma obra de Euclides da Cunha aparecera traduzida. Questionado sobre como conseguira ler o autor, já que, supostamente, desconhecia o português, Jaurès, na saída da Biblioteca Nacional, que fora visitar, gaba-se de dominar bem o latim e o *Languedoc.*[10] E que isso facilitara sobremaneira a leitura dos ensaios de *Contrastes e confrontos.* Mas é certo que o deputado socialista havia se informado previamente sobre o escritor e sua obra e, muito provável, a notícia de sua trajetória e fim trágico, dois anos antes, tinha aportado à França. Vejamos um fragmento do relato desse "encontro", quando da visita de Jaurès à Biblioteca Nacional:

> Já se sabe, por confissão sua, que leu Olavo Bilac e leu Euclides da Cunha; e, com a instantaneidade da adivinhação, porque não conhecia bem a nossa cidade e desconhece inteiramente o nosso mato, – descobriu que o glorioso autor dos *Sertões* era realmente na literatura o homem representativo do Brasil.
>
> E o seu juízo não parou nessa manifestação, simplesmente de crítico que descobre afinidades; arrojou-se num caloroso entusiasmo, de braços abertos e riso de admiração para aquele talento nobre e inquieto que o surpreendera e deliciara.
>
> [...] Não admira que o sr. Jaurès subitamente se tomasse de tão grande simpatia por Euclides da Cunha. Há entre ambos certa parecença que explica esse sentimento [...]. ("Jean Jaurès", 25 ago. 1911, p.6)[11]

Euclides jamais saíra do Brasil, a não ser nos meandros da fronteira peruana, quando da expedição binacional de reconhecimento

---

10 Ao regressar à França, o líder da II Internacional fará defesa pública da preservação do occitano e da latinidade, a partir da viagem à América do Sul e também de visita a Lisboa.

11 Todas as crônicas e reportagens sobre a visita de Jaurès foram pesquisadas na série de matérias publicadas em *O Estado de S. Paulo,* 21-31 ago. 1911.

do Alto Purus. Mas seu ensaísmo, ora histórico-literário, ora ficcional, é como se demandasse essa ultrapassagem de limites, é como se desgarrasse do mapa da nação, e dos mundos perdidos que ali se guardaram por séculos e que sua prosa descortinara. Ao firmar a crença na perspectiva do socialismo internacional e da paz contemporânea, seus escritos se autotraduziam, e a experiência passageira da ponte de ferro e do primeiro amigo socialista, da mistura entre cultura caipira e cidade de forte concentração de trabalhadores imigrantes, da festa do descobrimento de um país estranho e da celebração do Primeiro de Maio, por quem tinha como pátria única sua força de trabalho, iluminava-se inesperadamente agora na apologia de Jaurès, e sua obra ganhava assim projeção e brilho, antes que a sombra da barbárie moderna cobrisse em seguida toda a Europa, e com ela o mundo.

12
EUCLIDES DA CUNHA, A AMAZÔNIA E O SOCIALISMO INTERNACIONALISTA[1]

Gostaria inicialmente de agradecer pelo amável convite da profa. Penjon, assim como de minhas prezadas colegas Vera Lins e Flora Süssekind, para participar desse interessante e relevante encontro, e cumprimento-as todas pela iniciativa de sua organização, cuja convergência e densidade seria rara de se ver mesmo no Brasil.

Prometi a mim mesmo tentar não me repetir aqui, em se tratando de Euclides da Cunha, autor e obra que me perseguem há mais de vinte anos, mas isso parece hoje quase impossível. Quando, ainda em 1995, a partir de outro amável convite, da profa. Katia de Queirós Mattoso e do prof. Pierre Rivas, pude apresentar, em colóquio realizado em Paris IV, a primeira versão do meu ensaio "Brutalité Antique: histoire et ruines dans Euclides da Cunha", ensaiava aí circunscrever o que considero o núcleo central e articulador

---

1 Este capítulo resultou de uma exposição oral feita por ocasião do Seminário Europalia-Paris, em novembro de 2011, na Université Paris 3 (Sorbonne Nouvelle). Mantivemos sua forma original. Organizado por Vera Lins, Jacqueline Penjon e Flora Süssekind, a publicação em livro dos trabalhos apresentados teve duas edições, em português e em francês, ambas brasileiras (cf. *Interpretações literárias do Brasil moderno e contemporâneo* e *Interprétations littéraires du Brésil moderne et contemporain*, 2014. Em ambas, nosso texto está às p.69-78).

de sua grandeza literária, essa "poética das ruínas", que se manifesta tanto em sua poesia propriamente dita (não se pode esquecer que Euclides escreveu poemas desde sua primeira juventude até a morte), quanto em toda sua prosa ensaística, narrativa, épico--dramática, seja nos textos maiores, seja nas crônicas, artigos, prefácios e correspondência ativa.

Entre os primeiros autores a detectarem a presença estruturante da poesia na escritura de *Os sertões* encontra-se o poeta modernista paulista Guilherme de Almeida, que, já em 1923, chamava a atenção para esse aspecto. Traço que continuará a ser destacado por, entre outros, Augusto e Haroldo de Campos, em seu *Os sertões dos Campos*, de 1997.

É preciso relembrar isso porque hoje parece mais do que claro que a força e a presença do que se poderia chamar de "pensamento social" de Euclides advém antes dessa "poética das ruínas", e não o contrário. Sua modernidade é tanto mais radical porque profundamente romântica, fundada no inconformismo do gesto e da palavra que irrompem como revolta diante do rastro de destruição deixado pelo avanço irrefreável da civilização ocidental, cristã, técnico--industrial, colonial e escravista. Assim como entre os primeiros anarquistas e socialistas, seu anticlericalismo volta-se mais que tudo contra a instituição e hierarquia eclesiásticas, recuperando a figura primeva de um Cristo revolucionário, reciclado no melhor ideário da Revolução Francesa. Suas fontes remontam, claro, a Victor Hugo, mas também a Byron e Leopardi. Do romantismo brasileiro, busca alento nos versos de Castro Alves, mas igualmente em Fagundes Varella e Gonçalves Dias.

Leopoldo Bernucci foi quem nos alertou, em *A imitação dos sentidos* (1995),[2] para a significativa presença intertextual de *Quatrevingt--Treize*, de Hugo, na trama textual de *Os sertões*. O que quero novamente enfatizar aqui é que essa "poética das ruínas" não é apenas um traço estilístico, mas constitui, centralmente, uma forma-*mentis*

---

2 Bernucci, *A imitação dos sentidos: prógonos, contemporâneos e epígonos de Euclides da Cunha*, 1995.

da visão de mundo desse poeta do excesso e do trágico, excesso diante da incompletude do real e trágico porque fixado no olhar melancólico que antecipa a próxima desaparição de toda paisagem. As linhagens dessa afinidade poético-social, se podemos dizer assim, de Euclides da Cunha, vinculam-se, no ensaísmo, certamente ao grande escritor sergipano Manuel Bomfim (que teve sua obra de crítica social recuperada graças a trabalho meritório de dois então jovens estudantes, Roberto Ventura e Flora Süssekind, em 1984), mas também ao paraense José Veríssimo e ao socialista também sergipano Silvério Fontes, pai do grande poeta popular parnasiano e santista Martins Fontes. Mas também, claro, ao pernambucano Alberto Rangel, de cujo livro *Inferno Verde*, de contos amazônicos, Euclides foi o prefaciador. Em se tratando de poetas, não poderíamos ignorar as presenças do gramático e filólogo anarquista José Oiticica, avô do grande Helio Oiticica, mas também desse amigo e correspondente de Euclides, o poeta do mar, o santista Vicente de Carvalho, cujo livro *Poemas e canções* teve seu prefácio. Afinidades que certamente se prolongam, *in absentia*, com o poeta paraibano Augusto dos Anjos, com o prosador do trágico urbano Lima Barreto e, *last but not least*, com o enigma sem fim das veredas sertanejas de Guimarães Rosa. E, em se tratando de América Latina, não haveria mais como negar, entre outras, a presença de uma linha de força poética que vincula Euclides da Cunha aos ensaístas argentinos Domingo Faustino Sarmiento, ao uruguaio José Enrique Rodó, mas igualmente a dois novelistas decisivos, o colombiano José Eustasio Rivera, de *La vorágine* (1924), e o cubano Alejo Carpentier, de *Los pasos perdidos* (1953). Para além, não poderíamos esquecer as afinidades presentes com autores em língua inglesa contemporâneos de Euclides, o polonês-inglês Joseph Conrad, de *Heart of Darkness*, o londrino Henry Major Tomlinson, autor da magnífica narrativa de viagem ao rio Madeira, *The Sea and the Jungle*, e o irlandês Roger Casement, que foi cônsul britânico em Santos e no Rio de Janeiro em anos comuns à presença de Euclides nessas duas cidades e que percorreu a Amazônia até a fronteira colombiana, também naqueles anos, tendo denunciado a escravidão nos seringais do rio Putumayo no mesmo momento em que Euclides o fazia com relação aos seringais do rio Purus. Em trabalhos recentes, o historiador escocês-irlandês Angus Mitchell trouxe novas evidências desses elos perdidos entre as consciências sociais de Casement e Euclides, que, embora não tenham se conhecido pessoalmente, sabiam da existência um do outro, reciprocamente. E fizeram suas viagens rumo ao coração das trevas amazônicas com o mesmo empenho de viajantes intrépidos e testemunhas da solidão trágica de seus escravos modernos.

O que quero sugerir hoje aqui para vocês é que, na trajetória da configuração dessa constelação de um pensamento que arrisco chamar de socialista internacionalista, de Euclides da Cunha, a presença de seus escritos amazônicos, a partir da longa viagem que realiza por lá em 1905, é absolutamente decisiva. Como todo viajante radical, Euclides nunca mais seria o mesmo depois de retornar ao Rio de Janeiro, voltando de Manaus, em janeiro de 1906. Essa experiência amazônica refaz, em sua mente e em sua prosa poética, todos os sertões antigos que antes conhecera: os de Minas Gerais, quando de sua moradia em Campanha, depois de se afastar do Exército, em 1894-1895, e os da Bahia, no final da guerra de Canudos, em 1897. Do anarquismo e socialismo operários que conhecera, em São José do Rio Pardo, pelas mãos do amigo e grande interlocutor intelectual e político Francisco Escobar, e para os quais colaborara, tendo participado da redação de manifesto e programa do Primeiro de Maio de 1901, ele ampliará seu cenário e personagens: o seringueiro esquecido do Purus é o mais novo proletário do século XX. De seu drama, se tecem os principais dramas do teatro da humanidade. De seu abandono, as principais derrotas. De sua proteção, quem sabe, uma nova justiça social. Mas nada, entre 1905-1909, parecia garantir essa última hipótese. Longe disso.

Muito cedo teve Euclides da Cunha contato com o pensamento social, especialmente com as correntes socialistas e marxistas. Escreveu sobre isso ainda em 1892, na primeira fase de seus artigos jornalísticos, a propósito do Primeiro de Maio. Utilizou, não por acaso, entre seus pseudônimos de cronista, o nome Proudhon.

E ainda em 1884, na melhor tradição libertária, escreveu um poema em louvor a Louise Michel e à Comuna de Paris. Ao contrário do que certa elite universitária bem pensante de esquerda imaginou depois dos anos 1960, o pensamento social-democrata de origem internacional e operária é muito antigo no Brasil, coincidindo com seus primeiros passos na Europa. Havia núcleos iniciais socialistas no Rio de Janeiro, em Santos e no Rio Grande do Sul, entre outras regiões. Criaram pequenos partidos ainda cerca de 1890. Foram contemporâneos dos anarquistas e anarcossindicalistas. Estes tornaram-se no início do século XX hegemônicos, mas os socialistas, mesmo minoritários, permaneceram presentes e atuantes.

Já na conjuntura da virada do século XIX ao XX, quando Euclides reside em São José do Rio Pardo e escreve boa parte de *Os sertões*, seus contatos com o movimento operário local foram regulares e solidários, ao contrário do que o pensamento conservador provinciano daquele burgo do interior paulista, dominado pela Igreja e maçonaria, quis fazer crer. A edição da *Obra completa*, de 1966, por outro lado, chegou a atribuir a Euclides a autoria única de Manifesto e Programa do Primeiro de Maio publicados naquela cidade pelo jornal *O Proletário*. Tal atribuição persiste na reedição revista de 2009,[3] que mantém também vários erros de transcrição e omissão desses documentos. Por exemplo, sintomaticamente, foi excluído o último item desse programa, e talvez seu mais radical: "Reivindicação dos bens do clero para a comunhão social".

Considero difícil, entretanto, manter essa tese de autoria exclusiva. Mas é certo, porém, que Euclides participou da redação desses documentos, em muito provável coautoria com Francisco Escobar, conforme testemunho de Pascoal Artese, editor de *O Proletário*, que intermediou a circulação prévia de seus manuscritos entre Escobar e Euclides. Em algumas passagens, o estilo de Euclides parece manifestar-se claramente, como no item III:

> Estabelecimentos apropriados para recolher os inválidos do trabalho, pobres, velhos e defeituosos, dando-lhes com

---

3 Cunha, *Obra completa*. 2.ed., 2009. 2v.

abundância – roupa, comida, médico, farmácia, etc., para não irem morrer nas enxergas dos hospitais e nos adros das igrejas, ou na calçada das ruas, implorando aviltadora caridade, ministrada pelos ricos e arremediados.

Nos raros fragmentos de originais que nos restaram, é possível reconhecer, por exemplo, a caligrafia de Euclides da Cunha numa moção aprovada em reunião do Club Internacional Filhos do Trabalho, naquela pequena cidade, em 1901, "de felicitações a Santos Dumont pela descoberta da direção dos balões, como de consequências incalculáveis para o advento do socialismo".

Quando Euclides volta ao tema, no conhecido artigo "Um velho problema", publicado em O *Estado de S. Paulo* por ocasião do Primeiro de Maio de 1904, já havia esse lastro. Sua posição não diferia da visão evolucionista dominante, então, nos quadros da II Internacional Socialista, que tinha em São Paulo seu representante no grupo editor do jornal *Avanti!*, de que Francisco Escobar era um dos correspondentes no interior. Socialismo reformista, bem entendido, como no trecho do preâmbulo ao programa "A nossa meta", também suprimido das edições citadas da *Obra completa*, que bem poderia ter sido escrito por Euclides, onde se lê:

> [...] O nosso programa, porém, é a parte que exige reformas realizáveis na sociedade atual, como meio de luta para chegar-se ao ideal da sociedade futura, pela transformação lenta, científica, metodizada, sem causar grandes choques e abalos, como aconselha a filosofia *socialista contemporânea* [...].

Mas a Amazônia atualiza e radicaliza seu discurso. Entre vários exemplos, que infelizmente não podemos desenvolver aqui, mas que estão trabalhados mais detidamente em meu livro *A vingança da Hileia* (2009),[4] podemos ver como a metáfora da "miniatura

---

4 Hardman, *A vingança de Hileia: Euclides da Cunha, a Amazônia e a literatura moderna*, 2009.

trágica do caos", que apareceu pela primeira vez num verso do seu "Poema rude" escrito em Campanha, Minas Gerais, reaparece com renovado impacto expressionista em seus escritos amazônicos, dispersos, jamais unificados numa voz narrativa única, inacabados, alguns deles, mas todos afluentes dessa imensa massa vegetal e hidrográfica que iria constituir um livro anunciado, e jamais escrito, *Um paraíso perdido*, Milton reposto em cenário em que Gênesis e Apocalipse colidem antes de qualquer mundo viável. Esses textos estarão dispersos entre *Contrastes e confrontos* e *Peru versus Bolívia*, ambos de 1907, e o magistral *À margem da história*, concebido e organizado pelo autor, mas publicado já postumamente, em 1909, sem a sua última revisão.

Mas é em outro texto, "Entre os seringais", saído na revista *Kosmos*, em 1906, logo após seu regresso de Manaus, que Euclides avança na denúncia do trabalho escravo na extração da borracha, no Alto Purus, e propõe concretamente um programa de legislação social e trabalhista para aqueles "condenados do rio", direito mínimo e básico que, porém, é bom lembrar, era inteiramente ausente no Brasil de então, não só entre as populações ribeirinhas amazônicas, mas inclusive no conjunto dos trabalhadores urbanos e rurais.

Ampliando sua visão da questão social, a Amazônia contribui sobremaneira para torná-la internacional, internacionalista até. Jamais tendo saído do Brasil, Euclides, ao buscar as cabeceiras do rio Purus, na missão de reconhecimento diplomático e geográfico que lhe delegou o ministro de Relações Exteriores, barão do Rio Branco, incursiona, meio sem o saber, pelo território do Peru, para além das fronteiras do Acre, recentemente incorporado em guerra com a Bolívia. Ao mesmo tempo, reconhece, as águas e os sedimentos da bacia Amazônica não são estritamente nacionais, migram dos Andes, mas a terra inundada também é uma terra derruída, caída e que nos é a todo instante "roubada". Arroubos patrióticos à parte, seu internacionalismo se refaz ao valorizar a realidade histórica dos países sul-americanos. Seu interesse é grande por temas da Rússia, Prússia e África do Sul. E a noção do infinito sublime é alimentada pela experiência vital de confronto com a paisagem amazônica, inapreensível e incompreensível aos sentidos humanos. Dessa época datam seus escritos mais radicais sobre o necessário consórcio entre arte e ciência na linguagem e no pensamento do século XX. Reconhecer a presença da fantasia na imaginação científica e, vice-versa, a do cálculo na criação artística, era para ele desafio a ser trilhado pelos escritores contemporâneos. Avesso à pura ficção, dela se aproxima "perigosamente" no magistral conto-crônica "Judas-Ahsverus", incluído em *À margem da história*, até ali inédito, e onde se percebe também a influência desse hipernaturalismo, já quase expressionista, que seu amigo e discípulo Alberto Rangel havia praticado em *Inferno verde*.

Por isso, a rigor, não nos surpreende a amizade póstuma que por Euclides devotou o grande líder socialista francês Jean Jaurès, em sua ciclônica viagem pela América do Sul, em 1911, passando por Montevidéu, Buenos Aires, Rio de Janeiro e São Paulo. Em suas conferências e intervenções públicas no Brasil, não poupa elogios a Euclides da Cunha. É certo que terá lido, ao menos, conforme declara, *Contrastes e confrontos*, que, vale lembrar, contém o artigo marxiano "Um velho problema". Saindo de uma visita à Biblioteca Nacional, numa rápida entrevista, Jaurès é questionado sobre como conseguia ler o escritor, difícil mesmo para os lusófonos. O pacifista incondicional, herói e mártir do "guerra à guerra", gaba-se de dominar bem o latim e o languedoc ou occitano. E, pensando certamente em *Os sertões*, declara que Euclides "era realmente na literatura o homem representativo do Brasil". E completa a reportagem de *O Estado de S. Paulo*, agosto de 1911:

> E o seu juízo não parou nessa manifestação, simplesmente de crítico que descobre afinidades; arrojou-se num caloroso entusiasmo, de braços abertos e riso de admiração para aquele talento nobre e inquieto que o surpreendera e deliciara. [...] Não admira que o Sr. Jaurès subitamente se tomasse de tão grande simpatia por Euclides da Cunha. Há entre ambos certa parecença que explica esse sentimento [...].[5]

---

5 Idem, p.163.

Fiquemos com essa imagem em suspenso, feita numa viagem memorável de Jaurès, reafirmando seu socialismo internacionalista, Euclides já morto, e antes que a sombra da barbárie moderna também tirasse sua vida e cobrisse em seguida toda a Europa, e assim o mundo.

No final de À *margem da história*, Euclides acrescenta um de seus textos mais enigmáticos, "Estrelas indecifráveis". Ensaiando talvez aquela síntese cada dia mais impossível entre ciência e arte, esboça um livre ensaio de astronomia, altamente poético, em que vislumbra o mistério das estrelas que descrevem trajetórias irregulares e desaparecem antes que se pudesse conhecê-las devidamente. Aqui, a afinidade com a Amazônia se faz pela presença do infinito sublime. Mas, na literatura social mais radical do século XIX, vamos encontrar também um parentesco inesperado com o melancólico e poético escrito de cárcere *L'Éternité par les astres*, de Auguste Blanqui.

Por isso mesmo, não se pode fechar o pensamento social do poeta dos mundos extintos Euclides da Cunha. O melhor é deixá-lo aqui breve, intervalar, inconcluso como toda dor do espaço-tempo que escapa. Como toda poesia digna de sua indignação, de seu nome e mistério, avessa às malhas da interpretação unívoca.

REFERÊNCIAS BIBLIOGRÁFICAS

ABDALA JUNIOR, B.; ALEXANDRE, I. M. M. *Canudos – palavra de Deus, sonho da terra*. São Paulo: Boitempo Editorial; Senac, 1997.
ABENSOUR, M. *O novo espírito utópico*. Campinas: Editora da Unicamp, 1990.
ABREU, J. C. *Capítulos de história colonial (1500-1800)*. 4.ed. Rio de Janeiro: Sociedade Capistrano de Abreu, 1954 [1907].
_____. *Capítulos de história colonial, 1500-1800 & Os caminhos antigos e o povoamento do Brasil*. 5.ed. Brasília: UnB, 1982 [1907].
_____. *Correspondência*. Rio de Janeiro: MEC; INL, 1954-1956. v.II e III.
_____. *O descobrimento do Brasil*. 2.ed. Rio de Janeiro; Brasília: Civilização Brasileira; INL, 1976.
ABREU E LIMA, J. I. de. *O socialismo*. São Paulo: Paz e Terra, 1979.
AGAMBEN, G. *Homo sacer*: il potere sovrano e la nuda vita. Turim: Einaudi, 1995.
_____. *Homo sacer*: o poder soberano e a vida nua. Belo Horizonte: Ed. UFMG, 2002.
_____. *Idea della prosa*. Milano: Feltrinelli, 1985.
_____. *Infância e história*: destruição da experiência e origem da história. Trad. Henrique Burigo. Belo Horizonte. Ed. UFMG, 2005.
_____. *Infanzia e storia*: distruzione dell'esperienza e origine della storia. Turim: Einaudi, 1978.
_____. *Mezzi senza fine*: note sulla politica. Turim: Bolati Boringhieri, 1996.

AGAMBEN, G. *Stanze*: la parola e il fantasma nella cultura occidentale. Turim: Einaudi, 1993.

ALMEIDA, J. A. de. *A Paraíba e seus problemas*. v.172. Brasília: Conselho Editorial – Cedit, 2012.

ALVES, C. *Obra completa*. Rio de Janeiro: Nova Aguilar, 1986.

ANDERSON, B. *Imagined Communities*: Reflections on the Origin and Spread of Nationalism. Londres: Verso, 1983. [Ed. bras.: Comunidades imaginadas. São Paulo: Companhia das Letras, 2008.]

_____. *The Specters of Comparisons*: Nationalism, Southeast Asia and the World. Londres; Nova York: Verso, 1998.

ANDRADE, M. de. *Contos novos*. Belo Horizonte: Villa Rica, 1990.

_____. *Macunaíma*. Belo Horizonte: Vila Rica, 1997.

ANDRADE, S. *Canudos e inéditos de Euclides da Cunha*. São Paulo: Melhoramentos, 1967.

ANJOS, A. dos. *Eu e outras poesias*. Org. Antonio A. Prado. São Paulo: Martins Fontes, 1994.

_____. *Obra completa*. Org. Alexei Bueno. Rio de Janeiro: Nova Aguilar, 1994.

ARARIPE JÚNIOR, T. A. *Funcção normal do terror nas sociedades cultas*: capitulo para ser intercalado na historia da republica brazileira. Rio de Janeiro: Comp. Typographica do Brazil, 1891.

_____. *Obra crítica*. Rio de Janeiro: MEC; Casa de R. Barbosa, 1960-1966. v.II, III e IV.

_____. *O reino encantado*: chronica sebastianista. Rio de Janeiro: Typ. da Gazeta de Noticias, 1878.

ARENDT, H. *Entre o passado e o futuro*. 3.ed. São Paulo: Perspectiva, 1992.

ARRUDA, M. O. G. *O lamento dos oprimidos em Augusto dos Anjos*. Tese (Doutoramento em Teoria e História Literária). Campinas: IEL--Unicamp, 2009.

ARTESE, P. Primeiro de Maio – um documento de que Euclides da Cunha era partidário de Marx. *Resenha*. São José do Rio Pardo, p.1, 8 maio 1946.

_____. Reminiscências. Uma página brilhante do socialismo na cidade livre do Rio Pardo. A comemoração do 1º de maio de 1901. Manifesto da festa do trabalho escrito por Euclydes da Cunha e Francisco Escobar. *Resenha*, São José do Rio Pardo, (371), p.1, 30 abr. 1935.

_____. Socialismo e Primeiro de Maio nesta cidade. *Resenha*. São José do Rio Pardo, (604), p.1, 30 abr. 1951.

ASSIS, Machado de. *Obra completa*. Rio de Janeiro: Nova Aguilar, 1986. 3v.
ASSOCIAÇÃO do Quarto Centenário do Descobrimento do Brasil. *Livro do centenario (1500-1900)*. Rio de Janeiro: Imprensa Nacional, 1900-1910. 4v.
ATALIBA NOGUEIRA, J. C. de. *António Conselheiro e Canudos*: revisão histórica. 2.ed. São Paulo: Companhia Editora Nacional, 1978.
ATHAYDE, Hélio. *Atualidade de Euclides*. 2.ed. Rio de Janeiro: Presença, 1989.
AVANTI! São Paulo, abr.-jun. 1901.
BACHELARD, G. *A água e os sonhos*. São Paulo: Martins Fontes, 1989.
_____. *O ar e os sonhos*. São Paulo: Martins Fontes, 1990.
_____. *O direito de sonhar*. Rio de Janeiro: Bertrand Brasil, 1991.
_____. *A poética do devaneio*. São Paulo: Martins Fontes, 1988.
BALES, K. *Disposable People*: New Slavery in the Global Economy. Berkeley: University of California Press, 1999.
BASTOS, A. *Certos caminhos do mundo*: romance do Acre. Rio de Janeiro: Hersen-Editor, [19--].
_____. *Safra*: romance. Rio de Janeiro: J. Olympio, 1937.
_____. *Terra de Icamiaba*: romance da Amazônia. 3.ed. rev. Manaus: Editora da Universidade do Amazonas, 1997.
BENJAMIN, W. *Parigi, capitale del XX secolo i "Passages" de Parigi*. Org. Giorgio Agamben. Turim: Einaudi, 1986.
_____. *Poesia y capitalismo: Iluminaciones II*. 2. ed. Madri: Taurus, 1980.
BERNUCCI, L. M. *A imitação dos sentidos*: prógonos, contemporâneos e epígonos de Euclides da Cunha. São Paulo: Edusp, 1995.
BIÉLI, A. *Petersburgo* [1916]. Trad. Konstantin G. Asryantz e Svetlana Kardash. São Paulo: Editora Ars Poética, 1992.
BLACKBURN, R. J. *O vampiro da razão:* um ensaio de filosofia da história. São Paulo: Editora Unesp, 1992.
BLANQUI, A. *L'Éternité par les astres*: hypothèse astronomique. Paris: s.n., 1872.
_____. *Instructions pour une prise d'armes; L'éternité par les astres*: hypothèse astronomique; et autres textes. Paris: Société Encyclopédique Française; Eds. de la Tête de Feuilles, 1972.
BLOCH, E. *O princípio esperança*. Rio de Janeiro: Contraponto; UERJ, 2005.
_____. *El principio esperanza*. Madri: Aguilar, 1979. tomo II.
_____. *Il principio speranza*. [1959]. Milão: Garzanti, 1994. 3v.
_____. *Tracce*. Milão: Coliseum, 1989.

BOITEUX, L. A. *Marinha Imperial* versus *Cabanagem*. Rio de Janeiro: Imprensa Naval, 1943.

BOPP, R. *Poesia completa de Raul Bopp*. Org. Augusto Massi. Rio de Janeiro; São Paulo: J. Olympio; Edusp, 1998.

BORGES, J. L. Facundo. In: *Prólogos – Com um prólogo dos prólogos*. Trad. Ivan Junqueira. Rio de Janeiro: Rocco, 1985. pp.157-63.

_____. *El libro de arena*. Buenos Aires: Emecé, 1975.

BOTANA, Natalio R. *La tradición republicana*: Alberdi, Sarmiento y las ideas políticas de su tiempo. Buenos Aires: Sudamericana, 1984.

BURKE, E. *Uma investigação filosófica sobre a origem de nossas idéias do sublime e do belo*. Trad., apres. e notas de Enid Abreu Dobránszky. Campinas: Papirus; Editora da Universidade de Campinas, 1993 [1757-1759].

_____. *A Philosophical Inquiry into the Origin of our Ideas of the Sublime and Beautiful*. Cambridge: Cambridge University Press, 2014 [1757-1759].

CALLADO, A. *Concerto carioca*. Rio de Janeiro: Nova Fronteira, *circa* 1985.

_____. *Esqueleto na Lagoa Verde*: um ensaio sobre a vida e o sumiço do coronel Fawcett. Rio de Janeiro: Imprensa Nacional, 1953.

_____. *Quarup*. 9.ed. Rio de Janeiro: Civilização Brasileira, 1978.

CAMPOS, A.; CAMPOS, H. de (Eds.). *Os Sertões dos Campos*: duas vezes Euclides. Rio de Janeiro: 7 Letras, 1997.

CARDOSO, A. A. I. *O Eldorado dos deserdados*: indígenas, escravos, migrantes, regatões e o avanço rumo ao oeste amazônico (1830-1880). 2018. Tese (Doutoramento em História Social). São Paulo: FFLCH--USP, 2018.

CARNEIRO LEÃO, A. *Victor Hugo no Brasil*. Rio de Janeiro: José Olympio, 1960.

CANETTI, E. *El suplicio de las moscas*. Madri: Anaya & Mario Muchnik, 1994.

CARPENTIER, A. *La casa verde*. Barcelona: Editorial Seix Barral, 1971 [1965].

_____. *Los pasos perdidos*. Cidade do México: Lectorum, 2014 [1953].

CARREY, E. *Os revoltosos do Pará*. Trad. F. F. da Silva Vieira. Lisboa: Typ. do Futuro, 1862.

_____. *Les revoltés du Para*. Paris: Michel Lévy Frères, 1857.

CARVALHO, E. de. *Esplendor e decadência da sociedade brasileira*. Rio de Janeiro: Garnier, 1911.

CARVALHO, E. de. *As modernas correntes estheticas na literatura brasileira*. Rio de Janeiro: Garnier, 1907.
CARVALHO, V. Euclides da Cunha. *Revista da Academia Brasileira de Letras*. Rio de Janeiro, XXX (92), p.428-30, ago. 1929.
CARVALHO, V. de. *Poemas e canções*. 3.ed. São Paulo: Empreza Tipografica Editora "O Pensamento", 1917.
CASCUDO, L. C. *Em memória de Stradelli*. 3.ed. Manaus: Governo do Estado do Amazonas; Valer, 2001.
CASTRO, F. de. *A selva*. Brasília: Senado Federal, 1999.
CASTRO ALVES, A. F. de. *Espumas flutuantes*: poesias. Rio de Janeiro: Livraria H. Antunes, 1947.
CHAUI, M. *Brasil*: mito fundador e sociedade autoritária. São Paulo: Fundação Perseu Abramo, 2000.
CHEAH, P. *Spectral Nationality*: Passages of Freedom from Kant to Postcolonial Literatures of Liberation. Nova York: Columbia University Press, 2003.
CHINARD, G. *Volney et l'Amérique*. Baltimore: John Hopkins Press; Paris: PUF, 1923.
COELHO, M. *Memórias literárias de Belém do Pará* (1920-1950). Tese (Doutoramento em Teoria e História Literária). Campinas: IEL-Unicamp, 2003.
COELHO NETTO. *Livro de prata*. São Paulo: Livr. Liberdade, 1928.
_____. *Obra seleta*. Rio de Janeiro: José Aguilar, 1958, v.I (Romances).
CONRAD, J. *Heart of Darkness*. Londres: Penguin, 1994. [Ed. bras.: *Coração das trevas*. São Paulo: Companhia de Bolso, 2008.]
CRULS, G. *4 romances*: a Amazônia misteriosa. Elza e Helena. A criação e o criador. Vertigem. Rio de Janeiro: J. Olympio, 1958.
_____. Um Ahasvero moderno. *Coivara (contos)*. 3.ed. Rio de Janeiro: [Officina Industrial Graphica], 1931. p.131-65.
_____. *A Amazônia misteriosa*: romance. 6.ed. Rio de Janeiro: Organização Simões, 2001.
_____. *A Amazônia que eu vi, Óbidos-Tumucumaque. Carta do general Rondon*. Rio de Janeiro: J. Olympio, 1973.
COSTA LIMA, L. *Mímesis*: desafio ao pensamento. Rio de Janeiro: Civilização Brasileira, 2000.
_____. *Terra ignota*: a construção de *Os Sertões*. Rio de Janeiro: Civilização Brasileira, 1997.
CRUZ E SOUSA, J. da. *Obra completa*. Rio de Janeiro: Nova Aguilar, 1995.

CUNHA, E. da. 4º Centenário do Descobrimento do Brasil. *O Rio Pardo*. São José do Rio Pardo, SP, p.13, maio 1900.

_____. *The Amazon*: Land without History. Trad. Ronald W. Sousa. Oxford: Oxford University Press, 2006.

_____. As catas. In:_____. *Obra completa*. Rio de Janeiro: Comp. J. Aguilar, 1966. p.653, v.I.

_____. *As catas*. Ms. Rio de Janeiro: Biblioteca Nacional, 1895.

_____. *Caderneta de campanha*. Ms. Rio de Janeiro: IHGB, 1897.

_____. *Caderneta de campo*. São Paulo: Cultrix, 1975.

_____. *Canudos*: diário de uma expedição. Rio de Janeiro: José Olympio, 1939.

_____. *Castro Alves e seu tempo*: Discurso proferido no centro acadêmico Onze de Agosto de S. Paulo. Rio de Janeiro: Edição do "Gremio Euclydes da Cunha", 1919 [1907].

_____. *Contrastes e confrontos*. Porto: Emprêsa Litteraria e Typographica, 1907.

_____. Entre os seringais. *Kosmos*. Rio de Janeiro, n.1, ano III, p.262, jan. 1906.

_____. Estrelas indecifráveis. In:_____. *À margem da história* [1909]. São Paulo: Cultrix: Brasília: INL, 1975.

_____. *À margem da história*. Org. R. Morel Pinto. São Paulo: Cultrix; Brasília: INL, 1975.

_____. *À margem da história*. São Paulo: Lello Brasileira, 1967.

_____. *Á marjem da historia*. Porto: Chardron, 1909.

_____. *Obra completa*. Rio de Janeiro: José Aguilar, 1966. v.I e II.

_____. *Obra completa*. Rio de Janeiro: Nova Aguilar, 2009. v.I.

_____. *Obra completa*. 2.ed. Rio de Janeiro: Nova Aguilar, 2009. 2v.

_____. *Ondas* (Caderno Manuscrito). São José do Rio Pardo: Casa de Cultura Euclides da Cunha, 1883-1884.

_____. Página vazia. In: Ms.: *Álbum de Francisca Praguer Fróes*. Salvador, 1897.

_____. *Um paraíso perdido*: reunião dos ensaios amazônicos. Org. Hildon Rocha. Petrópolis; Brasília: Vozes; Instituto Nacional do Livro, 1976.

_____. *Um paraíso perdido*: ensaios, estudos e pronunciamentos sobre a Amazônia. Org. Leandro Tocantins. Rio de Janeiro; Rio Branco: José Olympio; Gov. do Acre, 1986.

_____. *Peru* versus *Bolívia* [1907]. Rio de Janeiro: José Olympio, 1939.

_____. *Peru* versus *Bolívia* [1907]. São Paulo; Brasília: Cultrix; INL, 1975.

CUNHA, E. da. Poema rude. Campanha, MG. In: *Monitor Sul-mineiro*, 1241, 27 mar. 1895, p.2.

_____. Preambulo. In: RANGEL, A. *Inferno verde*: scenas e scenarios do Amazonas. Gênova: Bacigalupi, 1908.

_____. Nos seringais da Amazônia. *A Guerra Social*, Rio de Janeiro, II (24), p.1, 21 ago. 1912.

_____. *Os sertões*. Ed. crítica de Walnice Nogueira Galvão. São Paulo: Brasiliense, 1985.

_____. *Os sertões*: campanha de Canudos. Ed., prefácio, cronologia, notas e índices de Leopoldo M. Bernucci. São Paulo: Ateliê, 2002.

CUNHA, F. *O romantismo no Brasil*: de Castro Alves a Sousândrade. São Paulo, Paz e Terra, 1971.

CUNHA FILHO, E. da. A verdade sobre a morte de meu pae Euclydes da Cunha. *Revista do Gremio Euclydes da Cunha*, Rio de Janeiro, 15 ago. 1916.

_____. A verdade sobre a morte de meu pae Euclydes da Cunha. *Dom Casmurro*. Rio de Janeiro, 10 (439/40), p.60-1, maio 1946.

_____. A verdade sobre a morte de meu pae Euclydes da Cunha. *Euclydes*, Rio de Janeiro, 1 (11), p.171, 1 fev. 1940.

_____. A verdade sobre a morte de meu pae Euclydes da Cunha. *Euclydes*, Rio de Janeiro, 1 (12), p.184, 15 fev. 1940.

_____. A verdade sobre a morte de meu pae Euclydes da Cunha. *Euclydes*, Rio de Janeiro, 2 (1), p.12, 1 mar. 1940.

_____. A verdade sobre a morte de meu pae Euclydes da Cunha. *Euclydes*, Rio de Janeiro, 2 (2), p.26, 15 mar. 1940.

_____. A verdade sobre a morte de meu pae Euclydes da Cunha. *Dom Casmurro*. Rio de Janeiro, 10 (439/40), p.60-1, mai. 1946.

DIAS, G. *Poesias americanas e "Os Timbiras"*. Rio de Janeiro: Z. Valverde, 1939.

_____. *Poesia e prosa completas*. Rio de Janeiro: Nova Aguilar, 1998.

DIDEROT, D. *Salons*. Paris: Arts et Métiers Graphiques, Flammarion, 1967.

DIDI-HUBERMAN, Georges. *Devant le Temps*: histoire de l'art et anachronisme des images. Paris: Minuit, 2000.

DORÉ, G.; DUPONT, P. *A lenda do Judeu Errante*. 2ed. Belo Horizonte; Rio de Janeiro: Villa Rica; Arte Sempre, s.d.

DOYLE, A. C. *The Lost World*. Minneapolis: First Avenue, 2018.

DUQUE, G. *Revoluções brazileiras (resumos historicos)*. Rio de Janeiro: Typ. Jornal do Commercio, 1898.

DUQUE, G. *Revoluções brasileiras (resumos historicos)*. Org. Francisco Foot Hardman; Vera Lins. 3.ed. rev. São Paulo: Editora Unesp, 1998.

DUTRA, F. Euclides da Cunha: um capítulo da sua vida. *Correio da Manhã*, 6 fev. 1938. In: CUNHA, E. *Um paraíso perdido*: ensaios, estudos e pronunciamentos sobre a Amazônia. Org. Leandro Tocantins. Rio de Janeiro: José Olympio, 1986.

_____. Euclydes e a Amazonia. *Correio da Manhã*, Rio de Janeiro, p.4, 1º jan. 1939.

_____. Euclydes da Cunha: um capítulo da sua vida. *Revista da Academia Brasileira de Letras*, Rio de Janeiro, ano 26, n. 46 (155), p.331-41, nov. 1934.

ELIAS, N. *Introdução à sociologia*. Lisboa: Edições 70, 1980.

ESCOBAR, F. 400 anos. *O Rio Pardo*, São José do Rio Pardo (SP), p.1, 3 mai. 1900.

FINAZZI-AGRÒ, E. Postais do Inferno: o mito do passado e as ruínas do presente em Alberto Rangel. In: CHIAPPINI, L.; BRESCIANI, M. S. (Orgs.). *Literatura e cultura no Brasil*. São Paulo: Cortez, 2002. p.221-8.

FLORENCE, H. *Viagem fluvial do Tietê ao Amazonas – de 1825 a 1829*. São Paulo: Cultrix; Edusp, 1977 [1875].

FONTES, O. C. *O Treme-Terra*: Moreira César, a República e Canudos. São Paulo: Ática, 1995.

FRANCO, M. S. C. Ordem e Progresso. *Folha de S. Paulo*, São Paulo, 15 jun. 1997, p.5/9-5/10. Caderno *Mais!*

FREYRE, G. *Perfil de Euclydes e outros perfis*. Rio de Janeiro: José Olympio, 1944.

FRITZEN, C. *Mitos e luzes em representações da Amazônia*. Tese (Doutoramento em Teoria e História Literária). Campinas: IEL-Unicamp, 2000.

DE LA FUENTE, A. *Children of Facundo*: Caudillo and Gaucho Insurgency during the Argentine State-Formation Process (La Rioja, 1853-1870). Durham: Duke University Press, 2000.

_____. *Los hijos de Facundo*: caudillos y montoneras en la província de La Rioja durante el proceso de formación del Estado nacional argentino (1853-1870). Buenos Aires: Prometeo, 2007.

GALVÃO, F. *Terra de ninguém*: romance social do Amazonas. Manaus: Valer; Edições Governo do Estado, 2002.

GALVÃO, W. N. Euclides, elite modernizadora e enquadramento. In: _____. *Euclides da Cunha*. São Paulo: Ática, 1984. p.7-37.

GALVÃO, W. N. *Os sertões*, o canto de uma cólera. In: *Nossa América*. São Paulo, Memorial da América Latina, n.3, p.88-103, 1990.

GALVÃO, W. N.; GALOTTI, O. (Orgs). *Correspondência de Euclides da Cunha*. São Paulo: Edusp, 1997.

GÁRATE, M. V. *Civilização e barbárie n'Os sertões*: entre Domingo Faustino Sarmiento e Euclides da Cunha. Campinas: Mercado Aberto, 2001.

GAULMIER, J. *L'Idéologue Volney (1757-1820)*: contribution à l'histoire de l'orientalisme en France. Genebra; Paris: Slatkine Reprints, 1980.

GENTILE, N. S. de; MARTÍN, M. H. *Geopolítica, ciencia y técnica a traves de la Campaña del Desierto*. Buenos Aires: Ed. Universitaria, 1981.

GIBBON, E. *The Decline and Fall of the Roman Empire*. Nova York: Alfred A. Knopf: Distributed by Random House, 1994.

GIDDENS, A. *As consequências da modernidade*. São Paulo: Editora Unesp, 1991.

GÓGOL, N. *Avenida Niévski*. São Paulo: Ars Poética, 1992.

GOLDSTEIN, L. *Ruins and Empire*. Pittsburgh: Univ. of Pittsburgh Press, 1977.

GOMIDE, B. B. *Da estepe à caatinga:* o romance russo no Brasil (1887-1936). Tese (Doutoramento em Teoria e História Literária). Campinas: IEL-Unicamp, 2004.

HALPERÍN DONGHI, T. *Una nación para el desierto argentino*. Buenos Aires: Centro Editor de América Latina, 1982.

_____. Prólogo: Sarmiento. In: SARMIENTO, D. F. *Campaña en el Ejército Grande aliado de Sud América*. Org. Halperín Donghi. Bernal: Universidad Nacional de Quilmes, 1997. p.9-53.

HARDMAN, F. F. O 1900 de Euclides e Escobar: duas crônicas esquecidas. *Remate de Males*, Campinas (SP), n.13, p.7-11, 1993.

_____. A Amazônia e a radicalização do pensamento socioambiental de Euclides da Cunha. In: CUNHA, E. de. *À margem da história*. Orgs. Leopoldo M. Bernucci; Francisco Foot Hardman; Felipe Pereira Rissato. São Paulo: Editora Unesp, 2019. pp.15-31.

_____. Amazônia sem fim: as estradas extravagantes de Stradelli. In: RAPONI, L. *A única vida possível*: itinerários de Ermanno Stradelli na Amazônia. São Paulo: Editora Unesp, 2016. p.9-13.

_____. A Amazônia como voragem da história: impasses de uma representação literária. In: LAGNADO, L. et al. (Orgs.). *27ª Bienal de São Paulo:* Seminários. 1.ed. Rio de Janeiro; São Paulo: Cobogó; Fund. Bienal de SP, 2008. p.365-374.

HARDMAN, F. F. Antigos mapas gizados à ventura. *Letterature d'America*. Roma: Univ. Roma "La Sapienza"; Bulzoni, X (45-46), p.87-114, 1992.

_____. Antigos mapas gizados à ventura. *Remate de Males*. Revista do Departamento de Teoria Literária, Campinas, Instituto de Estudo da Linguagem – Unicamp, n.12, p.65-78, 1992.

_____. Antigos modernistas. In: NOVAES, A. (Org.). *Tempo e história*. São Paulo: Companhia das Letras; Secret. Mun. Cult, 1992. p.289-305.

_____. Brutalidade antiga: sobre história e ruína em Euclides. *Estudos Avançados*, São Paulo, IEA/USP, v.10, n.26, p.293-310, jan.-abr. 1996.

_____. Brutalité antique: histoire et ruines dans Euclides da Cunha. In: MATTOSO, K. Q. (Org.). *Littérature/Histoire*: regards croisés. Paris: Presses de l'Université de Paris-Sorbonne, 1996. p.25-42.

_____. *Brutalidade antiga e outras passagens*. Tese (Livre-Docência em Ciências Humanas). Campinas: IEL-Unicamp, 1994. v.I.

_____. Cidades errantes: representações do trabalho urbano-industrial nordestino do séc. XIX. *Ciências Sociais Hoje*. São Paulo: Vértice; Editora da Revista dos Tribunais, p.64-80, 1988.

_____. *Duas viagens a Nápoles*. Rio de Janeiro: Fund. Casa de Rui Barbosa, 1998. (Papéis Avulsos, 32.)

_____. Estrelas indecifráveis ou: um sonhador quer sempre mais. In: PAZ, F. (Org.). *Utopia e modernidade*. Curitiba: UFPR, 1994. p.15-31.

_____. Euclides em campanha. *Jornal do Brasil*. Rio de Janeiro, p.11, set. 1994.

_____. Euclides da Cunha, L'Amazonie et le socialisme internacionaliste. In: LINS, V.; PENJON, J.; SÜSSEKIND, F. (Orgs.), *Interprétations littéraires du Brésil moderne et contemporain*. Rio de Janeiro: UFRJ, 2014. p.69-78.

_____. Euclides da Cunha e *Os sertões* come poetica delle rovine: l'immaginario distopico nella letteratura e nella storiografia brasiliana della fine dell'Ottocento. Trad. Roberto Vecchi. *Morus*: Utopia e Renascimento, IEL-Unicamp, Campinas, v.4, p.149-155, 2007.

_____. O fantasma da nacionalidade. In: SARMIENTO, D. F. *Facundo*: ou civilização e barbárie. São Paulo: Cosac & Naify, 2010. p.459-80.

_____. Manaus é Brasil. 16 jan. 2021. Disponível em: https://aterraeredonda.com.br/manaus-e-brasil/. Acesso em: 11 dez. 2022.

HARDMAN, F. F. *A ideologia paulista e os eternos modernistas*. São Paulo: Editora Unesp, 2022.

_____. Morrer em Manaus: os avatares da memória em Milton Hatoum. *Tempo Brasileiro*. Rio de Janeiro, n.141, p.5-15, 2000.

_____. Morrer em Manaus: os avatares da memória em Milton Hatoum. *Letterature d'America*. Roma, v.XIX-XX, n. 83-4, p.47-60, 2000.

_____. (Org.). *Morte e progresso*: cultura brasileira como apagamento de rastros. São Paulo: Editora Unesp, 1998.

_____. Mundos extintos: as poéticas de Euclides e Pompeia. *Cadernos de Literatura Brasileira*, São Paulo, Instituto Moreira Salles, v.13, n. 13, p.288-317, 2002.

_____. Pai, filho: caligrafias do afeto. *Revista USP*, São Paulo, Dossiê Nova História, n. 23, p.92-101, set. 1994.

_____. A poética das ruínas *n'Os sertões*. In: BERNUCCI, L. M. (Org.). *Discurso, ciência e controvérsia em Euclides da Cunha*. São Paulo: Edusp, 2008. p.117-24.

_____. Revolta: Na planície do esquecimento: a grande falha amazônica. *Cadernos de Literatura Brasileira*, São Paulo, (19), p.96-117, 2005.

_____. Uma prosa perdida: Euclides e a literatura da selva infinita. *Revista da Academia Brasileira de Letras*, Rio de Janeiro, n.59, p.243-260, abr.-mai.-jun. 2009.

_____. Os sertões amazônicos de Euclides. *Amazonas em Tempo* (Suplemento: Cultura em Dia), Manaus, p.1-1, mai. 1992.

_____. *Trem fantasma*: a modernidade na selva. São Paulo: Companhia das Letras, 2005 [1988].

_____. Troia de taipa: Canudos e os irracionais. In:_____ (Org.). *Morte e progresso*: cultura brasileira como apagamento de rastros. São Paulo: Editora Unesp, 1998. p.126-136.

_____. Troia de taipa: de como Canudos queima aqui. In: ABDALA JUNIOR, B.; ALEXANDRE, I. M. M. (Orgs.). *Canudos*: palavra de Deus, sonho da terra. São Paulo: Editora Senac; Boitempo, 1997. p.57-64.

_____. *A vingança da Hileia*: Euclides da Cunha, a Amazônia e a literatura moderna. São Paulo: Editora Unesp, 2009.

_____. A vingança da Hileia: os sertões amazônicos de Euclides. *Tempo Brasileiro*. Rio de Janeiro, n.144, p.29-61, jan.-mar. 2001.

HARDMAN, F. F; BERNUCCI, L. M. (Orgs.). *Euclides da Cunha*: poesia reunida. São Paulo: Editora Unesp, 2009.

HATOUM, M. *Cinzas do norte*. 5.reimpr. São Paulo: Companhia das Letras, 2007.

_____. *Dois irmãos*. 4.reimpr. São Paulo: Companhia das Letras, 2000.

_____. *Relato de um certo Oriente*. 2.ed. São Paulo: Companhia das Letras, 2006.

D'HONDT, J. *Hegel secret*. 2.ed. Paris: PUF, 1986.

HUMBOLDT, A. von. *Vue des Cordillères, et monumens des peuples indigènes de l'Amérique*. Paris: F. Schoell, 1810. 2v.

HURLEY, J. *Traços cabanos*: 13 de maio, 1836-1936: escripto sob a luz dos códices da Bibliotheca e Archivo Público do Pará para commemorar a passagem do 1. centenario da occupação de Belém pelas forças legaes do General Soares de Andréa em 13 de maio de 1836: historia do Pará. Belém: Off. Gráphicas do Instituto Lauro Sodré, 1936.

INGLÊS DE SOUZA, H. M. *O Cacaulista (Cenas da vida de Amazonas)*. Belém: Universidade Federal do Pará, 1973.

_____. *Contos amazônicos*: São Paulo, Martins Fontes, 2004.

_____. *O coronel sangrado*: cenas da vida do Amazonas. Belém: Universidade do Pará, 1968.

_____. *História de um pescador*: cenas da vida do Amazonas. Belém: Universidade Federal do Pará, 2007.

_____. *O missionário*. Rio de Janeiro: Edições de Ouro, 1967.

INOSTROZA, E. T. H. *Marajoando nas águas do fogo*: pontos extremos geográficos nas literaturas de Dalcídio Jurandir e Francisco Coleane. Dissertação (Mestrado em Teoria e História Literária). Campinas: IEL-Unicamp, 2005.

IRMÃO, J. A. *Euclides da Cunha e o socialismo*. São José do Rio Pardo: Casa Euclidiana, 1960.

JARDIM, S. *Memórias e viagens: I* – campanha de um propagandista (1887-1890). Lisboa: Typ. Comp. Nacional, 1891.

_____. *Propaganda republicana (1888-1889)*. Rio de Janeiro: Fund. Casa de Rui Barbosa, 1978.

JEAN JAURÈS (série de artigos). *O Estado de S. Paulo*. São Paulo, 21-31 ago. 1911.

JUAN, R. *Toda la obra*. Madri; Paris: Col. Archivos, 1992.

JURANDIR, D. *Belém do Grão-Pará*. Belém; Rio de Janeiro: Editora Universitária UFPA; Edições Casa de Rui Barbosa, 2004.

_____. *Chove nos campos de cachoeira*. Rio de Janeiro: 7 Letras; Casa de Cultura Dalcídio Jurandir, 2011.

_____. *Marajó*: romance. Rio de Janeiro: J. Olympio, 1947.

JURANDIR, D. *Ribanceira*. Bragança: Pará.grafo Editora, 2020.
KERN, S. *The Culture of Time and Space*: 1880-1918. Cambridge (Mass.): Harvard Univ. Press, 1983.
_____. *Il tempo e lo spazio:* la percezione del mondo tra Otto e Novecento. Bolonha: Il Mulino, 1988.
KLINGENDER, F. D. *Arte y revolución industrial*. Madri: Cátedra, 1983.
LADISLAU, A. A. *Terra imatura*. Belém: Conselho Estadual de Cultura, 1971.
LEÃO, A. C. *Victor Hugo no Brasil*. Rio de Janeiro: José Olympio, 1960.
LEFEBVRE, H. *Introduction à la modernité*: préludes. Paris: Éditions de Minuit, [1962].
LEONARDI, V. *Entre árvores e esquecimentos*: história social nos sertões do Brasil. Brasília: Ed. UnB; Paralelo 15, 1996.
_____. *Fronteiras amazônicas do Brasil*: saúde e história social. Brasília; São Paulo: Paralelo 15; Marco Zero, 2000.
_____. *Os historiadores e os rios*: natureza e ruína na Amazônia brasileira. Brasília: UnB/Paralelo 15, 1995.
LEOPARDI, G. *Canti*. [1835]. Org. Giuseppe de Robertis. Milão: A. Mondadori, 1978.
_____. *Poesia e prosa*. Org. Marco Lucchesi. Rio de Janeiro: Nova Aguilar, 1996.
LEVI, P. *Ad ora incerta*. 2.ed. Roma: Garzanti, 1998.
LIMA, A. A. *A literatura e o corpo na obra de Araripe Júnior*: um estudo sobre a relação entre insanidade e atividade literária no final do século XIX. Dissertação (Mestrado em Teoria e História Literária). Campinas: IEL-Unicamp, 2004.
LIMA, O. Recordações pessoais. In:___. *Por protesto e adoração*. Rio de Janeiro: Grêmio Euclydes da Cunha, 1919.
LINHARES, T. *História crítica do romance brasileiro*: 1728-1981. Belo Horizonte; São Paulo: Itatiaia; Edusp, 1987.
LINS, R. L. *Nossa amiga feroz*: breve história da felicidade na expressão contemporânea. Rio de Janeiro: Rocco, 1993.
LINS, V. *Gonzaga Duque*: a estratégia do franco-atirador. Rio de Janeiro: Tempo Brasileiro, 1991.
LINS, V.; PENJON, J.; SÜSSEKIND, F. (Orgs.). *Interpretações literárias do Brasil moderno e contemporâneo*. Rio de Janeiro: 7 Letras, 2014.
_____. (Orgs.). *Interprétations littéraires du Brésil moderne et contemporain*. Rio de Janeiro: UFRJ, 2014.

LLOSA, M. V. *A guerra do fim do mundo*: a saga de Antonio Conselheiro na maior aventura literária do nosso tempo. São Paulo: Companhia das Letras, 1999.

_____. *Pantaleón y las visitadoras*. 4.ed. Santiago de Chile: Aguilar Chilena de Ediciones, 2014.

LOPES, M. A. *No purgatório da crítica*: Coelho Neto e a história literária brasileira. Dissertação (Mestrado em Teoria e História Literária). Campinas: IEL-Unicamp, 1997.

LÖWY, M.; SAYRE, R. *Révolte et mélancolie:* le romantisme à contre-courant de la modernité. Paris: Payot, 1992.

LÖWY, M. Barbárie e modernidade no século XX. *Cadernos Em Tempo*. São Paulo, (317), p.5-11, ago. 2000.

_____. *Rédemption et utopie*. Paris: Presses Univ. de France, 1988.

LUGONES, L. *Historia de Sarmiento*. 2.ed. Buenos Aires: Comisión Argentina de Fomento Interamericano, 1945 [1911].

MACHADO, M. H. P. T. *Brazil Through the Eyes of William James*: Letters, Diaries, and Drawings, 1865-1866: Trad. John Monteiro. Bilingual ed. Cambridge (Mass.): Harvard University Press, 2006.

MACHADO DE ASSIS. *Varias historias*. Rio de Janeiro: Laemmert & C., Editores, 1896.

MARCOY, P. *Viagem pelo rio Amazonas*. Trad. Antonio Porro. Manaus: Gov. Est.; Secret. Est. Cult, Edua, 2001.

_____. *Voyage à travers l'Amérique du Sud, de l'Océan Pacifique à l'Océan Atlantique*. Paris: Librairie de L. Hachette et cie., 1869.

MARETTI, M. L. L. *O visconde de Taunay e os fios da memória*. 1.ed. São Paulo: Editora Unesp, 2006.

MARTÍNEZ ESTRADA, E. *Sarmiento; Meditaciones sarmientinas; Los invariantes históricos en el "Facundo"*. Rosário: Beatriz Viterbo, 2001.

MARTINS, R. A. F. *Atenienses e fluminenses*: a invenção do cânone nacional. Tese (Doutoramento em Teoria e História Literária). Campinas: IEL-Unicamp, 2009.

MARTIUS, C. F. Ph. Von. A fisionomia do reino vegetal no Brasil. *Arquivos do Museu Paraense*, v.III, 1943 [1824].

MILTON, J. *Paraíso perdido*. Trad. Daniel Jonas. São Paulo: Editora 34, 2016.

MONTEIRO LOBATO, J. B. *Cidades mortas*. São Paulo: Brasiliense, 1959.

_____. *Obras completas*. São Paulo: Brasiliense, 1957. v.I e II.

MORAIS, R. de. *Anfiteatro amazônico*. 2.ed. São Paulo: Melhoramentos, 1936.

MORAIS, R. *Cosmorama*. Rio de Janeiro: Irmãos Pongetti, 1940.
_____. *Paiz das pedras verdes*. Manaus: Impr. Publica, 1930.
_____. *Na planicie amazonica*: São Paulo: Comp. Editora Nacional, São Paulo, 1926.
_____. *Ressuscitados*: romance do Purus. São Paulo: Comp. Melhoramentos de São Paulo (Weiszflog Irmãos Incorporada), [1939].
MORRIS, W.: *News from Nowhere*. Ed. Krishan Kumar. Revised ed. Cambridge: Cambridge University Press, 1995.
MORTIER, R. *La poétique des ruines en France:* ses origines, ses variations de la Renaissance à Victor Hugo. Genebra: Droz, 1974.
MUTIS, A. *Un bel morir*. [S.l.]: Editorial Norma, 1996.
_____. *La nieve del almirante*. Bogotá: Distribuidora y Editora Aguilar; Altea; Taurus; Alfaguara, S.A., 2013.
NIETZSCHE, F. *Humano, demasiado humano*. In:_____. Trad. Rubens R. T. Filho. São Paulo: Abril Cultural, 1980. (Os Pensadores).
OITICICA, J. Lembranças de Euclydes. *Euclides*, Rio de Janeiro, t.2, n.12, p.184-6, 15 ago. 1940.
OMEGNA, N. Euclides da Cunha e a demora cultural. *Arcádia*. São Paulo: Fac. Direito/USP, X (27), p.23-32, out. 1945.
ORICO, O. *Seiva*: romance. São Paulo: Companhia Editora Nacional, 1937.
PAES, J. P. O *art noveau* na literatura brasileira. In:_____. *Gregos e baianos*. São Paulo: Brasiliense, 1985. p.64-80.
_____. *Gregos & baianos*. São Paulo: Brasiliense, 1985.
PALMEIRA, M. R. S. S. *"Poesia, isto é, revolucionário"*: itinerários de Benjamin Péret no Brasil (1929-1931). 2000. Dissertação (Mestrado em Teoria e História Literária). Campinas: IEL-Unicamp, 2004.
PEREGRINO JUNIOR. *A mata submersa e outras histórias da Amazônia*. Rio de Janeiro: J. Olympio, 1960.
PÉRET, B. La Nature dévore le progrès et le dépasse. In: *Minotaure*. Paris, (10), p.201, inverno 1937.
_____. *Oeuvres complètes*. Paris: Association des Amis de Benjamin Péret; Librairie José Corti, 1995. t. 7.
PÉRSICO, A. R. *Un huracán llamado progreso*: utopia y autobiografía en Sarmiento y Alberdi. Washington: OEA; OAS, 1993.
PINTO, P. A. (Org.). *Os Sertões de Euclides da Cunha*: vocabulário e notas lexicológicas. Rio de Janeiro: Francisco Alves, 1930.
PINTO, R. M. Nota explicativa. In: CUNHA, E. da. *À margem da história*. São Paulo; Brasília: Cultrix; INL, 1975. p.15-6.

PLATÃO. *A república.* 6.ed. Lisboa: Gulbenkian, 1990, livro VII.

POE, E. A. *A Descent into the Maelström.* [S.l.]: Fantasy and Horror Classics, 2012.

POINCARÉ, H. *Théorie des tourbillons*: leçons professées pendant le deuxième semestre 1891-1892. Paris: Gauthier-Villars, 1893.

POMER, L. (Org.). *D. F. Sarmiento*: política. São Paulo: Ática, 1983 (Grandes Cientistas Sociais, 35).

POMPEIA, R. *O Ateneu.* 9.ed. Rio de Janeiro: Francisco Alves, 1993.

_____. *O Ateneu*: crônica de saudades. Org. Afrânio Coutinho. Rio de Janeiro: Civilização Brasileira, 1981.

_____. *Canções sem metro.* Rio de Janeiro: Aldina, 1900.

_____. *Canções sem metro.* Rio de Janeiro: MEC; Olac; Civilização Brasileira, 1982. (Obras, IV).

PRADO, A. A. *O crítico e a crise.* Reedição ampliada. Rio de Janeiro: 1991.

POR PROTESTO E ADORAÇÃO: in memoriam de Euclydes da Cunha. Rio de Janeiro: Gremio Euclydes da Cunha, 1919.

RACIONAIS MC'S. Sobrevivendo no inferno. São Paulo: Cosa Nostra Fonográfica: 1997. LP/CD.

RAIOL, D. A. *Motins políticos, ou, História dos principais acontecimentos políticos da província do Pará desde o ano de 1821 até 1835.* Belém: Universidade Federal do Pará, 1970. 3v.

RAMA, C. M. (Org.). *Utopismo socialista (1830-1893).* Caracas: Biblioteca Ayacucho, 1977.

RANGEL, A. O anjo e o turíbulo. *O Jornal.* Rio de Janeiro, 31 mar.-14 abr. 1946.

_____. *Inferno verde*: scenas e scenarios do Amazonas. Gênova: Bacigalupi, 1908.

_____. *Livro de figuras.* Tours: Typ E. Arrault & Cie, 1921.

_____. *Papéis pintados*: avulsos e fragmentos. Paris: Duchartre; Van Buggenhoudt, 1929.

_____. Pitoresco e estafa (crônica inédita de viagem a Nápoles e ao Vesúvio). *Arquivo Nacional,* AP/54, 1908.

_____. *Quinzenas de campo e guerra (Journal de um estranho em Cuissy sobre o Loire, Loiret, França).* Tours: Impr. E. Arrault & Cie., 1915.

_____. *Sombras n'agua*: vida e paizagens no Brasil equatorial. Leipzig: F. A. Brockhaus, 1913.

RANGEL, G. *Vida ociosa.* São Paulo: Monteiro Lobato, 1920.

RECLUS, É. *Estados Unidos do Brasil*: geographia, ethnographia, estatistica. 1893.

_____. *Estados Unidos do Brasil*: geographia, ethnographia, estatistica. Trad. Ramiz Galvão. Rio de Janeiro: H. Garnier, Livreiro-Editor, 1900.

_____. Les estuaires et les deltas: étude de géographie physique. *Annales de Voyages, de la Géographie, de l'Histoire et de l'Archéologie*, p.5-55, 1866.

_____. *Nouvelle Géographie Universelle*: L'Amazonie et la Plata. V.XIX. Paris: Hachette, 1894.

REGO, J. L. do. *Pedra Bonita*. São Paulo: Livraria José Olympio, 1986 [1938].

REIS, A. S. dos. Euclydes da Cunha e Stradelli (Na correspondência com o barão do Rio Branco). *Gazeta de Notícias*, Rio de Janeiro, p.17-8, 23 out. 1938.

REVISTA DO LIVRO: órgão do Instituto Nacional do Livro. Rio de Janeiro: Ministério da Educação e Cultura, ano IV, n.14, jun. 1959.

RIBEIRO, J. C. G. Henrique Thomaz Buckle. In: BUCKLE, H. T. *Historia da civilisação na Inglaterra*. São Paulo: Typ. da Casa Eclectica, 1900, p.CXXXIV.

RIVERA, J. E. *Tierra de promisión, con un retrato del autor*. 6.ed. Santiago de Chile: Ediciones Ercilla, 1945.

_____. *A voragem*. Trad. Reinaldo Guarany. Rio de Janeiro: Francisco Alves, 1982.

_____. *La vorágine*. Org. Juan Loveluck. Caracas: Biblioteca Ayacucho, 1976 [1924].

ROJAS, R. Noticia preliminar. In: SARMIENTO, D. F. *Facundo*. Trad. C. Maul. 2.ed., Rio de Janeiro: Imprensa Nacional, 1938. p.13-26 [l.ed., 1923].

ROSA, J. G. A terceira margem do rio. In:_____. *Primeiras estórias*. Rio de Janeiro: Nova Fronteira.

ROUANET, S. P. *A razão nômade*: Walter Benjamin e outros viajantes. Rio de Janeiro: UFRJ, 1993.

ROUART, M.-F. *Le Mythe du Juif Errant dans l'Europe du XIXe siècle*. Paris: José Corti, 1988.

RUELLE, D. *Acaso e caos*. São Paulo: Editora Unesp, 1993.

SALLES, V. *Memorial da Cabanagem*: esboço do pensamento político-revolucionário no Grão-Pará. Belém: Cejup, 1992.

SANTANA, J. C. B. *Ciência e arte:* Euclides da Cunha e ciências naturais. São Paulo: Hucitec, 2001.

SANTA-ANNA NERY, F. J. de (Org.). *Le Brésil en 1889:* avec une carte de l'empire en chromolitographie, des tableaux statistiques, des graphiques et des cartes. Librairie Charles Delagrave, 1889.

SARMIENTO, D. F. *Argirópolis.* Barcelona: Lingua Ediciones, 2008.

_____. *Campaña en el Ejército Grande aliado de Sud América.* Bernal: Universidad Nacional de Quilmes, 1997.

_____. *El Chacho, ultimo caudillo de la Montonera de Los Llanos:* Episodio de 1863. Nova York: D. Appleton y Compañia, 1868.

_____. *Civilización y barbárie:* vidas de Quiroga, Aldao y El Chacho. Buenos Aires: Lajouane, 1889.

_____. El día de los muertos. *El Debate,* Buenos Aires, 4 nov. 1885.

_____. *Facundo.* Trad. Carlos Maul. São Paulo: Monteiro Lobato & Cia., 1923.

_____. *Facundo.* Ed. crítica de Alberto Palcos. La Plata: Universidad Nacional de La Plata, 1938.

_____. *Facundo.* Trad. Carlos Maul. Rio de Janeiro: Bibliotheca Militar; Imprensa Nacional, 1938.

_____. *Facundo o civilización y barbárie en las pampas argentinas.* Caracas: Biblioteca Ayacucho, 1977 [1845].

_____. *Facundo o civilización y barbarie en las pampas argentinas.* Buenos Aires: Centro Ed. de Am. Latina, 1979 [1845].

_____. *Facundo.* Trad. Jaime Clasen. Prefácio de Maria Ligia Coelho Prado. Petrópolis: Vozes, 1996.

_____. *Facundo.* Trad. Aldyr Garcia Schlee. Porto Alegre: UFRGS; PUCRS, 1996.

_____. *Facundo.* Buenos Aires: Emecé Editores, 1999.

_____. *Facundo:* ou civilização e barbárie. São Paulo: Cosac & Naify, 2010.

_____. *Obras de D. F. Sarmiento publicadas bajo los auspicios del gobierno argentino.* Tomo VII: *Civilizacion y barbarie.* Buenos Aires: Imprenta y Litografia "Mariano Moreno", 1896.

_____. *Recordações da província.* Trad. Acácio França. Rio de Janeiro: Ministério de Relações Exteriores, 1952.

_____. *Viajes.* Buenos Aires: Belgrano, 1981.

_____. *Viajes.* Coord. Javier Fernández. Madri: Allca XX, 1993.

_____. *Viajes en Europa, África y América.* Alicante: Biblioteca Virtual Miguel de Cervantes; Buenos Aires: Biblioteca Quiroga Sarmiento, 2010.

SILVA, L. *A consciência do impacto nas obras de Cruz e Sousa e de Lima Barreto*. Tese (Doutoramento em Teoria e História Literária). Campinas: IEL-Unicamp, 2005.

SOUSÂNDRADE (pseud. de Joaquim de Souza-Andrade). *Guesa errante*. Nova York: [s.n.], 1876. (Contém "Memorabilia", cantos V, VI [fragmento] e VII).

_____. *Guesa errante*. Nova York: [s.n.], 1877. (Contém "Memorabilia", canto VIII).

_____. *O Guesa*. Londres: Cooke & Halsted; The Moorfields Press, E. C., [ca. 1885]. (Contém cantos I a XIII [canto-epílogo], sendo interrompidos os cantos VII, XII e XIII).

_____. *O Guesa*. Org. J. Moraes. Ed. fac.-sim. da Ed. londrina, acrescida do fragmento *O Guesa, o Zac*. 1902. São Luís: Sioge, 1979.

_____. *O Guesa*. In: CAMPOS, Haroldo de; CAMPOS, Augusto de. *ReVisão de Sousândrade*. Rio de Janeiro: Nova Fronteira, 1982.

_____. *Obras poeticas*. Nova York: [s.n.], 1874 (1.vol., illustrated). (Contém "Memorabilia", cantos I a IV de *Guesa errante*, *Eólias*, *Harpas selvagens*; este volume tem sequência nas eds. sucessivas de *Guesa errante*, 1876 e 1877).

SOUZA, M. *Crônicas do Grão-Pará e Rio Negro*: tetralogia. Rio de Janeiro: Record, 2001.

_____. *Desordem*. Rio de Janeiro: Record, 2001.

_____. *O fim do terceiro mundo*. Rio de Janeiro: Record, 2007.

_____. *Galvez, imperador do Acre*: folhetim. 6.ed. Rio de Janeiro: Brasília, 1978.

_____. *Lealdade*. Rio de Janeiro: Record, 2001.

_____. *Revolta*. Rio de Janeiro: Editora Record, 2005.

SOUZA, O. *Fantasia de Brasil*: as identificações na busca da identidade nacional. São Paulo: Escuta, 1994.

SUASSUNA, A. *Romance d'A Pedra do Reino e o Príncipe do sangue do vai-e-volta*. Rio de Janeiro: José Olympio, 1971.

SUBIRATS, E. *Paisagens da solidão*: ensaios sobre filosofia e cultura. São Paulo: Duas Cidades, 1986.

TAUNAY, A. d'E. (visc.). *A cidade do ouro e das ruínas*. 2.ed. São Paulo: Melhoramentos, 1923 [1891].

_____. *O encilhamento*. 2.ed. São Paulo: Melhoramentos, 1923.

_____. *Inocência*. São Paulo: Ática, 1974.

_____. *A retirada da Laguna*. Rio de Janeiro: Typ. Americana, 1874.

_____. *La retraite de Laguna*. 2.ed. Paris: Plon, 1879.

TAUNAY, A. *Scenas de viagem*: exploração entre os rios Taquary e Aquidauana no districto de Miranda. Rio de Janeiro: Typ. Americana, 1868.

TAVORA, F. *O Cabeleira*. São Paulo: Ática, 1973 [1876].

TEIXEIRA, M. *Hugonianas:* poesias de Victor Hugo traduzidas por poetas brasileiros. 3.ed. Rio de Janeiro: ABL, 2003.

TOCANTINS, L. *Euclides da Cunha e o paraíso perdido.* Manaus: Gov. do Amazonas, 1966.

_____. *Euclides da Cunha e o paraíso perdido.* 2.ed. rev. aum. Rio de Janeiro: Gráfica Record, 1968.

_____. *O rio comanda a vida*: uma interpretação da Amazônia. 2.ed. Rio de Janeiro: Civilização Brasileira, 1961 [1952].

TONIN, F. B. *Águas revessas:* confluências de memória, literatura e história. Dissertação (Mestrado em Teoria e História Literária). Campinas: IEL-Unicamp, 2009. 2 v.

TOMLINSON, H. M. *The Sea and the Jungle.* Santa Fe: Marlboro Press, 1996.

VARELA, L. N. F. *Poesias completas.* São Paulo: Companhia Editora Nacional, 1957. 3v.

VASCONCELOS, C. de. *Deserdados*: romance da Amazonia. 2.ed. Rio de Janeiro: Leite Ribeiro, 1922.

VEDIA, Agustín de. *Juicios sobre Martín García y la jurisdicción del Plata.* Buenos Aires: Coni Hermanos, 1908.

VERÍSSIMO, J. *Estudos de literatura brasileira.* Belo Horizonte; São Paulo: Itatiaia; Edusp, 1976-1979. 7v.

_____. *História da literatura brasileira.* Rio de Janeiro: Francisco Alves, 1916.

_____. *O seculo XIX.* Rio de Janeiro: Typ. da "Gazeta de Noticias", 1899.

VERNE, J. *Cinco semanas em um balão.* Jandira: Principis, 2020.

_____. *Viagem ao centro da Terra*: edição comentada e ilustrada. São Paulo: Clássicos Zahar, 2016.

_____. *Vinte mil léguas submarinas.* Jandira: Principis, 2019.

VIDAL, A. Euclydes em Recife e Cabedelo. *Dom Casmurro.* Rio de Janeiro, X (439-40), p.56, mai. 1946.

VIEIRA, J. G. *A ladeira da memória.* São Paulo: Saraiva, 1950.

_____. Depoimento. In: GÓES, F. F. (Org.). *José Geraldo Vieira no quadragésimo ano de sua ficção.* São Paulo: Secretaria da Cultura, Ciência e Tecnologia, Conselho Estadual de Artes e Ciências Humanas, 1979. p.102.

VILLA, M. A. *Canudos*: o povo da terra. São Paulo: Ática, 1995.

VOLNEY, C.-F. *As ruínas*. Trad. P. Cyriaco da Silva. Rio de Janeiro: Garnier, 1911.

_____. *Les Ruines, ou méditation sur les révolutions des empires*. Paris: Plassan, 1791.

_____. *Voyage en Égypte et en Syrie, pendant les années 1783, 1784 et 1785*: suivi de considérations sur la guerre des Russes et des Turks, publiées en 1787 et 1789. Paris: Bossange Frères, 1822.

WALTON, T. *The Pleasures of Melancholy*: A Poem. Londres: R. Dodsley & M. Cooper, 1747.

WERÁ, K. Índio, gente, indigente. *Folha de S. Paulo*, 23 abr. 1997, 3º caderno.

WORDSWORTH, W. *Selected Poems*. Ed. D. W. Davies. Londres; Vermont: Everyman, 1994.

WYATT, J. *Wordsworth and the geologists*. Cambridge: Cambridge University Press, 1995.

ZACHARIAS, Manif. *Lexicologia de "Os sertões"*: o vocabulário de Euclides da Cunha. Florianópolis: Garapuvu, 2001.

SOBRE O LIVRO

Formato: 14 x 21 cm
Mancha: 23,7 x 42,5 paicas
Tipologia: Horley Old Style 10,5/14
Papel: Off-white 80 g/m² (miolo)
Cartão Supremo 250 g/m² (capa)
1ª edição Editora Unesp: 2023

EQUIPE DE REALIZAÇÃO

Capa
Negrito Editorial

Edição de texto
Tulio Kawata (Copidesque)
Marcelo Porto (Revisão)

Editoração eletrônica
Eduardo Seiji Seki

Assistência editorial
Alberto Bononi
Gabriel Joppert

Rua Xavier Curado, 388 • Ipiranga - SP • 04210 100
Tel.: (11) 2063 7000 • Fax: (11) 2061 8709
rettec@rettec.com.br • www.rettec.com.br